ANNAMITES
ET
EXTRÊME-OCCIDENTAUX

RECHERCHES
SUR L'ORIGINE DES LANGUES

PAR

LE GÉNÉRAL FREY

« E pur si muove! »

Ouvrage illustré par deux Tonkinois

PARIS
LIBRAIRIE HACHETTE ET Cie
79, BOULEVARD SAINT-GERMAIN, 79

1894

Droits de traduction et de reproduction réservés

In the interest of creating a more extensive selection of rare historical book reprints, we have chosen to reproduce this title even though it may possibly have occasional imperfections such as missing and blurred pages, missing text, poor pictures, markings, dark backgrounds and other reproduction issues beyond our control. Because this work is culturally important, we have made it available as a part of our commitment to protecting, preserving and promoting the world's literature. Thank you for your understanding.

ANNAMITES

ET

EXTRÊME-OCCIDENTAUX

OUVRAGES DU MÊME AUTEUR

Campagne contre Samory et contre Mahmadou-Lamine.
Côte occidentale d'Afrique.

EN VENTE A LA LIBRAIRIE HACHETTE ET Cie

Pirates et Rebelles au Tonkin. 1 vol. in-16. 3 fr. 50
Ouvrage couronné par l'Académie française.
L'Annamite, mère des langues. 1 vol. petit in-8. 5 fr.

Coulommiers. — Imp. PAUL BRODARD.

LA FÊTE DU TÊT OU PREMIER
(Composition

JOUR (TÊTE) DE L'AN ANNAMITE
(un Tonkinois)

AVANT-PROPOS

Dans un volume paru à la fin de l'année 1892, à la librairie Hachette, sous le titre de *l'Annamite, mère des langues*, nous avons tenté de démontrer que les langues parlées sur la surface de la terre sont parentes à un degré assez rapproché et que, autant sinon mieux qu'aucune autre, la langue annamite présente, dans ses racines, les éléments qui ont servi à la constitution générale des langues et les germes en quelque sorte d'où sont sorties ces dernières.

Cette thèse est, on le voit, en opposition avec la doctrine qui enseigne : que les langues se divisent en trois grandes familles (sémitique, aryenne, touranienne) ; que ces familles n'ont aucun rapport entre elles ; qu'elles sont même radicalement séparées dans leurs plus intimes profondeurs. Cette dernière doctrine a soulevé, il est vrai, depuis quelque temps, et soulève encore aujourd'hui, de sérieuses objections ;

et le principe absolu qu'elle pose, d'une sorte d'infranchissable barrière, isolant les langues et les races touraniennes des langues et races indo-européennes, est loin d'être accepté par tous les érudits comme un article de foi.

La langue annamite, en raison de l'immobilité dans laquelle elle s'est pour ainsi dire figée au moment où, sortie de la période du monosyllabisme pur, elle entrait dans la première phase de l'agglutination où elle est encore actuellement, se prête merveilleusement aux recherches ayant trait aux problèmes intéressant l'organisme grammatical primitif, à celui de la structure des mots composés et de la formation des dérivés. Une étude approfondie de cette langue ne saurait donc manquer d'apporter de nouveaux éléments en faveur de ces théories dissidentes.

En ce qui concerne, d'autre part, la prétendue séparation des langues sémitiques et des langues touraniennes, nous avons fait ressortir, dans notre volume cité ci-dessus, de nombreuses et incontestables similitudes de noms propres et de mots d'usage courant, entre la langue annamite et les dialectes africains : mandé, ouolof, peulh, dahoméen, etc., — rattachés par la généralité des linguistes à la famille sémitique.

Une étude comparée des institutions, des traditions, des coutumes, des religions primitives de l'Afrique, de l'Occident et de l'Extrême-Orient — tâche captivante entre toutes, du plus haut intérêt et à l'exécution de laquelle une vie humaine tout entière ne saurait suffire — aurait de même pour résultat de multiplier considérablement les rapprochements que nous signalons entre Sémites, Aryens et Touraniens; et de démontrer que toutes ces langues, comme les peuples qui les parlent, ont eu incontestablement, dans les époques primitives, des rapports originels. Nous ajouterons que nous pensons que l'étude notamment de l'histoire des races touraniennes, comme l'exploration de leur sol, d'où sont parties les grandes migrations, réservent à la science de grands étonnements; et que c'est de ce côté que l'on devrait, selon nous, chercher à diriger aujourd'hui, de préférence, les investigations pour connaître la source et la cause des rapports si étroits qui ont autrefois existé entre les diverses races humaines.

Un certain nombre de critiques ont accueilli avec bienveillance sinon avec quelque faveur notre essai philologique. Nous leur en exprimons ici notre gratitude : l'intérêt qu'ils ont témoigné à cette étude nous a été un vif encouragement à poursuivre nos recherches dans la même voie. Mais les philologues de carrière, si nous pouvons employer cette expresssion, ne se sont pas encore prononcés sur la valeur de notre thèse. Aussi bien, avant de porter un jugement sur une œuvre dont les conclusions ont pu paraître hardies autant qu'elles sont imprévues, ils ont pensé sans doute qu'il était nécessaire d'en faire un examen sérieux qui réclame du temps et de la réflexion.

Tel n'a pas été l'avis du critique littéraire d'un journal publié au Tonkin, *le Courrier d'Haïphong*, qui dans un article long et documenté, en date du 25 décembre dernier, est parti en guerre contre *l'Annamite, mère des langues*.

Dans l'étude qui suit, nous nous proposons, après avoir consacré quelques chapitres à répondre à des objections d'un ordre général et à exposer quelques idées sur la formation des langues et des races, de réfuter les objections que ce critique a formulées, et de relever les inexactitudes contenues dans son article et qui ont lieu d'étonner de la part d'un écrivain paraissant d'ailleurs au courant des questions de linguistique et versé dans la connaissance du chinois.

Un autre journal, une feuille militaire [1], a ouvert également ses colonnes à un critique qui nous a quelque peu malmené — en termes courtois toutefois, devons-nous ajouter — et sous le langage duquel perce l'indignation d'un universitaire surpris de notre audace, disons même notre témérité. Ses objections sont du même ordre que celles qui font l'objet de l'article du *Courrier d'Haïphong* et notre réfutation y répond.

Quant aux articles publiés par une autre feuille tonkinoise [2], qui ont la prétention d'être humoristiques et qui ne contiennent que des plaisanteries d'un goût fort douteux, sous lesquelles l'auteur cherche à voiler sa profonde ignorance de ces questions, elles ne méritent pas de retenir un instant l'attention.

En terminant cet avant-propos, nous n'aurons garde de contester que notre œuvre ne contienne des erreurs ; nous avions pris soin, dans *l'Annamite*,

---

1. *Le Progrès militaire*, numéro du 22 octobre 1892.
2. *L'Indépendance tonkinoise.*

mère des langues, de prévenir le lecteur qu'inévitablement, nous avions dû commettre nombre d'inexactitudes dans cette longue série d'étymologies, pour la plupart nouvelles, que nous avons énumérées. Nous ferons le même aveu pour celles qui suivent. Nous avons estimé, en effet, que si un homme de science peut hésiter à émettre des assertions qui ne soient pas appuyées d'arguments irréfutables, un soldat, faisant une incursion dans un domaine qui n'est pas le sien, peut le tenter, au risque de montrer trop de hardiesse dans quelques-unes de ses investigations et de ses déductions.

D'ailleurs, comme le dit excellemment M. André Lefèvre : « Ni les intentions sérieuses, ni une science réelle ne mettent à l'abri (en fait de philologie) des aberrations les plus saugrenues. Mais qu'importe ! c'est des erreurs d'hier que sortent les vérités d'aujourd'hui. La linguistique a eu ses alchimistes. »

Ce qu'il nous avait paru particulièrement intéressant de faire ressortir, comme résultat de notre travail, c'est qu'une voie nouvelle nous semblait ouverte pour les recherches des origines du langage et, nous ajouterons, de celles des races humaines, de leurs migrations antéhistoriques, en un mot de l'histoire de l'homme primitif. C'est ce que nous avions tenté de démontrer.

Ceci dit, venons à l'objet de ce livre.

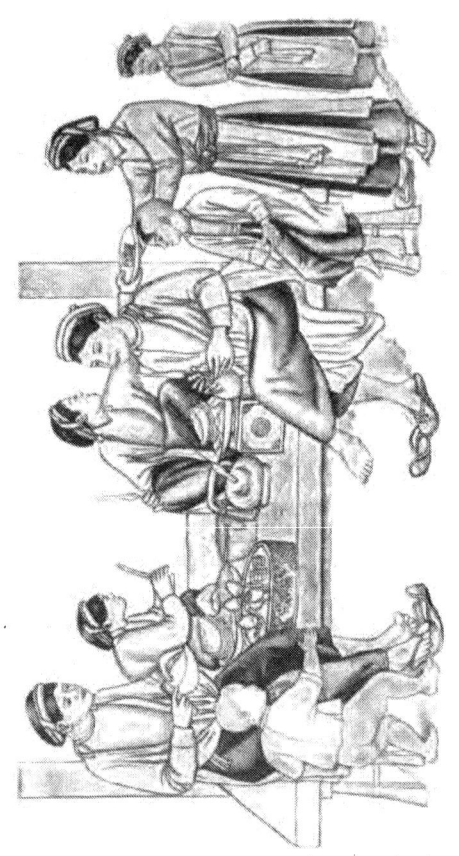

Tonkinoises confectionnant des chiques de bétel. (Composition de Khanh.)

ANNAMITES
ET
EXTRÊME-OCCIDENTAUX

RECHERCHES SUR L'ORIGINE DES LANGUES

E pur si muove!

CHAPITRE I

RÉPONSE AUX CRITIQUES
FORMULÉES CONTRE *L'ANNAMITE, MÈRE DES LANGUES*,
FORMATION DES LANGUES ET DES RACES

Considérations générales. — Réponse aux critiques formulées contre *l'Annamite, mère des langues*. — Formation des langues et des races. — Naissance des jargons primitifs. — Formation du langage articulé. — Formation des races supérieures. — Origine divine du langage. — Mode d'expansion des races supérieures. — De la politique coloniale de la France. — Antiquité du culte du feu. — Des rapports de ce culte avec le culte des morts, le culte des ancêtres et avec la Trinité.

Considérations générales. — On nous objecte, en premier lieu, que les conclusions que nous avons tirées de nos rapprochements, sont prématurées ; qu'elles ont le tort grave d'infirmer les principes posés

LES DESSINATEURS TON

LE TONKINOIS KHANH, PEINT PAR LUI-MÊME

corps expéditionnaire, Kha
et âgé d'une vingtaine (
compatriotes, enrôlé comme
bientôt de cette vie d'ave
grâce à un petit pécule q
barbier et *cureur d'oreilles*
soldats.

Un officier dont Khanh
s'était amusé à esquisser le
quelques leçons très élémen
continua pas moins sa do
dernière que nous fîmes sa
lui fîmes composer un cer
relles, etc., représentant d
ces tableaux, on le verra,
goût, de finesse de pinceau

Quant à Baki, il eut un
Chinois et d'une Tonkinoise
longtemps à chercher sa v
de village, bonze, écrivain
dessinateur dans l'un des
s'exonérer de la taxe de
Tonkin, Baki avait renoncé

Nous avons pensé qu'il ne serait pas sans intérêt, dans une étude où il est si souvent question des mœurs, coutumes, etc., de l'Annam, de donner quelques spécimens de dessin et de peinture indigènes représentant des scènes de la vie annamite. A cette intention, nous avons fait reproduire un certain nombre d'aquarelles, esquisses, etc., composées par deux Tonkinois, Khanh et Baki, que nous demandons la permission de présenter au lecteur en quelques lignes.

A l'arrivée, au Tonkin, de notre

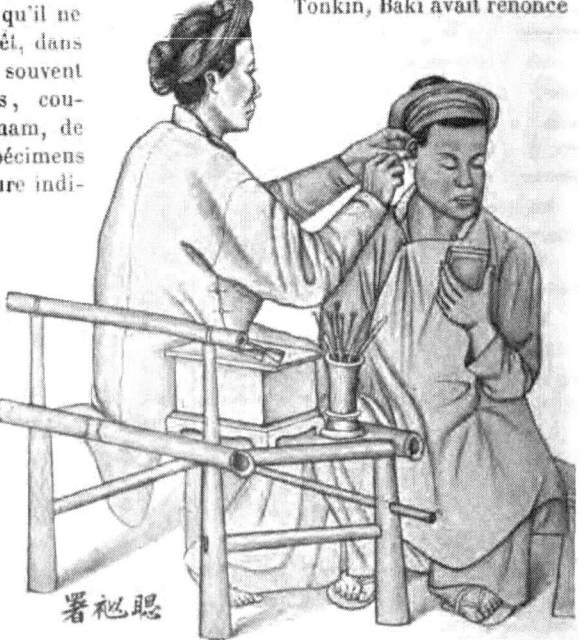

LE CUREUR D'OREILLES

NKINOIS KHANH ET BAKI

Khanh, né d'une famille obscure, sans instruction, ... d'années, fut, avec plusieurs milliers de ses ... *coolie* (porteur), à la suite des colonnes. Il se lassa ... l'aventures, pénible et périlleuse entre toutes, et, ... qu'il avait amassé, il put s'installer, à Hanoï, ... *illes* à l'usage, principalement, de nos officiers et

... hanh, à la suite d'une de ses séances d'*auricure*, ... *le* portrait, devina en lui un artiste et lui donna ... lémentaires de dessin et de perspective. Kanh n'en ... a double profession; c'est dans l'exercice de cette ... es sa connaissance : nous le prîmes à notre service et ... certain nombre d'albums de dessins, lavis, aqua- ... des scènes de la vie tonkinoise. Quelques-uns de ... erra, sont de petits chefs-d'œuvre d'observation, de ... ceau et d'entente de la composition.

... une existence non moins tourmentée. Métis d'un ... inoise, il reçut une assez bonne instruction, mais fut ... sa voie. Successivement commis de magasin, maire ... ivain public, etc., il finit par obtenir un emploi de ... des services militaires, à Hanoï. Entre temps, pour ... de capitation dont chaque Chinois est imposé au ... ncé à son costume et à sa belle queue de Céleste, pour revêtir le costume plus modeste de l'Annamite.

BAKI, PEINT PAR LUI-MÊME

Un autre gros chagrin de Baki fut la perte qu'il fit, lors d'une chute de cheval, de l'un des ongles démesurément longs qui ornaient sa main gauche et qui sont chez les mandarins et les lettrés un signe de haute distinction.

Baki est un bon portraitiste et paysagiste : il est loin toutefois de posséder le talent et le goût de Khanh.

Tous deux, au demeurant, sont de bons serviteurs, simples, honnêtes et dévoués à notre cause.

En outre des compositions de Khanh et de Baki, nous donnons encore, dans ce volume, à titre de curiosité, la reproduction de quelques esquisses ou plutôt caricatures que l'on vend, à des prix modiques, dans les rues de Hanoï et qui servent quelquefois à l'illustration de romans indigènes. On aura ainsi une idée de l'art du dessin au Tonkin.

en matière de linguistique par les maîtres les plus autorisés qui ont fondé notre doctrine universitaire, d'après laquelle, comme on sait, les langues indo-européennes dériveraient à divers degrés d'un même idiome originel.

Cette contradiction est, selon nous, plus apparente que réelle. C'est avec raison, en effet, que l'on a dit qu'aucun philologue ne saurait examiner le sanscrit, le grec, le latin et les autres idiomes classés sous la dénomination de langues indo-européennes, sans penser qu'ils sont issus d'une source commune. Nous nous permettons toutefois d'ajouter à l'énumération qui précède la langue annamite; et il sera difficile à ceux qui admettent la parenté étroite du scandinave et du sanscrit, par exemple, de contester la possibilité de communauté d'origine de deux langues, le sanscrit et l'annamite, parlées par des races habitant le même continent, et relativement voisines l'une de l'autre.

Nous nous sommes ensuite demandé si le sanscrit a bien été, comme on l'avance, l'intermédiaire obligé entre la totalité des mots de ces langues et la langue mère? C'est là un point très contestable, et nous démontrerons, au cours même de ces pages, qu'il est nombre de mots égyptiens, celtiques, grecs, latins, comme aussi de mots sémitiques, dont nous ne trouvons pas les racines constitutives dans le sanscrit, et dont l'étymologie nous est au contraire fournie directement par la langue annamite; tels sont les mots : *Hippos, Bactres, Thrace, danse, litanie, duc, lagos, Saturne*; les nombres *trois, quatre, six*, etc.

Donnons-en, dès le début de cette étude, un exemple qui nous paraît probant. Les étymologistes font remonter, d'une manière rationnelle, l'origine de notre mot *litanie* — qui, au moyen âge, avait, concurremment avec le sens de prière, celui de prière publique, de procession, de fête religieuse — aux mots : grec *lité*, prière, latin *litare*, faire un sacrifice, une offrande. Ils rapportent à la même origine le grec *liptomai*, et l'éolien *lissomai*, demander, prier, supplier; et font dériver tous ces mots de la racine sanscrite *labh*, obtenir; persan *lâbah*, prière. Cette dernière filiation, exacte selon nous, quant au fond, n'apparaît cependant pas avec la même évidence que la parenté que nous allons établir entre tous ces mots grecs et quelques mots annamites. Cette comparaison nous révélera, en outre, le procédé employé par la langue grecque dans la formation de certains de ses mots composés, à l'époque préhistorique, où elle passait de la phase du monosyllabisme à celle de l'agglutination.

On a, en annamite : 1° *lé*, *ly*, *li*, raison d'être; preuve; coutume, règlement; rite (à rapprocher de *lite*, par la substitution de *l* à *r*). *Lé*, coutume, règlement, est sans contredit l'origine du mot latin *lex*, loi (*ley*, en provençal), et celle du latin *solere* : *so*, chose; *re*, être; *lé*, coutume. La loi, dans les premiers âges, avait, en effet, pour principal objet, d'assurer le respect, l'observance des coutumes qui constituèrent, en réalité, les premières règles sociales. Un autre mot annamite, *louât*, a également le sens de règle, doctrine, précepte, loi. Le terme annamite *lé-louât*, répétition de la même idée, précise ce dernier sens : il signifie loi, ordonnance.

2° *Lé, li*, coutume, cérémonie; offrande, cadeau (gr. *lexis*, lot, *légô*, legs); offrir des présents; fête (grec *leibein* et *libô*, offrande, sacrifice); craindre, vénérer (ann. *lam-lé*, célébrer la messe; saluer; se prosterner, et *lay*, saluer profondément; vénérer, adorer; comme *salam*[1]).

D'autre part, on a, dans la même langue : *té*, sacrifice, sacrifier; engourdi, stupéfié; gouverner. En accolant les deux monosyllabes *lé* et *té* qui, entre autres significations, ont, comme nous venons de le voir, la signification commune de sacrifice, de sacrifier, la langue annamite, par un procédé qui est également en usage dans la langue chinoise, obtient un terme, *lé-té*, qui exprime d'une manière nette, précise, sans équivoque possible, l'idée de sacrifice. Et en effet, dans le dictionnaire annamite, on trouve : *lé-té*, offrir un sacrifice; *té-lé*, sacrifier : c'est-à-dire exactement le terme grec et le terme mandé *salé*, contribution, impôt, coutume, offrande, sacrifice, dans lequel *sa*, astre, feu, est l'équivalent de *ta* et de *thé*.

On y trouve encore : *té-tho*; *té-tu*, sacrifier; *thé-thuc*, arrêté, édit; .*the-lé*, coutume; *lé-thoï*, même sens; *lé-thu*, peuple; c'est le mot grec *leitos*, public (d'où *liturgie*); le mot *laos*, peuple; attique *leôs*, même sens; mandé *lédé*, assemblée; la raison d'être (*lé*) de

---

[1]. A rapprocher : *lay*, vénéré, loué, saluer, de *laï*, poésie française en usage du temps des trouvères; de *lay* et *laus*, louange; des mots germains *liod*, *leod*, chants, etc.; gaëlique *laoï*, chant, mélodie, luth, etc.

la loi, des coutumes, des cérémonies étant, en effet, de s'adresser à des collectivités (règlement des rapports sociaux; manifestations publiques de culte, etc.). Enfin, si nous poursuivons nos recherches, nous découvrons, grâce surtout aux significations des mots annamites, que les vocables *lé*, *la*, *lo*, *el*, etc., constituent, dans la plupart des langues, la représentation phonétique des êtres, objets, idées, etc., se rapportant à la lumière, au soleil, aux divinités primitives, au culte de ces divinités, etc.; de même que les vocables *ta*, *té*, *thé*, etc., sont les racines constitutives d'un grand nombre de mots ayant trait au feu, à cette divinité antique, à son culte, aux idées d'éclat, de grandeur, de puissance, etc., inséparables de l'idée de divinité.

En effet, pour la phonétique *té*, *thé*, etc., il suffit de citer les mots: grec *théos*, dieu; *dananké*, don, présent, offrande (choses se rapportant à *dan*, serpent, feu, divinité); ouolof *téo*, présent, offrande (c'est-à-dire sacrifice); peulh *taou*, bambara *tav*, même sens; annamite *théo*, obéir, suivre et femme; *tao*, foyer, dieu, lare; honorer, vénérer; *tho*, mêmes significations et lune; *than*, étincelle; *tan*, ciel; *than*, *tién*, ciel, dieu, génie, saint, sacré, etc.; ouolof et mandé, *ta*, *tal*, feu, allumer, etc.; *tew*, *deb*, *sev*, *rev*, servir, obéir, femme; et aussi celui à qui on obéit comme *dev*, la divinité; *tev*, en arménien; berbère *thaa* ou *thav*, obéir, femme, servante.

Le sens primitif du grec *theoi* n'était-il pas *loi*, comme le mot ann. *theu*, règle, ordre? *Thot*, dieu égyptien, n'est-il pas le *Tot*, Bon, Beau par excellence, des Annamites; le *Tot* ou *Tat* (ann. *that*, la

Vérité, la Clarté par excellence), fête de la nouvelle année chez les anciens Égyptiens [1]; le *Tét*, premier jour de l'an; *tête* de l'an des Annamites; leur fête principale, la fête essentiellement populaire; leur *capo d'anno*, tête, chef de l'an? Les variations de ce thème *the, ter, ser, der, sar, czar,* etc., avec les idées de chef, tête, feu, dieu, etc., sont considérables dans toutes les langues.

En ce qui concerne l'élément phonétique *la, lé, li, el,* etc., celui-ci exprime, en général, dans toutes les langues, des idées se rapportant à une chose, à un être étrange, nouveau, merveilleux, et, par suite, redouté, vénéré, etc. Tels devaient paraître à l'homme primitif le soleil, la lune, les animaux féroces, etc.; tels paraissent, aujourd'hui encore, au sauvage les hommes d'une autre race, des animaux nouveaux pour lui, etc. Citons : lune, soleil, lumière, lampe, Élohim, laus, salut, Allah, hélios, lare, lars, loin [2], etc.; tahitien *la*, soleil; ann. *la*, étrange, merveilleux; *lan*, animal fabuleux; *lay, lé*, vénéré; *lua*, feu; *lôi*, dominer, supérieur, comme le *lord* ou *laird* anglais; *lot*, pâle, écorché; *lo*, clair, *lo*, fourneau, foyer; mandé *kalo*, lune; *lolo*, étoile; *oulé*, rouge; *lou*, jour; *tili*, aurore et soleil; *kili*, œuf; ouolof *lak*, brûler; *ler*, lumineux; peulh *léréou*, lune, etc.; grec *labès*, pieux; *latrès*

---

1. *Étude sur l'ancienne Égypte* (Revue des Deux Mondes).
2. Même radical que *lune*, objet, être éloigné; et, en effet, dans la plupart des langues, *loin* est exprimé par des mots ayant le même radical que ceux qui, dans ces langues, signifient lumière, feu, ciel, etc. Les mots grecs *télé, théro, theros, thermos*, ne dérivent-ils pas du même radical que *theos*, dieu, soleil? Le mot ouolof *tia*, loin, n'est-il pas également le mot annamite et grec *tia*, feu, foyer, été? etc.

(comme *théo*), obéir, adorer, sacrifier; *léo*, être redouté, vénéré; ou *léôn* (*ôn*, comparatif annamite, d'où très redouté) [1]; hébreu *lévi*, prêtre (comme *cohen*; annamite *co*, prêtre, patriarche); lépreux, *lagos*, *lepus*, *poulé* (c'est le même mot que le précédent dont les racines seraient inversées) : être vénéré; etc.

Les Bretons, les Juifs, les Berbères, etc., en souvenir d'une antique croyance, s'abstenaient de manger de la chair de lapin, de gallinacés et de certains oiseaux [2] (la chair des oiseaux est encore interdite chez les Berbères — Duveyrier). Ce fait nous révèle l'origine de mots tels que : grec *pouli* et breton *lapous*, oiseau (mêmes mots que *lépus*); malais *bélek*, canard, comme *bélek*, prêtre, en breton (*bé*, beaucoup; *lek*, vénéré); *lek*, lièvre, en ouolof, et *ukalek*, en esquimau; *rabbit*, lièvre, en anglais, et *rabi*, prêtre, en hébreu; grec *laghos*, chose blanche, étrange, comme la lèpre; comme le lépreux qui était vénéré autrefois en Orient.

Citons : *mugalé*, hermine; *galé*, chat et belette (hindoustani *billi*), animaux adorés par les Égyptiens;

---

1. Le mot *léôn* signifie à la fois signe céleste, c'est-à-dire astre; sorte de serpent, de poisson, de danse et ladrerie. Ce sont là, exactement, les différentes significations des mots *sa* et *té*.
2. Primitivement, cette abstention fut sans doute la conséquence d'un culte voué à ces animaux (culte d'Ormuzd). Dans la suite, certains réformateurs tels que Moïse, rougissant de voir rendre à des animaux un culte qui n'était dû qu'à la divinité, et dans l'impossibilité où ils se trouvaient de déraciner de l'esprit populaire une croyance aussi profondément invétérée, cherchèrent à en dénaturer le sens originel et proclamèrent l'interdiction de manger de la chair de ces animaux comme étant une chair impure, souillée et nuisible à la santé.

mandé *lé*, porc; breton *lea*, même sens; français *laie* (femelle du sanglier), autre animal primitivement adoré, car *lé* veut dire encore, en mandé, cher, précieux; et cochon renferme le vocable *co*, antique, vénéré; lézard, berry *lizard*, espagnol *lagarto*, italien *laceria*, etc. Pour ce qui est de la cause de cette vénération, nous pensons la tenir, en ce qui concerne le lièvre. A l'époque glaciaire, cet animal a vraisemblablement suivi, dans leur émigration vers le Sud, les tribus de chasseurs ou de pasteurs expulsées du Nord par les grands froids. L'apparition de cet animal, au *pelage blanc* et sans doute variable avec les saisons (comme cela se produit pour les lièvres et pour les perdrix du Canada), dut frapper vivement l'imagination des populations auxquelles jusqu'alors il était inconnu. De là, les noms d'étrange, de merveilleux (*la*, en annamite), qui lui furent donnés; de là aussi, la vénération (*lé*) dont il fut l'objet. Cette hypothèse permet d'expliquer également la dénomination de lune (objet blanc comme la lune) par laquelle le lièvre est désigné dans un certain nombre de langues. On a en effet : 1° en sanscrit : *çaça*, lièvre, et *çasin*, lune; comme l'annamite et le mandé *sa* ou *xa*, étoile, feu, serpent, racine des mots sacré, saint, Saturne, etc.; 2° en annamite et en chinois : *tho*, lune, lièvre, ancêtre, vénéré, et *Sa-tho*, Saturne, dieu que les Égyptiens représentaient avec une tête de lièvre; 3° en mandé : *san*, lapin et ciel, éclair, foudre [1], etc. Mais l'analogie la plus frappante est celle qui nous

---

1. La lune se disait également *sin*, en assyrien; le ciel, *samé;* le soleil, *samas*.

TONKINOISE FUMANT LA PIPE ANNAMITE
Dessin du Tonkinois Khanh

est fournie par le grec. Au nombre des noms par lesquels était désignée Delos (l'île Claire, de *del*), l'île consacrée à Apollon, se trouve celui de *Lagia*, qui signifie Ile de la Lune [1] (G. Maspero). Rapprochons ce nom du grec *lagôs*, lièvre, l'animal symbolique par excellence des Troyens (comme le coq l'était des Gaulois) et qui, chez les premiers, représentait la lune, était leur Palladium et, sans doute, désignait l'origine hyperboréenne de leur race. Rapprochons également ces noms du nom des *Pelasgos* qui fondèrent, à Délos, le culte d'Apollon, et mot qui, selon nous, signifie (*gos*, gens, fils, etc.; *pé* ou *bé*, beaucoup; *la* ou *las*, blancs): blancs comme le lait (*lak*, *leaze*, *latte*, *lagha*); comme l'arbre dépouillé de son écorce (annamite *lot*; grec *lepein*); blancs comme (grec *leukos*, blanc, clair; *lakné*, écume, coton; annamite *lac*, gale d'arbre); blancs comme le lièvre et la lune; gens pelés (*pelat*, en provençal), écorchés, ainsi que sont appelés encore aujourd'hui les Blancs, au Soudan; *pelards*, comme le bois dépouillé de son écorce; blancs, vagabonds et émigrants du Nord comme les cigognes, *pelargoï*; blancs comme l'écume (sanscrit

---

1. En ann. *la mat*, inconnu, étranger; *gia*, famille, froid, vieux, très; et aussi idée de pur, sans alliage : *bac gia*, blanc pur, argent sans alliage; d'où *Lagia*, comme *Delos*; l'Ile claire, pure, par excellence, ou habitée par des Blancs de race pure. Le sens de clair, blanc, du mot *del*, se trouve confirmé par la signification de ce vocable dans les mots : *del fas* (de *fas*, *pas*, *pis*, animal, être; *del*, blanc, à carnation tirant sur le rouge), comme le cochon qui vient de naître; *dauphin*, *delphis*, *Delphes* : être, *dau*, *del*, brillant comme la lumière, comme le poisson dauphin; consacré à la lumière, au feu (Delphes). Delphin est, enfin, le nom ou plutôt le surnom d'une puissante famille gauloise, c'est-à-dire de race blanche, qui a fondé le Dauphiné avant l'arrivée des Goths et des Francs.

paraga, *paranga*, d'où *Faranga*, les Francs, les Blancs, — *Phala*, en gabonais; — les Rouges, les Écorchés; *phara*, en mandé; — les gens de race forte; *phala*, en sanscrit, comme *phala*, force, baleine); gens *parents* des Blancs et des Peulhs ou Fellah, et velus, poilus (grec *pelas*, proche; *pelaô*, approcher; provençal *péou*, poil; (*s*)*peilla*, dépouillé, écorché); et aussi dépouilleurs, surnom convenant à des pirates, à des pillards, mots ayant la même étymologie que l'italien *spelugue*, que peler, spolier, etc.; gens armés de la hachette, pioche et pelle primitive (*paraçu*, *peleku*, *pelté*), etc., etc.; gens venus par la mer (*pelagos*); fils de Latone, parents des Latins; originaires de l'Atlantide, terre froide, mystérieuse (*lanh*, *linh*, en annamite), etc., etc.; autant d'assertions qui, si elles étaient confirmées par la science, constitueraient, pour employer l'expression d'un linguiste distingué, « une importante découverte produisant, au milieu des ténèbres du passé préhistorique, l'effet d'une lampe qu'on allumerait, tout à coup, dans les profondeurs d'une grotte merveilleuse et inexplorée, où aucun rayon de lumière n'aurait jamais encore pénétré! »

Appelons, à l'occasion de ce qui précède, l'attention des linguistes sur ce point : les rapprochements (en ce qui concerne l'origine de la formation des mots et des dérivés et moins, bien entendu, celle de l'organisme grammatical et de la syntaxe, lesquels varient selon le génie de chaque race), les rapprochements qui peuvent être établis entre l'annamite ou le chinois et le sanscrit et les autres langues indo-européennes

Recensement des coolies en colonne

d'une part, entre l'annamite ou le chinois et les langues sémitiques d'autre part, sont très nombreux. Il y a là un faisceau de documents, un ensemble de faits philologiques qui, en premier lieu, militent en faveur de la communauté d'origine de toutes les langues ; et, en second lieu, permettent d'attribuer la dénomination de langue mère au jargon qui était parlé, aux époques préhistoriques, par les différentes tribus nomades qui vivaient alors à l'état sauvage dans l'Indo-Chine : jargon qui a donné naissance à la fois à l'annamite et au chinois, au zend et au sanscrit, et qui, conservé à l'état presque rudimentaire dans les deux premières langues, s'est transformé dans le zend et dans le sanscrit, en ces langues savantes qui font la juste admiration des grammairiens. Mais, pour les raisons qui précèdent, l'annamite et le chinois nous paraissent devoir être considérés comme étant plus voisins que les autres langues de la source du langage humain.

Réponse à quelques autres objections. — On nous objecte que, contrairement à ce qui existe dans le plus grand nombre de langues indo-européennes et sémitiques, la langue annamite ne possède point de monuments écrits d'un passé reculé, jusqu'auquel on puisse faire remonter la filiation de ses mots, en suivant ceux-ci dans les différentes transformations qu'ils ont subies au cours des siècles, de manière à en établir, pour ainsi dire scientifiquement, la généalogie authentique.

Nous répondrons que, si cette succession de consta-

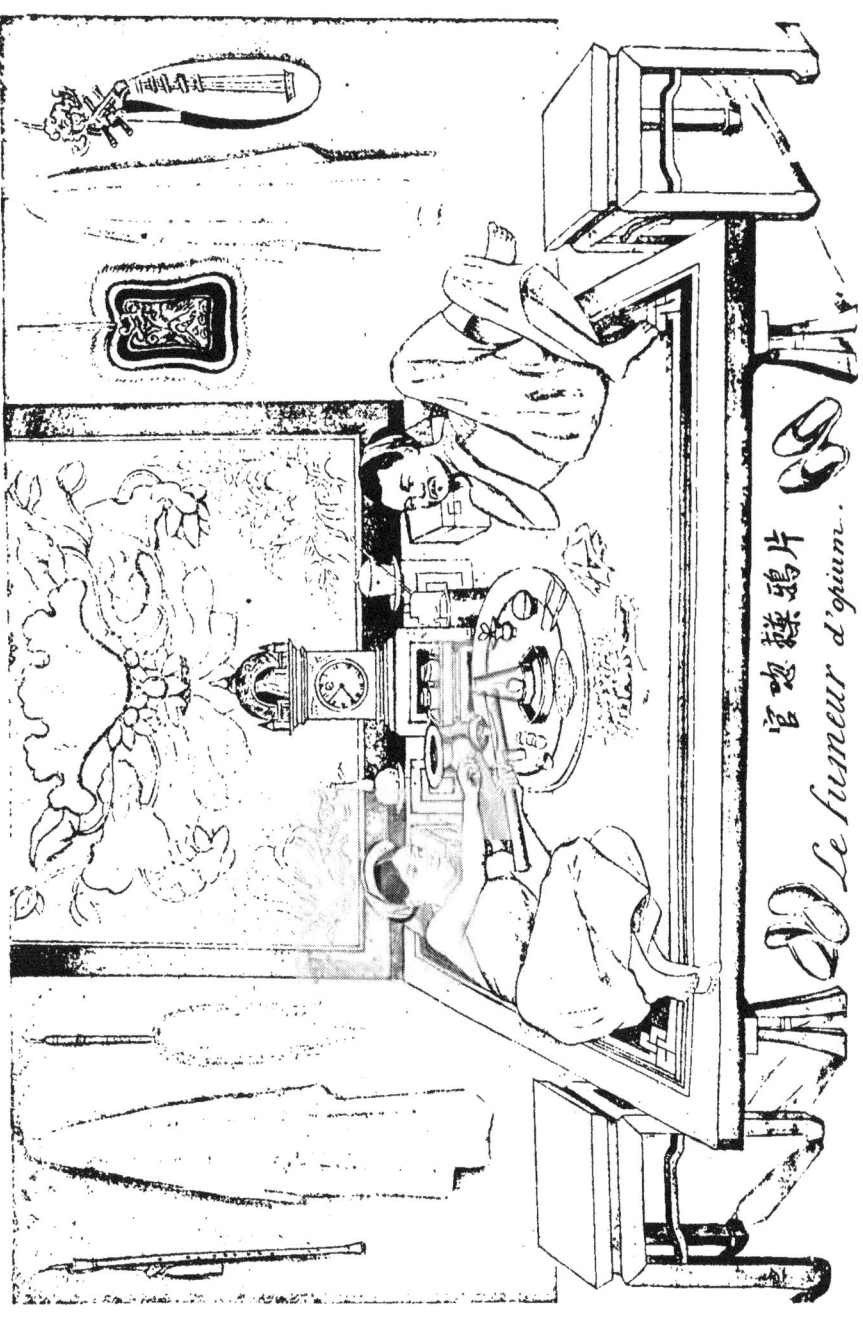

tations paraît nécessaire dans la recherche des origines des mots des langues agglutinatives ou à flexion, elle ne présente pas la même importance dans les recherches concernant les langues monosyllabiques, dont les mots qui sont parvenus jusqu'à nous ont conservé presque dans sa pureté leur forme primitive; nous ajouterons que la haute antiquité de la race qui a donné naissance aux tribus, peuplades et nations de cette partie de l'Asie, ne peut être mise en doute, pas plus que l'antiquité de la formation de la langue chinoise, de la langue annamite, et de la langue mongole, fille ou sœur de cette dernière.

Le celtique, l'hébreu, le basque et plusieurs autres langues, nous objecte-t-on encore, ont tour à tour reçu le titre de *Mère des langues* que nous attribuons à la langue annamite, et les arguments mis en avant par les défenseurs de chacune de ces thèses ne manquaient pas de valeur; néanmoins, ces théories ont été impitoyablement écartées, et la science s'est imposé le devoir de n'accueillir désormais qu'avec une extrême réserve toute tentative qui aurait pour objet de remettre en discussion les principes aujourd'hui admis dans les questions d'ordre philologique, et notamment en matière d'origine du langage humain.

Nous comprenons les considérations qui ont dicté ces résolutions; nous estimons cependant qu'une science qui, comme la linguistique, n'est qu'à l'aurore de sa formation, a un grand intérêt à examiner avec un soin particulier une thèse, quelque hardie qu'elle paraisse, qui est fondée sur des éléments nouveaux d'information et sur l'étude analytique d'une langue encore peu connue et qui attend son Burnouf; car, particularité qu'il partage avec le ouolof et le mandé, l'annamite a le privilège de n'avoir été étudié jusqu'à ce jour que par des missionnaires, et par quelques officiers ou administrateurs français, et cela dans un dessein de pure utilité pratique et non dans un but de recherches scientifiques.

D'autre part, cette tendance de l'esprit humain à apparenter les unes aux autres la généralité des langues ne constitue-t-elle pas, elle-même, un indice révélateur? ne procède-t-elle pas d'un sentiment d'intuition dont on pourrait invoquer la persistance en faveur de la communauté du langage humain?

Naissance des jargons primitifs. — Quoi qu'il en soit, que l'on admette, avec les monogénistes, l'apparition de l'espèce humaine sur un point circonscrit du globe d'où successivement elle aurait irradié sur le reste de la terre; ou que l'on admette, au contraire, avec les polygénistes, la formation simultanée de l'espèce sur différents points; l'homme, par le seul fait de la disposition de son organisme vocal, a dû, au sortir de la période évolutive de perfectionnement qui a suivi son apparition, arriver bientôt à émettre un certain nombre de sons, cris et onomatopées, lui constituant un embryon de langage qui, pendant longtemps, répondit plus imparfaitement peut-être encore que, de nos jours, celui des singes, des poules et de la plupart des autres animaux, aux premiers

幫羣北寧 par Khanh — Le Mar[ché]

Passage du fleuve

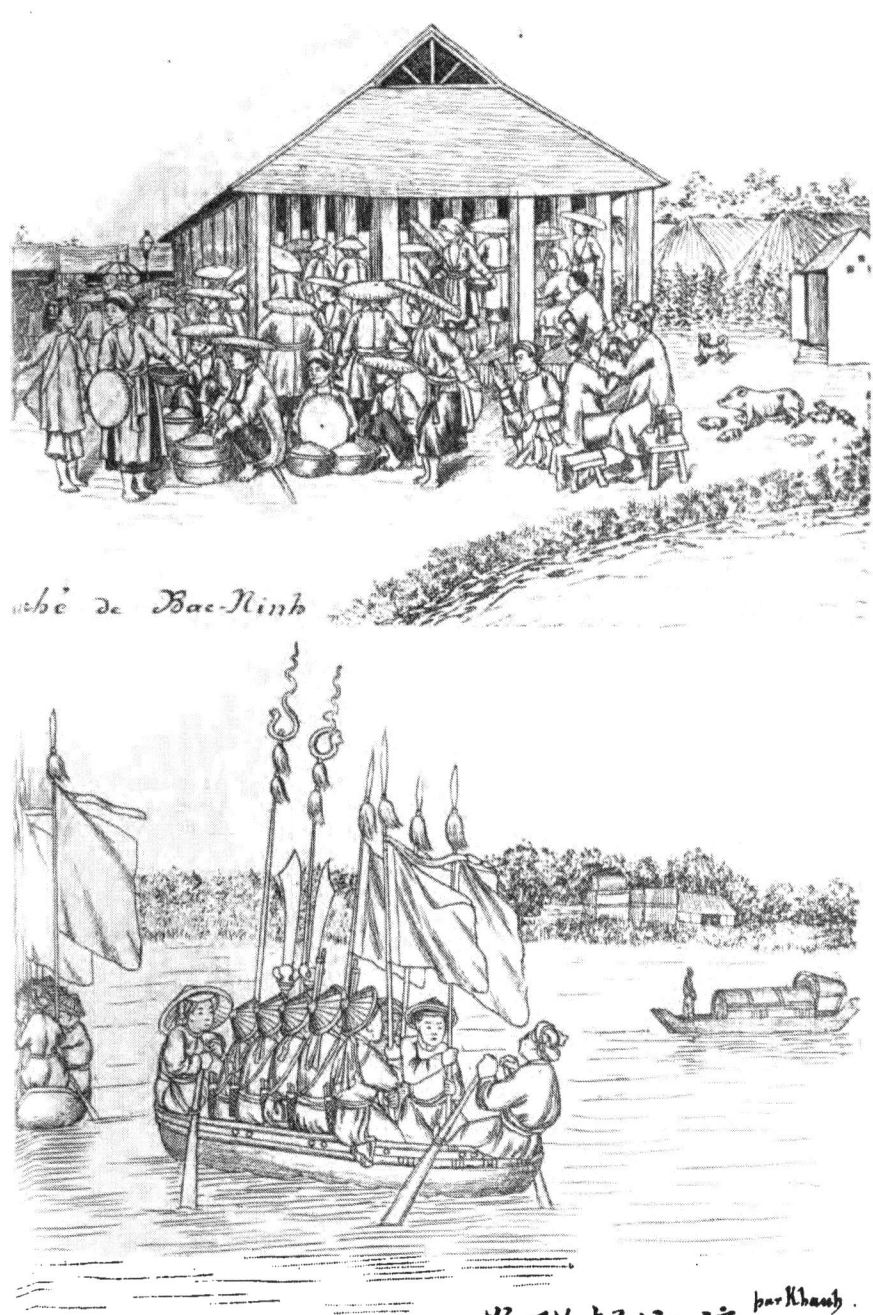

ché de Bac-Ninh

par une troupe tonkinoise. 翁聰督迻滝 par Khanh.

rapports de la vie. Ce sont ces éléments primitifs du langage qui composent encore aujourd'hui une sorte de fond commun à toutes les langues [1].

L'ethnologie et la géologie nous ont révélé que, probablement, dès la fin de l'âge tertiaire, sûrement au début du quaternaire, l'homme, que des découvertes nous représentent comme étant de race petite, tels que sont l'Annamite et le Peulh de nos jours, et tels, sans doute, qu'étaient les premiers hommes, avait étendu l'aire de son habitat au point d'occuper tous les continents et que déjà il faisait usage du feu. D'après M. de Mortillet, le savant professeur d'anthropologie préhistorique, les mêmes découvertes

---

1. Ici se pose une question intéressante. L'état de domesticité dans lequel vivent certains animaux depuis une longue suite de siècles, le contact prolongé des individus, leur rapprochement de l'homme, ont-ils apporté quelque modification, employons le mot, ont-ils introduit quelque progrès dans le langage primitif de l'espèce ?

L'étude du langage des bêtes n'a point passionné les linguistes de l'antiquité; aussi ne possédons-nous de ce langage primitif que les onomatopées et cris que l'homme s'est appropriés et a incorporés dans son propre langage.

Mais, grâce aux instruments enregistreurs dont dispose aujourd'hui la science, il est possible d'entreprendre sur les espèces actuelles une expérience du même ordre; de rechercher, par exemple, si le langage des gallinacés de nos basses-cours est composé des mêmes vocables que celui des gallinacés vivant à l'état domestique dans les autres parties du monde; et que celui des individus de même race vivant à l'état sauvage. On obtiendrait, en outre, comme point de comparaison, un langage se rapprochant du langage primitif de l'espèce, en enregistrant celui de gallinacés que l'on aurait fait éclore et élever en des lieux éloignés de toute habitation et de tout contact avec des individus de même race. La question reviendrait alors à la suivante :

La sociabilité et l'état de domesticité chez les divers animaux, en modifiant les conditions de leur existence, modifient-ils leur langage et par suite l'une des manifestations de leur instinct? Si puérile que paraisse cette question, sa solution apporterait peut-être son contingent de lumière à la recherche des origines du langage humain.

permettraient d'avancer qu'à ces époques reculées, l'homme, n'ayant pas d'apophyse géni, était bien capable d'émettre des cris et des onomatopées et de moduler des sons, mais n'était pas toutefois en possession de la parole, c'est-à-dire du langage articulé.

Il paraît cependant rationnel de faire remonter à ces mêmes époques la création des premiers jargons dont la formation dut coïncider avec le développement, de la sociabilité de l'homme résultant de l'usage du feu. La formation de ces derniers n'exige pas, en effet, le concours du langage articulé proprement dit, ceux-ci pouvant être uniquement constitués par l'émission de cris modulés chacun avec une tonalité différente ; ce qui est encore le cas des langues monosyllabiques, dans lesquelles certains mots — par exemple *se, mi, lo, lon,* en annamite — représentent, selon qu'ils sont prononcés sur un ton aigu, long, des idées d'élévation, de force, ou sur un ton bas, grave, bref, des idées d'infériorité, de crainte, de mépris, etc.[1]. L'articulation aurait été ainsi une étape avancée dans la création du langage.

Formation du langage articulé. — D'ailleurs, la nature ne répartit pas d'une manière égale ses bienfaits ; elle se plaît, au contraire, à distribuer ses dons de manière à établir des gradations parmi les êtres de chaque espèce. C'est ainsi que cette faculté

---

1. Comparez de même : héros (hérôs) ; hieros (sacré) ; Hermès ; Hercule ; heur ; allemand *herr* ; etc., dans lesquels *her, hér, heu,* etc., expriment des idées de force, de puissance, de richesse, de bonheur, etc., avec les mots : hérisson ; hère (pauvre malheureux), et l'interjection heu, qui marque le dédain.

de savoir faire jaillir l'étincelle céleste, fruit sans doute du hasard, et d'en approprier l'usage à ses divers besoins, résultat de la réflexion chez des êtres doués d'une intelligence supérieure, ne fut vraisemblablement, au début, le privilège que d'une partie de l'espèce humaine ; et, pendant que l'autre partie, à ces mêmes âges géologiques, errait sur d'autres points du globe, continuant à communiquer et à échanger ses idées par le moyen de modulations de simples cris, à mener la vie misérable de l'homme sauvage ou du chasseur primitif, par couples ou par petites bandes ; les premiers, rapprochés par le contact prolongé autour du foyer, formés en communautés, en petites tribus, se développaient sous l'heureuse influence de la vie sociale, dans des centres d'organisation propices à l'épanouissement de leurs facultés physiques et mentales ; trouvaient peu à peu les divers usages du feu pour le travail du bois, de la pierre, puis des métaux ; amélioraient les conditions de leur existence, et, par suite, de reproduction de la race ; perfectionnaient peu à peu l'instrument qui leur servait à communiquer leur pensée, leurs impressions, leurs sentiments ; étendaient leurs connaissances en toutes choses ; enfin augmentaient progressivement le domaine de leurs conquêtes sur les éléments et dans l'ordre intellectuel et se transformaient, suivant les climats et la nature des terres par eux habitées, en peuplades de pasteurs, d'agriculteurs, en tribus de nomades semi-agriculteurs et semi-pasteurs et en même temps colporteurs, trafiquants, ce qui est généralement le cas de ces dernières.

Cette transformation dut sans doute s'effectuer lentement et en passant par un certain nombre de phases qui, dans l'histoire d'un peuple, sont comme ses étapes, constituent comme ses conquêtes successives dans son acheminement de l'état sauvage à l'apogée de la civilisation. En effet, les premiers travaux de la terre ont consisté simplement dans des défrichements opérés au moyen du feu; la nature faisait le reste; c'est l'âge de la vie essentiellement pastorale succédant à la vie des chasseurs : certains peuples pasteurs, les Peulhs par exemple, opèrent encore exactement ainsi pour procurer des pâturages à leur bétail. Plus tard, l'homme eut l'idée de faire un choix parmi les produits que la nature lui fournissait en abondance, sans travail; il en confia la semence au sol dont il se contentait, au préalable, de gratter la surface, au moyen d'un bâton à l'extrémité duquel il emmancha bientôt un corps dur, pierre, os, puis métal, taillé, poli, aiguisé avec le secours du feu. Ce bâton, l'arme primitive, symbole de l'autorité chez les tribus de chasseurs et de pasteurs, fut ainsi transformé en bêche, lance, épée, etc.; il servit à la fois d'arme et d'outil d'agriculture et conserva ce même caractère d'emblème de l'autorité. Ce fut l'âge des peuples pasteurs semi-agriculteurs.

Enfin, sur les points les plus anciennement habités, où les populations atteignirent une grande densité; où, par suite, les difficultés de déplacement et d'alimentation des tribus s'accrurent progressivement, tout le terrain dut bientôt être affecté à la culture; ces peuples devinrent alors essentiellement agriculteurs, et les durs travaux des champs remplacèrent l'oisiveté de la vie pastorale; ce fut là vraisemblablement le véritable âge de fer.

Pour mieux retenir l'homme au sol et le détourner de reprendre cette existence facile du pasteur, dans laquelle le laitage constitue la base de l'alimentation, la croyance fut soigneusement entretenue, chez ces peuples, que le lait était un aliment très malsain: nous avons constaté que cette croyance est profondément enracinée en Chine, au Tonkin, en Annam, et chez quelques peuplades africaines.

Dans le même but, pour étouffer cet instinct migrateur qui, chez un peuple, est l'une des manifestations de l'esprit guerrier, du goût des aventures, jadis si vivaces chez les races d'Orient, et pour fixer encore davantage l'homme au sol natal, le législateur chinois édicta des peines très sévères contre toute famille dont un membre s'expatrierait sans esprit de retour; il ferma ses portes au commerce des autres nations; et éleva cette fameuse muraille destinée autant à arrêter les incursions de voisins turbulents qu'à servir de barrière pour isoler la Chine de la vie du reste du monde.

Cette sorte d'internement a eu pour résultat de pousser jusqu'à un haut degré la perfection dans quelques arts : agriculture, pisciculture, domestication de certains animaux, etc.; mais, par contre, il eut pour conséquence d'annihiler, tout au moins de retarder considérablement tout progrès des sciences pratiques, qui fournissent à l'intelligence ses armes les plus efficaces dans la lutte pour l'existence.

Le rêve de l'étudiant annamite — 書官夢也

Formation des races supérieures. — C'est ainsi que, dans un isolement qui fut sans doute la conséquence des premiers grands bouleversements géologiques, et sous l'action de causes multiples dont la plus féconde fut la découverte et l'utilisation du feu, durent se constituer, sur divers points du globe, un certain nombre de centres de formation de civilisation primitive qui donnèrent naissance aux races supérieures, pendant que, sur les autres points, végétaient encore ces tribus inférieures dont les appellations de *bredouilleurs, aboyeurs, japeurs, ouaoua* ou *gagas*, etc., sous lesquelles quelques-unes sont encore connues aujourd'hui, révèlent l'antique pauvreté de langage et le faible degré d'avancement social. Les uns et les autres, sous l'influence de milieux dissemblables, aboutirent aux types qui, tant au point de vue physique qu'au point de vue physiologique, caractérisent les races humaines. La plus ancienne, celle que l'on rencontre en quelque sorte, comme couche fondamentale dans la généralité des variétés qui composent les populations actuelles des diverses contrées, appartiendrait, au dire de savants autorisés, à un type au teint jaune clair auquel se rattacheraient toutes les races au teint clair (jaune, blanc, rouge) et qui serait le vestige des essaims produits par la dispersion de l'espèce primitive, devenus les autochtones des différents continents. Ce qui s'est produit pour la formation des races a pu se produire pour la formation des différentes langues, dont la plus ancienne aurait ainsi été parlée par une race jaune.

Ces races intelligentes, de haute stature, puissantes, supérieures à tous égards, avaient ainsi appris peu à peu, grâce à l'emploi du feu, à utiliser les ressources de la nature en vue de leur alimentation et notamment à fabriquer des armes et des outils de toute sorte, dont elles se servirent bientôt comme instruments de guerre et de domination vis-à-vis de leurs semblables; mais aussi qui furent pour elles des auxiliaires précieux dans leurs luttes contre les fauves redoutables qu'elles avaient à combattre et pour le développement des différentes branches de l'industrie humaine : pêche, chasse, art des constructions, confection des vêtements, domestication des animaux, etc., etc. Quelques-unes de leurs tribus, les tribus côtières, s'étaient en outre familiarisées avec les choses de la mer et étaient devenues habiles dans l'art de la grande navigation. A leur tour, ces races supérieures irradièrent pendant longtemps encore par essaims, en tous sens, par terre et par mer, les unes à la recherche de contrées d'alluvions, excellentes terres de culture et de riches pâturages; d'autres à la découverte de régions populeuses, etc., répandant sur tous les points, avec l'usage du feu, de leurs armes, de leurs outils, leurs procédés de culture, d'industrie et de commerce, etc. ; ainsi que leur langue que, du jargon primitif, fait d'onomatopées, de cris et de gestes, ils avaient transformée en un langage déjà riche en séries de vocables dérivés de ces onomatopées, en un mot, en ce langage articulé proprement dit qui serait ainsi l'apanage de l'espèce humaine de notre âge géologique.

Origine divine du langage. — Les êtres composant ces races supérieures reçurent, de leur côté, des races restées plus primitives en présence desquelles elles se trouvèrent, les dénominations de géants, génies, esprits, héros, dieux, diables [1], etc., c'est-à-dire d'êtres robustes, puissants, dispensateurs du bien et du mal, autant de mots synonymes, dans toutes les langues, et aussi synonymes de feu, de foudre (serpent de feu) et dont la signification donne une explication plausible de la *croyance à l'origine divine du langage*, ainsi que de cette autre croyance à une essence supérieure dont se targuent quelques peuples, descendants plus ou moins directs de ces races et qui se qualifient de peuples privilégiés, prédestinés, peuples de Dieu, etc.

Avec la formation des premières associations humaines autour d'un même foyer, les principes de l'autorité politique et de l'autorité religieuse avaient été créés, principes réunis vraisemblablement tout d'abord dans les mêmes mains — l'être supérieur par la force et par l'intelligence, à la fois le protecteur, le génie, le guide, le chef de la tribu ayant hérité d'une partie de la vénération que l'homme primitif avait vouée aux éléments, — jusqu'au jour où la conception psychologique de la divinité ayant succédé à la conception purement naturaliste ou fétichiste, les pouvoirs des différentes divinités furent attribués à une

---

1. Ce sont les dénominations qui sont encore aujourd'hui données par les populations de certaines contrées de l'Afrique et de l'Océanie aux explorateurs, émigrants de race claire. En Perse, le mot « homme blond » est encore synonyme de démon, génie, sorcier (*dev*). Le vocable *bla* a cette même acception générale.

Jeunes filles tonkinoises (La Toilée du Corps)

divinité unique, le Dieu suprême, dont le représentant sur la terre est encore resté, dans certains gouvernements autocratiques, le chef de l'État.

De même, les premières migrations importantes des peuples ayant eu pour conséquence de resserrer les liens qui unissaient les tribus de même origine, la coalition d'intérêts qui s'ensuivit en vue de s'entr'aider ou de résister à un ennemi commun, fut le point de départ de la formation des confédérations de tribus, puis des grandes nationalités.

A différentes reprises, en effet, à ces migrations partielles mais continues, durent succéder des mouvements de peuples plus considérables, dont les premiers n'étaient que le prélude et qui opérèrent sur certaines parties du globe un premier mélange de races. En tout cas, comme l'attestent les vagues traditions et les légendes parvenues jusqu'à nous et au fond desquelles réside toujours une part de vérité; comme l'attestent les résultats mis en relief par l'ethnologie et par la philologie comparées, un jour vint, vers l'aurore des temps historiques où, sous l'empire de quelque inéluctable nécessité — besoin de déverser un excédent considérable de population, fuite devant un envahissement du sol par les eaux (disparition de la Lémurie et de l'Atlantide), ou devant un refroidissement considérable de la contrée habitée, — des masses humaines, possédant une civilisation relativement avancée, s'ébranlèrent à la fois sur plusieurs points du vieux monde, bouleversant l'ordre de choses établi et apportant une profonde perturbation dans la destinée des peuples. De nouvelles races se formèrent, produits des mélanges des peuples en présence, races de métis, races nomades, belliqueuses pour la plupart, d'où sont sorties entre autres les nations de l'Europe, dont le nom bien caractéristique d'*Ile des*

Le Dragon chinois du cortège de la mi-carême. 1894. (Dessin de M. B.)

Nations, sous lequel elle est désignée dans la Bible, indique nettement les phénomènes ethniques qu'elle vit se dérouler; de même que le nom de *ngô* ou *gô*, *Ile par excellence*, première terre sortie du sein des eaux, donné autrefois à la Chine, nous révèle que cette contrée fut sinon le berceau de l'espèce humaine, au moins l'un de ses plus anciens habitats; un centre primitif d'agglomérations de peuples ; *le pays des hommes,* ainsi qu'on l'a encore appelée et, par suite, le point de départ des grandes migrations préhistoriques.

Mode d'expansion des races supérieures.

— Les procédés de colonisation et d'exploitation employés vis-à-vis des races inférieures par les émigrants de ces époques reculées, chez lesquels le feu semble avoir déjà été utilisé comme arme et comme un agent puissant de terreur et de domination [1], furent sensiblement les mêmes que ceux qui sont employés de nos jours par les grandes nations à l'égard des peuplades dont elles se partagent les territoires, dans l'impérieuse nécessité où elles se trouvent de constituer des débouchés à leurs produits industriels et commerciaux, ou d'assurer au trop-plein de leurs

1. L'antiquité est remplie de récits légendaires relatifs à des êtres puissants disposant du feu : dieux, génies, géants, armés de la foudre; animaux ailés, monstres vomissant des flammes, etc. Ces légendes font allusion à l'emploi du feu, comme agent de terreur, par une race supérieure, conquérante, au teint clair et telle que la race des Tartares ou Chinois; celle des Gaulois, etc. Les Annamites possèdent encore aujourd'hui, dans leur arsenal de guerre, comme le montre la gravure ci-contre, des mannequins, représentation de ces géants que l'on voit figurer, à Douai, dans les processions du géant Gayant (*gihan,* géant, en annamite); dans les cortèges du carnaval de tous les pays, et contre lesquels ils exercent leurs éléphants à combattre ; des carcasses d'animaux recouvertes de toile ou de papier, simulant des monstres dont la ressemblance avec la Tarasque ne peut être contestée.

Ces monstres ailés, légués par les traditions populaires, entre autres le *Babou,* nom provençal d'un animal de la famille de la Tarasque; la Tarasque elle-même, animal amphibie, d'après la légende, sont les emblèmes des ravages et des déprédations causées par une race conquérante disposant de bateaux légers, de chars de guerre, d'armes et d'engins perfectionnés, notamment d'engins incendiaires, autant d'éléments de puissance qui lui assuraient la supériorité sur les races plus primitives dont le territoire était le théâtre de ses incursions.

populations la possession de nouvelles terres habitables.

Bien accueilli ou simplement toléré sur certains points, par des tribus faibles, naïves ou aux mœurs douces, quelquefois vieilles colonies fondées par des migrations précédentes de la même race et chez les-

Le Babou, animal de la famille de la Tarasque.

quelles il se présentait tout d'abord en explorateur, en voyageur ou en humble colporteur; repoussé sur d'autres par des peuplades méfiantes, réfractaires aux idées et aux mœurs importées; par des races guerrières ayant l'amour de l'indépendance et la haine innée de toute immixtion étrangère, l'envahisseur, nomade ou colon, dut poursuivre, en mettant en œuvre toutes les ressources de son intelligence, l'exécution rigoureuse de ce programme de pénétration et d'expansion, toujours le même en tout temps et en tout pays, étant dicté par l'inéluctable loi de la lutte pour l'existence : s'imposer par la ruse ou par la force aux possesseurs du sol convoité et, selon ses intérêts, variables avec la nature de ce dernier et avec le nombre, le caractère des habitants, etc., y fonder ses établissements sous les noms de conquête, annexion, protectorat, colonie, comptoir; se substituer progressivement à l'élément indigène dans la direction des affaires publiques, principalement en ce qui concerne les relations extérieures, les finances, la justice; exploiter, à son propre profit, toutes les sources de la richesse nationale; en drainer directement une partie par le moyen de charges de toute sorte : impôts, redevances, droits de douane, etc.; s'y créer des situations privilégiées en rapport avec les besoins de bien-être inhérents à sa race ou nécessités par les conditions climatologiques; s'affranchir des durs labeurs, en particulier des travaux de la terre qui restent le lot des populations autochtones; se réserver les travaux industriels et autres travaux lucratifs dans la direction desquels ses qualités intellectuelles puissent s'exercer sans grande fatigue; y faire naître les transactions commerciales et s'en constituer l'intermédiaire obligé; y fonder les banques et autres institutions de crédit, éléments de richesse et de puissance d'un pays, mais aussi instruments de décadence et de ruine, quand au lieu de servir au développement de l'industrie, de l'agriculture et du commerce, ils sont surtout employés à favoriser les pires trafics, l'agiotage et

Éléphants exercés aux manœuvres de guerre.

les aventureuses spéculations financières; et, de nos jours même, la nation qui réalise le mieux les *desiderata* de ce programme n'est-elle pas réputée pour la nation colonisatrice par excellence, et celle-ci ne s'arroge-t-elle pas la prétention de marcher à la tête de la civilisation? A la vérité, quelque dénomination qu'on leur donne, sous quelque prétexte, sous quelque raison qu'on les entreprenne, ces exodes de peuples n'ont jamais eu et n'ont d'autre objet que l'accaparement d'un territoire convoité ou l'exploitation plus ou moins déguisée, à leur profit ou au profit d'une secte, guerrière, religieuse ou de marchands, d'une nation plus faible; de son travail; de ses ressources; exploitation qui prend le caractère d'une odieuse spoliation quand elle est accomplie par des races farouches, âpres au gain et, par-dessus tout, sans scrupules; qui, au contraire, est supportée sans trop de murmures, quand elle est effectuée, avec quelque tempérament, par des races accessibles à de généreux sentiments et qui n'ont point uniquement le lucre pour mobile de leurs actions.

Que l'on nous pardonne cette digression qui n'est pas d'ailleurs tout à fait hors de notre sujet, l'étude des langues comme celle des races étant intimement liées à l'histoire de l'humanité.

Que le lecteur n'y voie point, surtout, un parti pris de faire le procès, dans un but mesquin et stérile, de toute politique d'expansion coloniale, et encore moins la critique d'actes du gouvernement; ni, enfin, ainsi que certaines personnes — désireuses de voir se continuer un état de choses éminemment favorable, sans aucun doute, aux intérêts dont elles sont les mandataires mais onéreux pour le pays — ont tenté de le faire croire, une sorte de boutade d'un esprit chagrin et mécontent [1].

[1]. Chambre des Députés, numéro du *Journal officiel* du 11 avril 1892, p. 550.
Nous saisissons cette occasion de répondre aux insinuations malveillantes dont nous avons été l'objet, au cours de cette séance, de la part d'un membre du Parlement, à la suite de la citation qui fut faite, à la tribune, du passage ci-après de notre volume *Campagne dans le Haut-Sénégal et dans le Haut-Niger*, 1885-1886 (Plon, édit.) :
« Si l'on s'en rapporte à certaines statistiques qui ont été publiées récemment sur le Sénégal, statistiques qui ont été reproduites dans un certain nombre d'ouvrages par des écrivains qui n'avaient pas les moyens d'en contrôler l'exactitude, le commerce du Haut-Sénégal aurait, au lendemain même de notre occupation, progressé dans des proportions considérables. De 1 à 2.millions il se serait élevé jusqu'à 19 et 20 millions. Les mêmes statistiques disent que, dans quelques années, ce commerce aura décuplé. »
Nous puiserons les éléments de notre réponse dans des documents officiels. En effet, le *Journal officiel* de l'année 1884 contient, aux pages 6 270 et suivantes, deux tableaux publiés par ordre de M. F.... F...., alors sous-secrétaire d'État à la Marine et aux Colonies, et résumant pour cette année le mouvement commercial de la région comprise entre le Haut-Sénégal et le Haut-Niger, — ainsi que l'*accroissement présumable* de ce mouvement dans une période de cinq années d'occupation.
Il résulte de cette statistique : 1° que le total du mouvement commercial dans cette contrée aurait été, en 1884, de plus de 18 millions de francs (nous avons démontré que ce nombre est erroné et qu'il faudrait, à notre avis, le diviser par 10, pour avoir une estimation plus exacte de ce mouvement commercial); 2° que, dans la période d'occupation suivante de cinq années, ce commerce devait s'accroître dans la proportion de 1 à 5 pour quelques produits ; de 1 à 10, pour un plus grand nombre d'autres ; et, enfin, de 1 à 100 et même à 500, pour quelques autres. Dans ces conditions, dès 1890, le mouvement commercial entre Médine et Bamakou, calculé sur les bases précédentes, eût dû dépasser 70 millions! Il est à peine utile d'ajouter que celui-ci est resté à peu près stationnaire, si on en défalque, bien entendu, les dépenses croissantes qui ont été faites pour fournitures aux colonnes expéditionnaires. En outre, si les recettes locales ont pu s'augmenter, pendant ces dernières années, de quelques centaines de mille francs, produit

Qu'il n'y voie, au contraire, comme aussi dans les considérations qui suivent, que l'exposé de l'opinion sincère et sans ambages d'un soldat qui, après d'impôts de capitation ou de droits prélevés sur les caravanes, les dépenses budgétaires ont, de leur côté, doublé.

Nous nous garderons bien, toutefois, à l'encontre de l'incrimination que nous avons tenu à relever, de suspecter en aucune façon la sincérité et la bonne foi des auteurs de prévisions si optimistes; combien d'autres se bercent encore de semblables illusions au sujet de l'avenir commercial de la France dans certaines de nos possessions coloniales! Les projets, par exemple, de voies ferrées destinées à mettre en exploitation les prétendues richesses naturelles accumulées dans notre domaine soudanais, notamment, celui d'un chemin de fer transsaharien, se prolongeant à travers le centre de l'Afrique jusqu'au Cap, et devant rapporter à leurs actionnaires de fantastiques dividendes, ne comptent-ils pas encore de fervents adeptes?

En ce qui concerne particulièrement le projet d'établissement d'une voie ferrée de Kayes à Bamakou, et la question suivante, toute d'actualité : L'occupation récente de Tombouktou modifie-t-elle d'une manière favorable les conditions de notre établissement au Soudan ? nous répondrons encore par des extraits empruntés au même volume : « *Campagne, etc.* » Citons :

« La construction d'une voie ferrée destinée à relier Kayes à Bamakou et à Tombouktou est-elle d'une réelle utilité ?

« Si l'on estimait que, soit dans une intention philanthropique, soit dans une intention politique, l'occupation par nos troupes de ces contrées fût, *coûte que coûte*, indispensable, l'établissement de cette voie ferrée offrirait incontestablement le moyen le plus commode de se rendre maître de ces pays,... mais tel n'a pas été le but de notre pénétration dans l'intérieur de l'Afrique.

« Notre but a été, avant tout, d'ouvrir un champ immense d'exploitation au commerce et à l'industrie nationale. Et c'est pour obtenir ce résultat, que l'on a poursuivi et que l'on poursuit encore, ponctuellement, l'exécution de ce projet autrefois proposé par Raffenel et que nous résumions ainsi : Au fur et à mesure que les têtes de colonne pénétreraient dans l'intérieur, on se hâterait de les pousser au delà, dans l'espoir de trouver ces centres de population, ces belles et riches contrées, en un mot, cette terre promise entrevue par l'imagination de quelques voyageurs.

« S'arrêterait-on à Bamakou ? Non, un nouvel objectif serait toujours imposé. Ce serait Ségou, puis Tombouktou, etc., autant d'étapes, autant de termes de cette immense progression qui, d'après Raffenel, devrait finir un jour par embrasser toute l'Afrique.

« Concurremment avec la marche en avant de nos colonnes, une flottille de petites embarcations exigeant des frais énormes d'en-

avoir parcouru une partie de notre domaine colonial, et avoir mûrement réfléchi à ce grave problème qui fait l'objet des préoccupations générales, au mépris de son intérêt personnel, sans se soucier de jeter une note discordante dans le concert de voix réclamant une impulsion encore plus active de cette politique d'expansion, croit devoir jeter un cri d'alarme pour mettre le pays en garde contre un entraînement qui pourrait avoir de fatales conséquences.

De la politique coloniale de la France. — En ce qui concerne, en effet, cette expansion coloniale, la forme habituelle sous laquelle se produisent ces exodes, aujourd'hui que les principales nationalités se trouvent comme cantonnées dans des territoires parcimonieusement distribués et à l'intérieur de frontières strictement définies, nous ajouterons que, s'il est nécessaire qu'un grand peuple comme la France, doté par la nature d'une longue succession

tretien, ne possédant que des moyens d'action insignifiants, serait créée sur le Niger. Impuissante pendant la plus grande partie de l'année, etc., etc. »
Ainsi donc, l'intérêt commercial est le mobile de notre pénétration au Soudan. Or, cette contrée présente-t-elle de sérieux débouchés pour l'écoulement des produits de nos nationaux ?
Possède-t-elle d'autre part des produits d'exportation d'une exploitation avantageuse et rémunératrice ?
Est-il possible d'y développer de grands courants commerciaux ? Aux pages 168, 199, 500 et suivantes de l'ouvrage cité, nous avons traité ces questions ; le résumé de notre opinion était le suivant :
L'établissement de la voie ferrée Kayes-Bamakou n'a pas une utilité commerciale sérieuse. Cette voie ne peut servir qu'au transport du Sénégal jusqu'au Niger, de nos colonnes, de leur matériel et enfin des vivres destinés à la subsistance des quelques centaines d'Européens qui en font partie, les indigènes devant naturellement vivre sur les ressources locales.

de côtes, à la tête d'une puissante marine militaire et marchande, et dont une partie de la population a conservé intact le goût des aventures et des expéditions lointaines, multiplie ses débouchés commerciaux, étende son influence sur toutes les mers et dans l'intérieur des continents ouverts à l'activité européenne — comme cela a toujours été, nous l'avons vu, le rôle des races supérieures et qui voulurent rester riches et puissantes, — il doit également envisager l'éventualité d'une lutte suprême, toujours imminente, pour laquelle il lui faudra faire appel à toutes ses ressources et où certaines de ses acquisitions d'outre-mer seront plutôt un embarras qu'une aide. C'est pourquoi le choix de la sphère où son action coloniale doit s'exercer et l'étendue de cette dernière demandent à être mûrement étudiés.

Dans ces conditions, s'il convient d'encourager et d'aider de tous nos efforts les entreprises privées, individuelles ou collectives : explorations, établissements de comptoirs, etc., sur toutes les parties du globe où la science et l'initiative commerciale cherchent un aliment à leur activité, il importe de n'engager l'action politique et les finances de l'État que là où celles-ci doivent être profitables à l'intérêt national, et non point servir seulement des intérêts particuliers au détriment de la fortune publique ; en un mot, il y a lieu de subordonner les sacrifices en hommes et en argent que l'on s'impose, à l'importance des résultats généraux à retirer [1].

---

[1]. En demandant qu'un large concours soit donné aux entreprises coloniales collectives, nous n'entendons toutefois nullement que

Nous avons exposé ailleurs le programme qui nous paraissait le plus susceptible d'atteindre ce but. Il consiste : à prendre pied effectivement sur le plus grand nombre possible de points des côtes et des cours d'eau navigables, afin de tenir les débouchés et de drainer les produits indigènes; afin de se constituer, sur·tous les points du globe, d'importants établissements commerciaux susceptibles, à l'occasion, de servir de base pour les opérations de nos escadres ou d'escadres amies.

Il consiste à organiser, à fortifier, au fur et à mesure, les possessions acquises; à y asseoir solidement notre autorité; à y développer les relations commerciales, à en assurer la sécurité; puis, à rayonner progressivement de ces établissements vers les centres populeux, vers les contrées de l'intérieur riches en produits d'une exploitation rémunératrice, et aussi vers les établissements côtiers voisins, de manière à souder pour ainsi dire ces derniers les uns aux

---

l'État se dessaisisse, en faveur de ces dernières, de la plus grande partie de ses droits et pouvoirs, ainsi que cela se produisit à l'égard de nos anciennes Grandes Compagnies Coloniales, et comme c'est encore le cas, aujourd'hui, pour quelques Compagnies Coloniales étrangères.

De telles associations, possédant leur force armée propre, recrutée, organisée et utilisée selon leur bon plaisir, rendant la justice, levant des impôts, jouissant de tous les privilèges et de tous les monopoles, disposant, en un mot, des puissants moyens d'action d'un véritable État sans que leurs actes soient, de fait, sérieusement soumis à un contrôle pondérateur, ne peuvent avoir d'autre objet que la prompte et productive réalisation de l'opération commerciale en vue de laquelle elles sont constituées. Aussi, leur histoire le démontre, ne tardent-elles pas à épuiser le pays livré à leur rapacité; puis, après une prospérité éphémère, à végéter dans une longue impuissance pour s'effondrer enfin dans la ruine, en laissant, le plus souvent, derrière elles, parmi les populations indigènes, le souvenir d'un nom détesté.

autres, par le moyen d'une zone intérieure, soumise à notre influence, sinon sous notre entière dépendance [1] et aussi peu éloignée que possible de la côte, de manière à éviter ces frais si onéreux nécessités par le transport, soit des produits de l'exportation indigène, soit des vivres et du matériel destinés à nos colonnes; il consiste aussi à préparer ou à réserver l'avenir en passant des traités favorables avec les autres tribus dont l'éloignement ou le peu d'importance commerciale n'exigent pas de rapports plus directs; et enfin à se garder de la politique funeste d'entraînement irréfléchi : par exemple, de celle qui aurait pour objet de pénétrer de jour en jour davantage, au prix de sacrifices sans cesse renouvelés, à travers des territoires hostiles, au climat inclément, déserts, sans richesse et sans avenir, sous le prétexte d'accaparer le plus de territoires possible, ou sous l'inspiration de généreuses mais trop coûteuses utopies. Les races essentiellement colonisatrices n'ont pas employé d'autre méthode que celle que nous venons de résumer.

Quant aux peuples assujettis par les moyens que nous avons relatés plus haut, ils se sont vengés en flétrissant par des surnoms injurieux ou outrageants

---

[1]. L'un des premiers nous avons fait ressortir que, si notre expansion coloniale sur la côte occidentale d'Afrique eût eu pour objectif, au lieu de cette pénétration indéfinie vers l'inconnu, l'acquisition d'une zone territoriale qui eût relié, par l'intérieur, le Sénégal à nos autres comptoirs de la côte : Casamance, Grand Bassam, etc., les résultats de notre action, au Soudan, eussent été autrement fructueux pour notre commerce, car une grande partie du trafic qui se fait avec la Gambie, Sierra Leone, Liberia, etc., eût pu, par ce moyen, être dérivée vers nos comptoirs.

les races dont ils ont eu à subir l'insatiable cupidité ou les mauvais traitements ; tandis que, dans leur reconnaissance envers les autres, ils ont souvent associé les dénominations de père, de bon, de bienfaiteur, à celles de fort, génie, géant, etc., par lesquelles les races envahissantes sont en général désignées. L'étude des diverses langues en offre maint exemple.

Mieux qu'aucune autre science, la philologie est ainsi susceptible de déterminer le rôle joué, dans le passé préhistorique, par les différentes races; de nous rendre également compte des causes premières de ces affinités ou de ces inimitiés violentes de peuple à peuple qui se sont poursuivies jusqu'à nos jours, et qui sont dues : les premières, à des parentés d'origine ou à une grande douceur de mœurs des races en contact; les autres, aux exactions répétées commises par des races fortes, intelligentes mais prévaricatrices, à l'égard de races moins bien douées sous le rapport intellectuel, ou d'une nature plus pacifique ou plus loyale.

La philologie nous vient encore en aide pour déterminer les contrées qui furent les centres de formation de ces races supérieures, considérées par les anciens comme les ancêtres de l'homme, parce qu'elles avaient découvert l'usage du feu et trouvé le langage articulé.

Dans le chapitre qui suit, nous allons passer en revue quelques-unes de ces races; mais il nous paraît intéressant de développer, tout d'abord, quelques autres considérations d'un ordre nouveau, sur les cultes du soleil, du feu, du serpent, du foyer et des ancêtres qui ne forment qu'un même et unique culte;

sur les rapports de ce culte avec la Parole, le Verbe ou le Langage, et sur sa corrélation intime avec la Trinité bouddhique, la Trinité platonicienne, et la Trinité chrétienne.

Antiquité du culte du feu. — La religion du feu est l'une des plus anciennes croyances de l'humanité [1]. C'est que nombreux furent, dès les premiers

---

1. Taoïsme, chamanisme ou culte d'Ormadz, Brahmanisme, Bouddhisme, etc., eurent ce culte pour base. *Or-madz, Boud-dha, Brahma, Ta-o* sont en effet des mots signifiant : être feu, soleil, briller. Les pratiques de ce culte subsistèrent, d'une manière plus ou moins déguisée, dans toutes les religions qui se créèrent par la suite. Elles survivent encore, tant en sont profondes les racines, dans les religions existantes. Par exemple, l'entretien, dans nos églises, du feu sacré en est un vestige. Celui-ci, comme le feu des vestales, comme le feu des autels domestiques des anciens, ne doit s'éteindre, pour être aussitôt rallumé avec un cérémonial donné, qu'à un jour fixé par année (dans notre religion, le samedi saint). Nous citerons encore, comme coutume universellement répandue, autre legs de ce culte, la fête du renouvellement de l'année, la fête du retour du printemps, de la chaleur, fête par excellence du foyer domestique, reportée par le christianisme à la Noël, dans le but principal d'en faire oublier l'origine païenne, et qui correspond, en Asie, en Afrique, etc., à la fête des Lanternes, à la fête du Têt, etc. Nous mentionnerons encore le culte actuel du feu des Parsis, des Dahoméens, des Polynésiens, des Touraniens et des Mexicains, chez lesquels, dès la plus haute antiquité, l'on a constaté l'existence de coutumes absolument semblables à celles de nos feux de la Saint-Jean.

Nous citerons enfin, comme autres vestiges de ce culte antique, l'auréole des Saints que l'on retrouve en Extrême-Orient, dès les âges les plus reculés; l'ostensoir, en forme de soleil; certains ornements des habits sacerdotaux; le geste de la génuflexion qui n'est autre que la reproduction de l'acte primitif de l'allumage du feu que l'homme accomplissait avec une invocation au soleil; le croisement des mains, c'est-à-dire l'adoration ou prière, qui n'est également que la reproduction du geste de l'homme présentant ses bras étendus à la chaleur de la flamme, croisant ses mains ou frottant celles-ci l'une contre l'autre pour les réchauffer. Ce sont ces mêmes poses, dit Ch. Hacks, que prend, de nos jours encore, l'Aïno qui a conservé, dans leur intégralité, les pratiques de ce culte, lorsqu'il veut rendre hommage à Dieu ou à l'homme; il gesticule

âges, les titres acquis par le feu, à la reconnaissance de l'homme. D'autres les ont proclamés avant nous en des pages éloquentes inspirées par l'évocation du spectacle offert par cet être qui, faible, sans autre arme dans la lutte pour l'existence qu'un instinct supérieur, sut, grâce à l'aide que lui fournit le feu, triompher des difficultés et des dangers sans nombre qui l'assaillirent dès ses premiers pas dans la vie du monde, vaincre la nature elle-même, en lui dérobant le secret de l'étincelle céleste et devenir le maître de l'univers.

Nous nous bornerons, quant à nous, à faire ressortir les causes principales qui ont amené l'homme primitif à donner au feu, personnification terrestre, à ses yeux, du soleil, du Dieu-Créateur, les dénominations de Dieu, de fils de Dieu; de père, d'ancêtre, de source, d'origine de l'homme, etc., sous lesquels les siècles passés ont désigné l'élément bienfaisant par excellence.

Lorsque son intelligence lui permit de distinguer dans le feu, objet instinctif d'effroi pour la plupart des animaux, un être ami, loin de le fuir, l'homme lui demanda vraisemblablement aussitôt sa protection, et put, à son abri, se tenir hors des atteintes des grands fauves, ses redoutables ennemis de l'époque antédiluvienne; de même que, plus tard, il l'utilisera

---

des mains comme s'il voulait procéder à l'allumage du feu.
Faisons remarquer, au sujet de ces Aïno, qu'ils habitent l'île de Sakhalin (de *saka*, serpent grand, d'où Shamanisme), île qui a également nom Tarakaï, ce qui établit la synonymie des termes *sakha, sara, tara*; dénominations diverses, comme nous le démontrerons, du serpent, du dragon ou du feu.

pour se créer des armes destinées à combattre ces derniers.

La lumière du feu lui servit également de bonne heure à dissiper les ténèbres et à faire évanouir, avec elles, les terreurs qui venaient l'assaillir à la tombée de chaque nuit que, dans sa naïve imagination, il assimilait à un monstre mystérieux, malfaisant et cruel. Aussi, la lumière du feu prit-elle rapidement place, dans son esprit, dans le même culte que celui des astres : soleil, lune, étoiles, dragon ou serpent de feu, et autres constellations célestes auxquelles il était redevable de ce même bienfait.

C'est grâce au secours du feu que l'espèce humaine put traverser, sans disparaître, la période glaciaire qui précéda notre époque géologique et dans laquelle périrent tant d'autres espèces.

Synonymie des mots feu, verbe, parole, dieu. — C'est enfin, on l'a vu, du rapprochement, du contact prolongé de groupes humains autour des mêmes foyers que naquit et se développa d'une manière si merveilleuse la sociabilité de l'homme ; que sortit la parole ou verbe, ou discours, c'est-à-dire le langage articulé. Et, en effet, les mots qui, dans les différentes langues, servent à rendre l'action de parler, expriment en même temps les idées de : lumière, feu, blanc, éclatant, chaud, soleil, dieu, etc. ; ainsi que celles de : homme, premier homme, celui qui a découvert le feu ; fils du feu, etc. [1].

1. On a : langue : *lingua, larugs, loura, taal, zaban, hoa yu, varin* ; — mot : *palavre, vox, verbum, slovo, par, wyraz* ; — parler :

Éclosion de fourmis ailées. (Composition de Khanh.)

La parole apparut ainsi aux races qui en furent dotées les premières, comme une révélation, un effet réflexe du soleil, le dieu primitif, ou du feu, son fils; comme une manifestation de la puissance, de la vertu du créateur. C'est là encore une nouvelle explication, peu différente de celle que nous en avons déjà donnée, de l'origine divine du Verbe, du Langage.

Identité des cultes du feu, des morts et des ancêtres. — Les rapports entre les cultes du feu, le culte des morts et celui des ancêtres ont été suffisamment établis par M. F. de Coulanges pour qu'il nous paraisse inutile d'entrer à leur sujet dans de longs développements.

De la constitution de groupes autour de mêmes foyers, naquit, nous l'avons vu, le principe de l'autorité d'un chef, d'ordinaire le plus fort ou le plus expérimenté du groupe; du héros (*herr, ser, sir*, etc.); duc, lare (*lar*, chef, en celtique), ou géant, génie, dieu de la famille. Vénéré, redouté de son vivant, c'est à

fari, hablar, bra, brahmi, vorbi, logos, lalein, loqui (ann. *loï, luoï*), *tala, kalam, chouo hoa, ouar, war,* etc. Ces mots ont tous pour radicaux des vocables, *la, li, lo, ta, sa, fa, fi, ho, ba, bla, gha, var, ver, vir*, etc., qui, dans les différentes langues, expriment les idées de feu, éclatant, pur, brillant, blanc, comme la couleur du lait et de la laine (*la, lac, kawar*, etc.), comme la lumière, la lune (*la, lagia*; ouolof *ver*, etc.), comme le verre (*galas*; persan *shichah*, mot identique à l'hébreu *schinschon*, le soleil); les idées de blanc, clair comme la vérité, mot exprimé par les mêmes vocables que chaud, éclat, clair, feu (*verus, war, varm, gwyr, fir*; sanscrit *var*, etc.); les idées de fort, puissant, comme Dieu, comme la vertu, la virilité (*virtus, vir*); comme la verge, emblème du pouvoir, de la force comme le serpent ou feu, *ver*; comme *verral*, lat. *verres*, le sanglier; sanscrit *varsha*, le taureau, l'étalon; et *varsh*, l'organe du mâle.

cet ancêtre, en souvenir des services déjà rendus à la communauté, que s'adressaient les descendants dans les moments difficiles de la vie ; car, pour les anciens, les Mânes (ann. *ma*, tombeau, cadavre, fantôme), êtres sacrés, continuaient leur vie dans la tombe. Le culte du foyer devint ainsi également le culte des ancêtres et le culte des morts ; le feu, puis la pierre immobile du foyer, plus tard, le *trépied* en furent l'emblème.

Relations entre le culte du feu, la Trinité antique et la Trinité chrétienne. — C'est une particularité à remarquer que, dans toutes les religions, le feu remplit en quelque sorte le rôle de médiateur entre le Soleil ou Créateur, père du feu, et l'homme, fils lui-même du feu. Le feu participe ainsi à une double nature ; il possède le double caractère : d'*être divin*, en ce qu'il est fils du créateur et dieu lui-même ; d'*être humain*, en ce qu'il réside sur la terre et est père de l'Homme, de la Parole, du Verbe ou Logos, c'est-à-dire du Langage.

Le feu qui était entretenu sur l'autel du Grec, du Romain et de l'Hindou « était quelque chose de divin », dit M. F. de Coulanges dans *la Cité antique*. Le feu du foyer était la Providence de la famille ; c'était une sorte d'être moral. « On le dirait homme, car il a de l'homme la double nature », écrit encore le même savant.

Comment ne pas reconnaître dans cet être divin, dans ce feu, fils du Soleil, descendu sur la terre, fait homme, et dont le nom est aussi Verbe ou Parole (*var, ver, far*, etc., lumière, feu), la deuxième personne, le Verbe de la Trinité platonicienne ; et ne pas voir la première personne dans ce Soleil ou Dieu-Créateur, principe, source de toute chose ?

Nous touchons, certes, dans cette partie de notre étude, à des points d'un ordre délicat en ce qu'ils intéressent des questions de conscience et de foi ; aussi ne les abordons-nous qu'avec réserve, en n'oubliant pas toutefois que la science a le privilège d'entr'ouvrir, sinon de déchirer tous les voiles.

Comment ne pas comparer également, demanderons-nous encore, aux deux personnes qualifiées ci-dessus : Dieu le Père, de la Sainte Trinité ; Dieu le Fils, le Christ ou Messie, le médiateur entre Dieu et l'homme ; entre le Créateur et la créature, en un mot, le *Verbe* ?

Quant au Saint Esprit, on sait qu'il ne fut, dans le principe, considéré sous les noms de *Virtus*, Force ou Sagesse, que comme l'émanation directe du Dieu-Créateur. Ce ne fut que plusieurs siècles après Jésus-Christ qu'il fut classé au rang de Dieu et devint la troisième personne de la Sainte Trinité.

Le Saint Esprit, essence divine, procédant à la fois du Père et du Fils, d'après les premiers philosophes chrétiens, c'est, pour nous, la chaleur et la lumière, double force, double principe inséparable l'un de l'autre, rayonnement, émanation divine du Soleil ou Feu céleste et du Feu terrestre, qui anime tous les êtres de la création. C'est la Source à laquelle les prophètes puisent leur inspiration, les guerriers leur ardeur, le prêtre la Vertu, etc. Le Saint Esprit n'est-il pas représenté dans nos peintures par des langues de feu ? ou par la colombe, symbole de la blancheur, de l'éclatante lumière ? N'est-ce pas en touchant ses lèvres d'un tison enflammé que Dieu, d'après la Genèse, faisait descendre son esprit dans les prophètes qu'il voulait inspirer, leur transmettait sa Vertu (*vir, ver*,... feu, force, chaleur) ?

Ce sont ces mêmes symboles ou des symboles analogues que l'on retrouve dans les trois personnes de la Trinité hindoue. Varouna y désigne le Soleil, l'Être céleste par excellence ; Agni, le Feu ou la Terre ; Indra, l'Air, région, siège et, à la fois, agent de transmission de la lumière et de la chaleur, le tout constituant la grande âme, le Soleil, père du feu, de la lumière et de la chaleur, le dieu-créateur.

Le trépied, emblème du Feu et du Soleil. — L'étude des traditions religieuses de l'Annam, qui, comme celles de tous les autres peuples de l'Extrême-Orient, nous ont été transmises à travers une longue série de siècles sans de grandes altérations, permet de saisir le lien mystérieux qui unit le culte du feu au symbole de la Trinité.

En annamite, *tao* (*ta*, feu ; *o*, être, demeure) est le Génie du foyer domestique ; c'est le dieu lare des Romains. On lui donne le titre de *ong*, exactement *herr*, *ser*, *sir*, monsieur, seigneur, héros, être supérieur (comme l'indiquent *ter*, *très*, *tri*, etc., altérations de *ser*). Ce dieu possède son autel dans chaque maison ; il est représenté par un tronc de pyramide fait d'argile et dont la partie supérieure est *sensible-*

ment courbée. Sur chaque autel sont disposés trois de ces Génies : l'un d'eux est muni d'un nombril, l'emblème de la création, de la génération; il s'appelle *chua*, le chef, le père, le céleste, le dieu par excellence; il occupe la place du milieu; la tête de chacun de ces *tao* supporte des ustensiles de cuisine : marmite, casserole [1], etc.

Des légendes du plus haut intérêt pour l'origine de nos religions et, aussi, pour celle de nos institutions, courent, en Annam, sur la création, le rôle, etc., de ces *tao*. Ceux-ci représentent indiscutablement, à la fois, et la pierre unique, immobile, qui fut le foyer primitif, et les trois pierres levées qui formèrent plus tard un foyer plus perfectionné et dont la réunion constitua enfin le trépied aujourd'hui en usage. Si simple que cet ustensile nous paraisse, de longues années s'écoulèrent sans doute avant que cette triple transformation fût opérée et, pendant longtemps, la simple pierre levée fut l'idole, l'emblème du culte du dieu du feu, de la chaleur, du soleil, c'est-à-dire du créateur, du générateur des êtres.

Aussi pensons-nous qu'une relation intime existe entre ces *tao*, et ces idoles grotesques, emblèmes de la génération et gardiennes des foyers, qui se dressent au seuil des cases et aux carrefours, dans les villages du Dahomey où le culte de *dan* (serpent, feu) se célèbre encore dans sa primitive grossièreté[2]. Tels

---

1. Rappelons que, dans l'antiquité, le nombre *trois* était le nombre sacré, cabalistique par excellence et qu'à Athènes et à Rome, notamment, l'autel du foyer avait trois noms : bômos, eskara, estia; focus, ara, vesta.

2. Ces *tao* ou statuettes, grossièrement taillées, sont emportées

sont aussi les Lingha et Phallus que l'on rencontre, sous des formes diverses, sur la plus grande partie de la surface du globe, les Pyramides de l'Égypte, les pierres droites ou levées, ou menhirs dont les groupes affectent une disposition générale en demi-cercle, en forme d'âtre, de foyer.

Chaque dolmen lui-même n'est autre chose qu'un monument élevé en l'honneur du feu et des ancêtres ; c'est un foyer surmonté d'une table, véritable autel destiné au sacrifice.

C'est cette même disposition demi-circulaire de foyer, d'âtre, qui est donnée, de nos jours encore, aux tombeaux des Annamites, des Hindous et des Mahométans de marque ; le monument fait face à la région où se lève l'Astre-Créateur, ou bien à la Ville sainte dans laquelle a été édifié le temple principalement consacré à son culte.

Enfin c'est également — d'après ce qui ressort des dernières fouilles exécutées à Delphes — cette disposition qui avait été donnée au temple bâti à Apollon, au Dieu-Soleil. Comme emblème du culte voué à ce dieu, se dressait, à l'entrée, le *trépied* sur lequel brûlait le feu perpétuel, et la sibylle rendait les oracles d'Apollon.

par les Annamites lors de leurs changements de domicile ; ces génies du foyer ne seraient-ils point ces bustes qui ornaient les poupes des navires des peuples navigateurs et qui étaient leur *palladium* ; vestige du culte du foyer ou du feu qui s'est maintenu jusqu'à nos jours et auquel on doit encore, selon nous, rattacher la coutume des Romains qui partaient pour aller fonder une colonie, d'emporter également comme palladium, du feu de leur foyer ?

CHAPITRE II

RACES CARACTÉRISÉES PAR LA PHONÉTIQUE TA, TE, ETC.

Phonétiques *ta, te, to,* etc., et mots dérivés de ces vocables. — Origine des mots *chèque* et *tchèque.* — Du supplice de la croix chez les anciens et chez les peuples d'Extrême-Orient.

Race des *Ta, tho,* etc. Un grand nombre de mots de toutes les langues, notamment de vocables annamites, chinois, soudanais, etc., formés des racines *ta, té, ti, to, tho, tot, thot, tou,* ou de dérivés de ces racines *taï, tao, than, tau, tar, tara, tauri, troa, trong, traï, tran, thra, ter, très, tri, tat, tatos, thoi, tinh,* etc., etc., expriment les idées générales de père, premier homme, ancêtre, origine, brûler, feu, foyer, parler, vénéré, grand, maître, dieu, diable, génie, pur, vrai, pâle, blanc comme la lumière, intelligence, esprit supérieur, surpasser, dépasser (superlatif en général), cuivre, fendre, sculpture, industrie, pagode, sacré, etc.

Citons quelques-uns de ces mots. Les mots annamites ou chinois *ta* et *taï,* blanc, chef; *ta,* nous; *ta,* diable, génie; *thai,* maître; *tau,* sire, majesté; *tri,* esprit, gouverner, etc.; *toï* et *toa,* je, moi, en parlant du roi; *thuê,* tribut, impôt; *tinh,* pur, étoile; *toa,* trône; *top,* troupe; *tren,* sur; *troi,* ciel, pur, s'élever, l'emporter sur; *tan,* dais, ciel, détruire, anéantir, porter dommage, se disperser, fin; japonais *taïkoun,* chef du pouvoir temporel; *tram,* marche, trajet; *trang,* et aussi *tran,* lune, blanc, œuf (objet blanc); en annamite, sens que l'on retrouve dans le mot *trans,* latin ; dans le mot grec *tranos,* clair, visible, éclatant; dans le mot étrange, étranger, mots exprimés en annamite par le vocable *la* (qui est la représentation phonétique des choses blanches, telles que lait, glace, etc.); annamite *to* et *tho,* ancêtre, origine, pays, rude, grossier, errer, lune, lièvre, etc., idées dont nous avons indiqué plus haut l'association; *thuyet,* dire, parole; ouolof *ta,* sur, supérieur; gabonais *tara,* étranger, blanc; peulh *tat,* trois (*ter*), nombre cabalistique; hébreu et grec, *tatos,* superlatif; les mots français tas, tant, très, tard, troupe, trop, tri (choix), tête, tertre, titre, type, tiare ; grec *theos, thauma* et *meta* ou *ta,* sur, supérieur; tronc, trône, trophée, triomphe, tribunal, tribut, taxe, taux, tarif, tarer, taquin, taquer, trac, trique, tuer, taper, taler, tailler, toit (tectum), protéger; tuteur, terreur, terere (broyer); détériorer (latin *deterior,* plus mauvais), etc. (idées de nombre, de supériorité, attributs de la force, du pouvoir, etc.); troc, truc, tromper, tricher, trôler, traite, traîne, trace, tradition, tache, taie, trouble, truand, tour, trou (troglé), triton, tartare (enfers), tatar [1], tauri, tauride, troade, tarasque, teuton, turc [2],

---

1. A rapprocher des mots mandchoux : *tata boo,* tente; *tatan,* campement, qui signifieraient en mandé et en annamite : *boo,* chambre; des *tata;* ouolof et mandé *tata,* enceinte, campement; mandchou, berbère, japonais, mandé, *tama,* arc, lance, soc de charrue; *tatari,* impôt, tributaire, en plusieurs langues, etc.
2. A rapprocher les mots annamites : *thu,* ennemi, se venger; *thu* ou *thuc,* vagabond; *thuc thuc,* velu; *lu thuc,* mal peigné; *thui,* puer; *tuc,* inconvenant, obscène (*touk* en sénégalais); *thuc,* oncle paternel; *tuku,* turc, en chinois.

touran (allusion à des tribus de coureurs, de nomades, de marchands), comme on a *ary*, *aryen*, courir, voyager; et *soura* ou *souraï*, maure; *raï*, berger; *rah*, aller, en arabe; *reis*, voyager, en allemand, etc., mots qui expriment en même temps le sens de couler, se répandre, déborder (comme les eaux d'un fleuve); les mots composés contenant les précédents vocables : étrusque, atroce, atteindre, attraper, attaquer, construire, détruire, intrigue, intrus, star (étendre), etc., etc.

Les mots annamites : *taï*, pâle; *tuyet*, neige; *trang*, blanc; *trong*, clair; *tau* et *tan*, courir; *tau* et *tuyen*, navire, vaisseau; *thuy*, vif-argent, mercure; tartare, Neptune; planète de Mercure; *tau*, chinois, et enfin *tay*, occident, ouest, signifient notamment que la race dont il est question fut une race supérieure de nomades et de navigateurs, au teint clair, sans grands mélanges, et qui habitait primitivement une contrée située à l'ouest de l'Annam ou de la Chine (la plupart des mots annamites ci-dessus étant également chinois).

A cette race des *ta*, *te*, etc., on peut rattacher les noms annamites commençant par *ch* et qui se prononcent *tch*. Tels sont les mots *chec*, Chinois (exactement *tchèque* ou *chèque*), et *chi*, *tchi*, *djin* et encore *sin* (signifiant, tous, Chinois); *chu*, *tchu*, oncle et aussi Chinois (les oncles des Annamites); *chu*, maître; *chu*, rouge intense; *chua*, *cha*, *che*, seigneur, Dieu, père, maître; *chanh*, lois; *chinh*, de pur sang, etc., autant de mots caractérisant une famille forte, puissante, respectée et considérée comme une race supérieure par les Annamites.

Cette race est celle des tribus nomades qui vivaient, aux temps préhistoriques, à l'état sauvage, dans l'Indo-Chine et qui a donné naissance aux Chinois, aux Annamites, aux Mongols, aux Tartares, c'est-à-dire aux races touraniennes et, également, comme nous le verrons, aux races aryennes et sémitiques.

Les Siamois, les Laotiens, et la plupart des peuplades de l'Indo-Chine considérées comme autochtones : Muong, Tho, etc., se donnent encore aujourd'hui le titre de *thaï* ou *taï*, pâle, blanc, maître, homme libre, etc. Telle est exactement aussi la traduction des mots Birman ou Barmanh ou brahman : homme libre, fort, blanc; de la race des *Ba*, *Va*, *Oua*, *Ga*; et, aussi, feu, langage.

Nous le répétons, à cette occasion, car nous ne saurions trop le redire : la pluralité de significations que possède un même vocable, dans les langues monosyllabiques; les rapprochements phonétiques qui peuvent être établis dans la formation de nombre de mots d'autres langues contenant ce même vocable, ne sont pas l'œuvre du hasard. Un lien rattache ces mots, de sens parfois très dissemblables; ceux-ci ne sont que des altérations des variantes d'un même vocable, d'un monosyllabe originel, soit onomatopée ou cri, qui a servi à personnifier une tribu, une famille; soit vocable employé habituellement par cette tribu ou particularité qui distinguait cette dernière : couleur, taille, armement, outils, trait caractéristique de mœurs, etc. [1]. Les peuples avec lesquels ces tribus se sont trouvées en contact, désignèrent indistinctement par ces mots tout ce qui se rapportait à cette tribu : objets de toute nature, idées, institutions, importés par elle.

Ainsi l'expression « Dis donc? » est particulière aux Français pour appeler l'attention. Au Sénégal on enten-

---

1. L'opinion que nous formulons ci-dessus n'a rien de bien subversif, en comparaison de celle qui a été soutenue avec un grand talent et appuyée de preuves sérieuses, par M. Paul Regnaud, qui pense pouvoir ramener toutes les racines à un cri unique et confus dont tous les mots seraient sortis.

dra souvent les Peulhs s'adressant à des Français ou parlant de ces derniers, employer à tout propos ce terme « Didon » qui, à leurs yeux, caractérise tout ce qui a trait à l'Européen ; de même que les termes : « manière de Blancs », « chose de Blancs », leur serviront à exprimer non seulement les objets nouveaux importés par ceux-ci, mais aussi tout ce qui leur paraîtra mystérieux, inexplicable, dans leurs actes ou dans l'emploi et les effets de cet objet [1].

Autre exemple : on trouve en annamite, en breton, en mandé, etc., le mot *co*, avec la même signification de : antique, vénérable, honoré; ses altérations sont multiples : *ho, houé, hoa*, etc., *ko, cou, koué, koé, cong*, etc., *go, ga*, etc., et ont des significations analogues et aussi, par extension, celles de blanc, de haut, au physique comme au figuré, de colline, chef, prince, etc., et aussi celle de feu (*hoa* en annamite et en chinois, comme *pho, fo, pha, fi*, etc.). Le mot hébreu *Jahoué* (Jéhovah) a la même origine *houè*, et signifie sans doute Soleil. Un autre mot hébreu, *cohen*, le patriarche, le vieillard, n'est autre que le mot *co* cité plus haut.

Au Dahomey, notamment, *houé* a les significations suivantes qui, de prime abord, semblent différentes, mais se rattachent toutes cependant à la même idée : objets, institutions, etc., concernant les Blancs. On a *houé* : blanc, parasol (insigne d'une dignité); grand, puissant, brillant, bâtir, boutique, comptoir, année, dix (le nombre qui exprime la force, la puissance comme les mots : *dece, zenh, tio, che*, etc.); bijoux, écoles, tribunal, juger, condamner, traite, contribution, monnaie et aussi incendier, bavarder, ridicule, etc.

1. Il nous a été rapporté qu'aux Indes la même dénomination de « Didon » est employée par les indigènes pour désigner les Français.

Les Mandé ont de même désigné par les mots *gouè* et *gué*, une race puissante; blanche; toujours victorieuse (goué); venue de la mer, *guédj*, etc.

Ils ont encore désigné par le mot *né* (qui n'est sans doute qu'une des formes de *na, no, ni*), une autre race riche, puissante (on a *né*, préfixe indiquant la possession; je, *nous*, etc.; *né*, pouvoir); qui a importé le fer (*nèguè*); l'étain, les étriers, les clous (*neguekené*), race fourbe, venue du nord (*nénéba*, froid); sans doute race blanche (*nên*, œuf, blanc, et *nanou*, nous, en ouolof); blanche comme la lumière, comme le feu (*nar*, en sanscrit); comme les Maures, *nar*, en soudanais; race forte, supérieure, comme l'indiquent les mots *négus*, roi; *nagass*, régir, gouverner; *Nagas*, adorateurs de *na*, feu, serpent, etc.[1].

Une famille particulière de ces Blancs, la famille des *ga*, a, de son côté, importé dans ce même pays : *gaké*, l'or; *gan*, le fer, *gajen*, le cuivre, c'est-à-dire les métaux et les objets fabriqués avec ces métaux : *gannou* (chose des Ga), chaudron; *ga*, sou; *gan*, mesure et balance; *ga*, sagaie, flèche, carquois. Cette race était puissante, comme le prouvent les mots suivants : *ga* et *gan*, chef, puissant; *gandé*, grand; *gan*, ministre; *gangévi*, protection, dont

---

[1]. En poursuivant les rapprochements relatifs à la même phonétique *na, ne, no*, etc., nous trouvons encore : *Nara*, en sanscrit, « l'Esprit divin et éternel qui pénètre l'Univers »; c'est-à-dire le Feu céleste; *nar*, dans la même langue, l'un des noms de l'homme; cymrique *Ner*, Dieu, c'est-à-dire le Soleil, le Feu (comme *Nar*); Nara, une déesse de l'Helvétie gauloise.

Comparons encore les mots : mandé *né*, je, nous; ouolof *nanou*, nous; français *nous*, avec les mots : annamite *no*, celui-ci; celui-là; *no*, il; *nhung*, ceux; dahoméen *nou*, cela, chose; normand *no*, *nou*, *noun*, vocables correspondant au pronom français *on*; anglais *one*: all. *man*; autant de mots ayant un sens indéterminé, indéfini, rendus en ann. par *no*, ce, il, etc., qui n'est autre que le mot, également annamite, *nhon*, homme, on.

l'on retrouve la racine dans le mot annamite *gan*, foie, siège du courage, de la force.

Cette même race des *Ga* ou *Ka*, supérieure, industrieuse, a importé chez les Mandé : *gala*, échelle (italien *scala*; *seu*, chose; des Gaëls); *galaman*, calebasse-cuiller; *gaman*, fouet; *gansou*, haut-fourneau ; *gara*, indigo, teinture; *kara*, coudre; science; lire; *kala*, arc, roseau (*calam*); *kalam*, licou; *kalaka*, lit; *kaka*, scie; *karan*, tailleur; école, etc. C'était une race blanche (*kaba*, lèpre); couleur de lune (*kalou*, *karou*); c'est par cette qualification, nous l'avons vu, et par celle de pelés, écorchés, que les Blancs sont désignés au Soudan.

Instrument primitif du supplice de la croix. — A l'occasion du vocable *chi* et du vocable *ta*, donnons tout de suite, à l'appui de la communauté d'origine primitive des races aryenne, sémitique et touranienne, un argument qui nous paraît de quelque valeur. On sait que le t de l'alphabet latin répond par sa forme au *tau* des Grecs, des Phéniciens et des Hébreux, lequel figure un véritable *étau*, une croix. Court de Gebelin a donné du mot *tau* l'étymologie suivante : « La croix, l'une des formes du T primitif, fut la peinture de la perfection, de 10, nombre parfait, de tout ce qui est grand et élevé, comme peinture de l'homme à bras étendus pour embrasser tout ».

Larousse traite cette étymologie de fantaisiste en disant que le caractère chinois représentant le nombre 10 se compose bien de deux traits se croisant à angle droit, mais que le mot qui, dans la langue chinoise, répond à ce caractère est *chi* et non *tau*. Or, nous venons de voir que la phonétique qui, en annamite notamment, caractérise la race chinoise est *chi*; de plus, *tau* exprime encore exactement, dans la même langue, tout ce qui se

Supplice de la strangulation, par le Tonkinois Baki.

rapporte à la Chine, qui a une provenance chinoise. On a *do tau*, objet chinois. Ainsi donc la croix, que l'on considère comme l'emblème exclusif de l'Aryen, est un signe qui fut toujours commun aux trois grandes races.

Nous ajouterons, à titre documentaire, que le supplice de la croix, bien connu des Hébreux, des Perses, des Scythes, des Egyptiens, des Carthaginois, etc., subsiste encore aujourd'hui au Tonkin, au Japon, et dans tout l'Extrême-Orient, tel qu'il nous est décrit par les plus anciens auteurs.

L'instrument de ce supplice consistait originairement en un simple poteau de bois, fiché en terre et sur lequel le condamné était fixé avec des cordes et des clous.

Le dessin (p. 67) tiré d'un album qui a été composé par un indigène tonkinois, représente le supplice de la strangulation, encore usité chez les Annamites et reproduit exactement cet instrument primitif qui servait à immobiliser le criminel condamné à une exécution capitale : strangulation, crucifiement, décapitation. Les Annamites condamnés à avoir la tête tranchée sont en effet placés à genoux, les bras, liés derrière le dos, fixés à un piquet fiché en terre.

Si, au temps assigné pour leur trépas, écrit Larousse, il restait aux malheureux condamnés au supplice de la croix quelque souffle de vie, les Juifs poussaient la cruauté jusqu'à leur donner à boire du vin fortifiant ou du vinaigre dans lequel était infusée de l'hysope, et cela dans le dessein de ranimer leurs forces et de prolonger leurs tortures.

Les Tonkinois n'agissent pas autrement à l'égard du criminel condamné à être étranglé en plusieurs fois; dans ce cas, comme le montre le même dessin, au moment où le condamné est sur le point d'expirer, les

查囚明罪

La Cocluzo (ancien supplice de la Croix)

bourreaux desserrent la corde qui entoure le cou; l'un d'eux fait en même temps brûler de la paille sous les pieds du patient, pour le ranimer; le supplice est ensuite repris.

Parfois, dit encore Larousse, dans l'antiquité, le poteau, instrument primitif du supplice de la croix, était remplacé par le premier arbre venu, et le criminel, cloué au tronc, avait les bras étendus dans le sens des branches; plus tard, on fit la croix en forme de T. Les Égyptiens se contentaient de lier au poteau les pieds et les mains du patient; la mort arrivait au milieu de longues et atroces souffrances; cette torture se prolongeait trois jours et quelquefois davantage.

Le dessin (p. 69) est la reproduction de ce dernier supplice; il fait ressortir que, primitivement, le supplice de la croix était également un instrument de torture au moyen duquel on obtenait les aveux de l'accusé.

L'examen de ce dessin, qui est la reproduction de l'ancien instrument du supplice de la croix, est, en outre, de nature à éclaircir les deux points ci-après de controverse religieuse qui ont fait couler des flots d'encre, sans avoir pu être entièrement élucidés, les arguments invoqués étant uniquement tirés des interprétations diverses des textes des écrivains sacrés :

1° Le corps du Christ, au moment de son supplice, reposait-il à cheval sur une sellette (sur certains crucifix, le corps du Christ est ainsi représenté) ou bien était-il supporté uniquement par les deux mains clouées sur la croix? ou, enfin, était-il soutenu par une planchette disposée sous les pieds?

2° Les deux pieds étaient-ils réunis ou écartés?

La simple vue du dessin résout, ce nous semble, toutes ces questions.

Cette constatation n'est-elle point une nouvelle preuve convaincante de l'importance que présente, pour la solution des questions se rattachant au passé préhistorique, l'étude approfondie de la langue, des lois et institutions, des mœurs et coutumes, des religions et cultes des peuples de l'Indo-Chine?

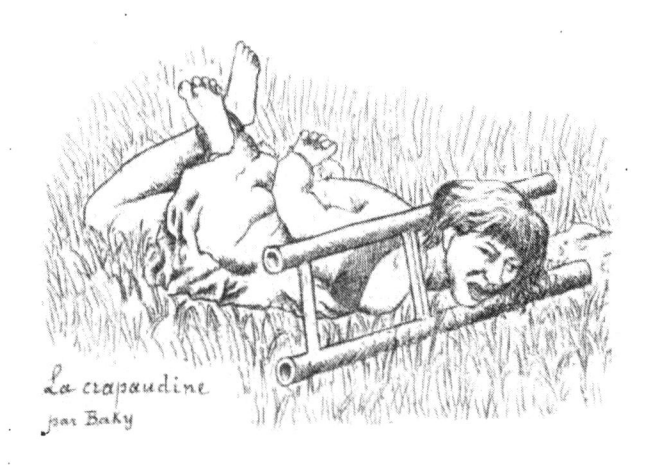

La crapaudine
par Baky

CHAPITRE III

PHONÉTIQUES SA, SE, ETC.; DA, DO, ETC.

Étude détaillée des phonétiques *da, de, do,* etc. — Étymologie des mots : cheval, vache, chat, hippos, Don, Danube, Londres, Ister, Saire, etc.

Race des Sa. — Une autre race supérieure est la race des *Sa*, sans doute une famille de la précédente, *sa* étant une altération de *ta*. Les significations annamites de *sa, se, si, so,* etc., et celles de leurs dérivés *sam, sem, sar, sara,* etc., indiquent une race blanche pure (*sach*, pure; *chi*, être; *sa*); au teint légèrement bruni, roussi (*sem*, en annamite; *sera*, tard, obscur, en italien); nombreuse, prolifique (*se*, étendre, se propager, et probablement aussi semer); adorant primitivement le serpent et le feu (*sa* et *xa*, dans toutes les langues); etc., et dont l'écriture garde la trace, est le témoin, *sam*, de la parole divine : *sam ki*, Sainte-Ecriture, Ancien et Nouveau Testament (à rapprocher du mot *sanscrit*, parfait).

Les mots suivants établissent la parenté d'origine d'un certain nombre de familles de cette race : *saka* (serpent grand, en annamite; le dragon); *sagas, saces, sines* et *seres*, même sens et aussi Chinois (les mots serpent et saurien ont évidemment le même radical, qui est *sa* ou *xa* et qui a fait aussi *srip, sro, krip* et *rep*); *saman, shamana, sarman, sraman* (prêtres, disciples de la religion du serpent); *Chaman* (prêtre tartare); *chamanisme* (religion du serpent); *Kammea, Kam, Gham, Garman, German*, altérations des mots précédents et ayant des significations identiques aux premiers, chez les peuples asiatiques. La phonétique *ga* forme ainsi, en quelque sorte, un trait de fusion entre les races caractérisées par les phonétiques *ta, sa, si, ser*, etc., et celles qui le sont par les phonétiques *oua, va, ba*, autant de mots synonymes. En effet, dans les langues du Soudan, *ouara* et *gara* ont les mêmes significations [1]. Il en est de même de *gara, kara, sara, tara* et, aussi, de *oua, va, ba, ouar, var, ver, bar, ber*, etc.

Une des familles importantes de la race des *Sa* est celle qui est caractérisée par la phonétique *Da*.

A cette famille se rattachent les *Daces*, mot synonyme de *Saces*, adorateurs du serpent ou du dragon ou *dagon* (en effet, les premiers avaient sur leurs enseignes le dragon comme emblème); les *Danois* (en annamite, *noï*, race, gens; pays des *Da*; comme on a Chinois, race des *chi*) [2]; les *Danaï* (les Grecs); les *Dardani*, l'une des premières tribus des Pélasges, etc., etc.

1. On a *oua-te*; chose blanche comme les objets représentés par la phonétique *ga* ou *oua*.
2. Remarque : en annamite : *chi*, phonétique qui désigne les Chinois, signifie aussi *pou* (en mandé, *chi* ou *si* signifie poil); *ran*, qui termine des noms de tribus nomades, de pasteurs, *touran, souraï*, etc., signifie de même : serpent, commander, etc., etc., et pou; *pou* a le même radical que Poulh ou Peulh, peuple de pasteurs; enfin notons l'analogie entre les mots *Poulh, pou, poil*; *ran* et *rau* (barbe) en annamite, *karao* en ouolof; mots qui paraissent indiquer que les races nomades, dénommées barbares, étaient des races chevelues, barbues.

Il est admis — et la langue annamite nous offre elle-même des exemples remarquables de ces altérations — que primitivement la lettre *t* se prononçait aussi *s*, *r*, *dze*, *d*, *dj*, *ch*, *th* (comme le *th* anglais), etc. Ainsi, au Tonkin, le mot *ran*, serpent, se prononce *dzan, zan, djan, dan* et *den*, mot qui, dans la même langue, signifie au reste encore serpent. Rapprochons ces mots de *tchian* ou *chan*, sorte de sphinx, monstre fabuleux à tête de femme, mot dont le radical est *cha*, père, dieu; ce qui indique que cet animal est sans doute le fétiche de cette race, de même que le mot *ma*, mère, et *lamantin*, désigne le fétiche des Mandé ou Éthiopiens, et le mot *ga* (poule), le fétiche des Gaulois.

En conséquence, les mots : *san, dan, djan; ra, ran, zan, zen, den,* etc., qui sont autant de noms de tribus, et qui, en même temps, signifient serpent, dragon et feu, sont des mots synonymes.

On a également, en annamite, *thuoc*, médecine, et *duoc*, même sens, origine de notre mot drogue [1]; on a, en allemand, *Thuringe, Thoringi* ou *Doringi*, surnoms d'une fraction du peuple *goth* (chinois) et véritables mots composés annamites : *tho*, pays, gens ; *ri, rê, do, ria*, séparer, répandre ou couler lentement (comme le Rhin); *renh*,

---

1. Drogue a la même origine que l'anglais *drug, dryge*, sec; que le hollandais *trook*, all. *trocken*, sec; de sorte que la drogue serait la plante, la chose séchée pour les usages de la pharmacie (Littré). Le celtique *drwg, droug, droch* exprimerait encore, en général, ce qui est mauvais, comme les ingrédients pharmaceutiques. Nous ajouterons que les mots annamites *thuoc* et *duoc* signifient proprement médecine et aussi tabac, la plante qui, séchée en feuilles ou réduite en poudre, est par excellence l'objet du trafic, du *troc*, dans un grand nombre de pays. C'est dans ce mot, qui a également le sens de mesure de longueur, aune, coudée, et dans deux autres mots ann. *tro*, tromper; *truc*, essieu, cabestan, rouleau, etc., qu'à notre avis, il faut encore chercher l'origine — jusqu'ici inconnue — des mots troquer (wallon *trouki*; anglais *to truck*); truc et treuil.

rieng, *rinh*; demeurer à part, s'embusquer, avoir une démarche pompeuse, majestueuse, etc., mots faisant sans doute allusion aux cours d'eau qui arrosent ce pays et au caractère des habitants de ce dernier.

Phonétique da, de, do, etc. — La phonétique *da*, *de*, *di*, *do*, etc.., se retrouve dans un nombre considérable de mots de toutes les langues qui, le plus souvent, ont trait à des idées concernant les cultes primitifs : culte des astres, du serpent, des éléments : eau, fleuves, montagnes, feu; idoles; divinité, démon, deus, etc., et qui, par extension, expriment des idées de grandeur, de force, etc.

Nous aurons l'occasion — au cours des chapitres qui suivent, et notamment au cours du chapitre v — de faire de nombreux rapprochements entre les significations que possèdent les mots des différentes langues, dérivés de ces racines. Nous croyons utile cependant, dans le but de démontrer le bien fondé de notre thèse philologique, d'énumérer tout de suite quelques-uns de ces derniers et de chercher à démêler les liens qui les rattachent les uns aux autres.

On a en sanscrit : *dio*, *dah*, *dac*, *das*, brûler, briller, feu; *div*, luire; comme *dies*, *dags*, *tag*, jour, etc.; comme *day*, jour, en anglais.

En annamite : *daou*, étoile, tête, comme *sao*, étoile (comme *daou*, en haut, en provençal et en dahoméen); *dôt*, brûler; *dao*, religion, culte, prière; *dan*, autel, jour, serpent et danse (comme *ran*, serpent); *da*, idée de grandeur, de vénération, de nombre (comme *sa*, serpent); *dac*, pouvoir, solide; *dang*, maison, demeure; *daou* et *do*, demeurer, loger (mots à rapprocher de *domus*; de *da*, *dar*, trou, maison, demeure, en plusieurs langues); *do*, *don* et *dong*, rouge; dieu, couleur de pourpre; *dong*, Est,

SCÈNE D'HYPNOTISME. ((

Une famille a perdu l'un de ses membres, qui s'est noyé, a été tué par les pirates, ou mangé par un tigre.

Le corps ayant été privé des honneurs de la sépulture, l'âme du mort erre, inquiète, sans repos, et mécontente de son sort; de là, pour la famille, une cause de grands malheurs à redouter. Pour conjurer ces derniers, celle-ci consulte un sorcier qui, moyennant finances, va se charger de procurer à l'âme errante une habitation convenable et la paix qu'elle réclame.

Un bambou est planté dans la cour d'une pagode; à tour de rôle, les membres de la famille sont invités à le saisir d'une main et à tenter de l'arracher. Le bambou est fortement secoué par intermittence; mais aucun ne réussit à l'abattre. Après une série de séances qui durent de longues heures, parfois même plusieurs nuits, le sorcier reconnaît enfin, à des indices

mposition de Baki.)

particuliers, que l'âme du mort a pénétré dans le bambou; il donne alors au sujet qui tient, à ce moment, le bambou, l'ordre de l'arracher. Celui-ci, hypnotisé, arrache ce dernier, dans un effort surhumain, et le porte dans la pagode. L'âme du mort s'y trouve en même temps transportée; là, celle-ci sera l'objet d'une grande vénération, y jouira désormais du repos désiré et procurera aux membres de la famille toute sorte de prospérités.

Si, malgré toutes ces précautions, des malheurs viennent à fondre sur cette famille, cette dernière devra en chercher la cause ailleurs que dans la privation de sépulture de l'un de ses membres. Un autre sorcier sera, en conséquence, consulté, et trouvera, à son tour, quelque moyen pour extorquer encore quelques piastres à ces bonnes gens dont la naïveté est sans limites.

le pays de la clarté et aussi de la lumière dorée, rosée ; *don* (ba) et *dan* (ba), dame, donzelle (italien, *dona*); comme *domus, dama*, maison; *doï*, deux, paire; *dua*, rivalité (exactement dualité), et enfin *do*, route, chemin[1].

En français : *doyen*, comme *doy*, chef, en annamite; *dey*, comme *daï*, grand, chef, en annamite; comme *toy*, assez, en annamite; *doy*, assez, en ouolof, mots qui ont le sens de dépasser, outrepasser, excéder et renferment aussi une idée de supériorité; *doge, dom, don* (titres); *dan*, nom de plusieurs rois du Danemark; *dab*, maître, en vieux français; *dix* (le nombre exprimant la force, l'être complet); *dies* (jour); *dieu* (*doué*, en breton); *déesse, duena* (matrone), *duègne, diable, démon* (en annamite *dê*, roi, déesse, divinité; *mô*, noir ; d'où aussi, par extension, *dem*, nuit; *den*, noir, et aussi *den mô*, noir noir, c'est-à-dire très noir); *den*, *dan* et *zan*, dense, fouler, presser, foule et peuple (on dit bien en français : la rue est noire de monde); c'est la racine des mots grecs *dai mon*, dieu, esprit; *dêmos*, peuple, foule, et *Dême*, chacun des bourgs de l'Attique composant une tribu; *djinn*, etc.

---

1. Le mot *lo*, qui a plusieurs significations analogues à celles du mot *do*, signifie, de même : eau, chemin, clair; la réunion de ces deux vocables *lo-do* (prononcés sur un ton élevé) est ainsi la répétition de la même idée et sert à exprimer exactement le sens de route, voie, chemin. On a de même en français : rouge, rutilant, ruisseau, rue, route; on a en celtique : *camen*, chemin, canal et chenal; enfin on dit une voie terrestre et une voie fluviale. L'idée qui rapproche ces mots est celle de raie, sillon, trace, partie claire, qui se rapporte aussi bien à un cours d'eau qu'à la partie du sol débarrassée des herbes et des broussailles qui sert de voie. Le mot annamite *lo-do* signifie en effet encore, patent, clair, à découvert, à nu, placé à un endroit élevé (c'est le cas habituel des chemins); qui fait tache, c'est-à-dire d'une autre couleur que celle du terrain traversé; et, par extension aussi, alluvion, île, sommet, etc. Comparons les significations ci-dessus de *lo* et de *lo do* avec le grec *laura*, place, rue, chemin, c'est-à-dire place nette; et avec *lauros*, large, espacé, comme *laura*. Enfin, on a encore : grec *laô*, voir, et ann. *lau*, clair, manifeste, couler, peuple, comme le grec *laos*.

On a encore : idole, aduler, adorer, dulie ou *douleia* (servitude, c'est-à-dire culte), et sans doute aussi *Djudeo* (en provençal : juif, et *djudo*, aide, protection, c'est-à-dire peuple de Dieu, protégé par Dieu ou adorateur d'un dieu); dôme, dune (comme *dun*, en annamite, amas, monceau, de terre, et *dong*, monceau, montagne aride); grec *tin*, amas, tas; *dynamis*, force; *deras* et *dérê*, cuir, peau, cou, haut, colline, c'est-à-dire idée de hauteur; ce qui est dessus, ce qui recouvre (comme le derme); même racine que *der*, cuir, peau, en ouolof; que *da*, peau, en annamite; que les vieux mots français *derrain*, *darain*, *dérain*, *derrière* et *dernier*, c'est-à-dire ce qui est placé au bout, au-dessus, ce qui vient après d'autres choses (en annamite, *dôc*, derrière, extrémité; *dit*, derrière; *dinh*, sommet, extrémité; *duoi*, queue).

A la signification des mots ci-dessus, *der*, *da*, *dernier*, etc., se rattachent encore les mots suivants : all. et angl. *ende*, fin; anglais *deod* et ouolof *dèe*, mort, décédé; la terminaison *ed* (*ède*) des participes passés anglais comme *limited*; l'annamite, le mandé, le malais *da*, déjà, action passée; le préfixe ablatif *dé* dans les mots français décapiter, décadence, etc.; *da*, négation, en ann., comme *dèdet*, non, en ouolof. Toutes ces idées dérivent de celles de *suprême*, *pouvoir de tuer*, etc., qui se rapportent à l'idée de dieu (*dê* et *dêu*, en annamite [1]).

[1]. Notons la concordance des mots qui, dans les différentes langues, signifient : dieu, feu, soleil, etc., et ceux qui signifient : été, chose passée; et l'été, la saison du feu, de la chaleur. On a : participe passé *été* : *stato*, *estado*, *fi* ou *fost* (comme le latin *fui*, chose passée, qui a fui; comme *fi*, feu); *varit*, *izam*, *boudè*; *thâ*, *dâ lâ*; *che*, *don*, etc., mots signifiant à la fois, en différentes langues, chose finie, passée et feu. On a, d'autre part : l'été, *æstas* (*se*, *ta*); *vera*, *vara* (comme *ver*, *var*, *varm*, lune, chaud, lumineux, etc.); *Kalokéri*, *zomer*, *sommer* (*zo*, *so*, feu; *mer*, *mehr*, beaucoup); *uda*, *lato* (comme Latone, mot ann. de *to*, lune, être, ancêtre; *la*, blanc); blanc comme la Lune, etc. Toutes ces dénominations ne feraient-elles pas allusion

De même, il y a une analogie certaine entre les vocables : annamite, *mon*, petit, frère; *mom*, édenté (comme le môme); *moï*, récent, nouveau; dernier venu; *moï*, extrémité, bout; *mo, mui, mong*, derrière, tertre, relief; *mot*, fin, extrémité, mort; grec *mormô*, marmot; *moskos*, neuf, jeune, récent; *moira* et *méros*, sort, destinée, mort.

Dunastea; despozo; dasus, dru, velu, sans doute surnom des Daces et des Druzes; *drazein*, saisir, ravisseur; *damao*, dompter, opprimer, presser; *daiein*, brûler; *dense, danse* et *duc* (trois mots absolument annamites; *duc* étant, en annamite, un véritable titre honorifique); *don* (dare); *dot, doré* (couleur de *dong*, cuivre, en annamite); *Doriens*, gens qui ont trouvé l'usage du cuivre ou qui ont le teint ou les cheveux de la couleur de ce métal; *drille*, soldat, comme dru, fort, vigoureux (tel que doit être le guerrier et tels qu'étaient le Druide et les Druzes); *drôle, dur, dryade, dard, drague, dam, dommage, dolent, douleur, dol, doublon, douro, dollar, drachme* (monnaie d'or ou d'argent); *danaké* ou *danaï* (les Grecs, et présent); pièce de monnaie; *Dag*, dieu du jour dans la mythologie du Nord; *Dagop*, sanctuaire de Bouddha; *Dagon*, divinité des Philistins; *Odacon*, divinité des Babyloniens, sans doute le dragon; *Da* ou *dia*, la Cérès des Pélasges, la déesse nourricière des hommes, que ce peuple confondait avec la terre (en annamite, *da* a la signification de déesse et *dat*, celle de terre); *Dabis*, idole monstrueuse du Japon, etc.

En mandé : *dolo, doli*, et *lolo*, étoile (à rapprocher de *kalo*, lune; *kalodié*, lumière, jour, dans la même langue, et

---

au premier état, à l'état antique, primitif, par lequel est passé notre globe, état de fusion, de feu? L'homme primitif, au moment de la formation du langage, aurait eu ainsi connaissance ou du moins aurait eu l'intuition des phases par lesquelles est passée la formation du monde.

lua, feu en annamite, lueur, etc., et aussi de *ludere*, jouer, danser); *dôo*, jour, *dôo*, danse (culte des astres); *diéné*, paradis; *diéra*, clair, pur; *dié*, blanc (comme la lumière); *di*, bon, délicieux, délicat, divin; ouolof *djian*, serpent, comme *djiante*, soleil; dahoméen, *dan*, serpent et feu.

Da, do, don, etc., générique de noms de cours d'eau. — L'énumération des analogies qui précèdent fait nettement ressortir la parenté des mots annamites *Da*, *Do*, etc., avec les mots celtique et mandé. Ces locutions qui appartiennent à des langues dites aryenne, sémitique et touranienne ont certainement été puisées à la même source. Les rapprochements qui suivent ne laisseront plus subsister aucun doute sur cette assertion.

De l'eau, une rivière s'appellent, en langue ossète : *don*; cette appellation se retrouve en Russie, en Allemagne, en Écosse, en France, dans le Soudan, etc., et toujours pour désigner les fleuves et les rivières.

En annamite, on a : *do*, verser, répandre; *do*, boue (bas-fond) et nasse, *dzo* ou *do*, sale, malpropre (comme les mots : *doul*, sale, excrément, en ouolof; *doub*, sale, porc, en égyptien; doux, douillet, italien *dolce*, mou, mollet, comme la boue[1]); *don* et *dzeun*, onde, flot; *dong* ou *dzong*, cours d'eau ; *lo-do* (prononcer *lœu dœu*), trouble, stagnant (en parlant de l'eau); *doai*, un des signes signifiant l'eau des montagnes; *da*, trou, excavation, partie basse, *da* ou *dza*, ventre; *dao*, creuser, et *dao*, instrument qui creuse, couteau (dao, exactement le nom d'un poignard et aussi d'un outil agricole, chez les Louchaïs,

---

[1]. Tous ces mots sont à rapprocher de : *gadoue* (*ga*; chose; *doue*; comme *doul*), matière fécale tirée des fosses d'aisance; et immondices des rues; *godau*, jus de fumier, en wallon; *dreg*, lie, dépôt, en anglais.

tribu sauvage de l'Indo-Chine; à rapprocher des mots français dague, drague, doloire); *day*, fond, nasse, bourse; on a, en breton, *dour*, eau; en anglais, *dock*, bassin; *div*, fontaine, en gaulois; et les mots *daria*, fleuve, en persan; *darse*, bassin; arabe *darçanah*, maison de travail; *der*, fleuve, en ouolof; *dég*, lac, et *dor*, eau; *dande*, puits, dans la même langue; en mandé, *dio*, *dji*, *dlo*, eau; *da*, trou, ouverture quelconque, bouche, porte, et aussi bec: *da-ba*, outil agricole (houe, bêche); *dialiba*, fleuve; *dala*, marais, lac; *doung*, profondeur; *doj*, pluie, en russe; *dor*, porte, ouverture, en breton ou en danois; *dar*, en persan; *thor*, en allemand; *deur*, en hollandais; *hudor*, eau, en grec; *hudor*, pluie; les mots français *douve*, *dive*; même sens; *douille*, etc.; le mot latin *doga* ou *docha*, douve ou vaisseau; grec *doxa* ou *doxé*, douve, récipient, capacité; grec *decomaï*, contenir. Le mot *douve* comporte ainsi les différentes significations du mot ouolof, annamite, mandé, etc., *da*, trou, creux et demeure, car, en Touraine, les *douves* sont des cavernes creusées dans le roc, le long de la Loire, et qui servent de logement aux habitants.

Ce sens de dépression, d'excavation, est le sens primitif, en ce qui concerne l'appellation des fleuves, car, en arabe, *daia* signifie refuge des eaux, comme l'annamite *day*, fond; et *Donabil* ou *Danube*, en ossète, signifie : rivage de l'eau, proprement lèvre de l'eau [1]. *Leb i dahria*, en persan, a le même sens; ces expressions marquent

---

1. Un autre nom du Danube est le mot allemand *Danaw*. *Naw*, dans ce cas, a le sens de eau, neige (eau, neige, nuage dérivent du même radical; ainsi on a *nix*, neige en latin, *neva*, *sno*, dans d'autres langues, et *nir*, nuage, en ouolof). Quant à *Da*, il signifie récipient, dans le sens de fond de la vallée, de voie, de lit, recevant *naw*, l'eau produite par la fonte des neiges de la Forêt-Noire où le Danube prend sa source et reçoit le nom de *Danaw*.

bien que l'idée première représentée par *de, da, do,* etc...,
est celle d'excavation, de trou, de pente, de déclivité, d'où
sont dérivés les sens de chute et d'écoulement, de marche;
celui de course, de rapidité, etc. On a, en effet : *di,* aller,
dao, se promener et aussi agiter, en annamite; *dao,*
atteindre; *dao,* fuir, dans la même langue; *dao,* courir,
s'enfuir, en ouolof; *dor,* marcher; *dem,* aller; *daoal,*
galoper, dans la même langue. Nous pouvons donner des
exemples frappants de la formation de dérivations analogues.

Étymologie des mots gwa (cheval); canis; klipeur; hippos, etc. — 1° Ainsi, en annamite, *doc*
signifie penchant, incliné; joint au vocable *do,* excavation, il forme la locution *doc do* : penché, incliné au
point de tomber et, aussi, rapide, d'après le dictionnaire
annam.; *day,* fond, fait *day,* plein et aussi déborder,
verser. On a de même : *ca, cav, cov, cob,* vocables exprimant l'idée de cavité, creux, en toutes les langues, y
compris l'hébreu; *gav, gué,* parties de terrain inclinées;
gass, creux, en ouolof; comme *gaster,* estomac, en latin ;
gaser, en grec; et *gaver,* remplir; *ghe, gal, gab,* bateau,
chose creuse, en annamite, ouolof et français; *kô,* rivière,
en mandé ; *kof,* cavité, ventre, en breton; *ca,* maison en
plusieurs langues; case, caverne, cachette, cabane; *ga,
gaa, gô, gaan, gehen,* etc., idées de mouvement, marcher, vagabonder, etc., dans nombre de langues; *gao,*
rapide, en ouolof; et *gaoura,* cavalier (celui qui va vite);
gauw, en hollandais; *gawain,* en arabe-égyptien; *gaï,
gaï,* vivement! gaiement! en provençal; idée exactement
représentée en annamite par le mot *gay,* exciter, pousser
à; japonais *gwai* et chinois *ouaï,* étranger, marcheur, coureur; *gavam,* en sanscrit, vache, comme *vacare,* bête qui

erre, qui vagabonde, l'animal par excellence des peuples nomades, des cavaliers (*as-vaka*, les marcheurs, les nomades, en sanscrit) [1]; *g'wa*, *ch'va* ou *j'va*, le cheval, le rapide, en normand; *gua*, cheval (prononcer *gueua*), en annamite, d'où Pégase : *pé* ou *bé*, beaucoup; *ga*, rapide. Ajoutons que *ga* et *go*, racines du mouvement, signifient exactement cheval dans quelques langues; que les autres racines de mouvement : *sa* (dont il est question dans la note qui précède), *lo* et *va* ont la même signification dans d'autres langues. Enfin, le mot *ga*, jeune homme, en annamite et en mandé; nos mots *gars*, *gas*, ne renferment-ils pas, avec l'idée de virilité, celle de vivacité, d'agilité?

On retrouve cette idée de rapidité que contient *ga*, dans les mots annamites ci-dessous, de forme onoma-

1. Le mot sanscrit ci-dessus, *asvaka*, est décomposable en : *Ka*, celui; *va*, qui marche, qui file, et *as*, rapide. *As*, *sa*, *xa*, *is*, *se*, sont, en effet, autant de vocables qui, en annamite, en hébreu, etc., signifient vie, souffle (et aussi fleuve; chose qui coule, qui descend; d'où idée de descendance, de famille); flèche, vent, foudre, et donnent ainsi à un mot le sens de déplacement, de descente, de chute, de vitesse (exemple : en annamite, on a : *sa*, tomber; l'idée de chute, de rapidité a donné lieu à *sa*, fuir; et à *sa*, prendre le mors aux dents, proprement s'emballer, comme dans *sa-hoang*, mot à mot fuir-délire).

Cette aspiration *s*, *as*, *so*, etc., se retrouve dans les mots *so*, *sou*, *susu*, cheval, en assyrien, égyptien, hébreu, mandé (à rapprocher de *su*, fauve, en annamite); dans *issos*, même sens, en grec; *assa*, en pali, etc.

Elle existe encore dans *açuga*, vent, en sanscrit, de l'annamite (*ga*, celui; *su*, être; *as*, *sa*, souffle, flèche; rapide comme la flèche); dans *açu*, cheval (*as*, *su*); dans *açva* ou *asva*, le nom principal du cheval, en sanscrit.

Enfin, de même que *caval*, cheval, a fait cavalier; celui qui monte à cheval et celui qui va vite; de même *asva*, cheval, a fait *asvara*, cavalier, en sanscrit; *aswar* et *suwar*, en persan; *uswar* et *iswar*, en arabe; *asubar*, en parsi, mots dans lesquels *as*, *su*, ont le sens de rapide, être; et *war* celui de aller, filer et aussi celui de être à cheval, monter, signification qui est exactement contenue dans la locution ouolo*f*e *war fas*, monter à cheval.

topéique, qui expriment l'action de saisir, de voler et d'autres idées marquant la promptitude, la rapidité, la vitesse, tels que : *can*, mordre (origine du mot *canis*, chien); *cat* et *chat*, enlever, couper, saisir (origine du mot chat); *chop*, éclair ; *chup*, saisir et *chuot*, souris;

La sieste. (Composition du Tonkinois Khanh.)

chong, vite, prompt ; comme échapper, *chiper*; *cop*, tigre (celui qui bondit sur sa proie), et *cop*, voler, ravir; *cap*, urgent, pressant, subit comme *capter*, saisir ; comme échapper; comme écoper; escapade; coup; choc; *chom* et *chœum*, se précipiter, s'élancer, etc.

Comparez les vocables annamites ci-dessus aux

mots : malais, *kapala*, cheval ; sanscrit, *tchapala*, rapide; *tchap*, *kap* et *kamp*, aller, agile, éclair (annamite *chop*); voleur (annamite, *cap* et *kop*); français, décamper, etc.

Nous avons enfin un mot annamite remarquable : *kip*, atteindre, et aussi celui qui atteint; *kip*, prompt, rapide (les traits caractéristiques du cheval); et en effet *hippos* n'a pas d'autre signification (*pos*, *pou*, animal : *hip* ou *kip*, rapide). Les interjections *hep*, *hip*, *houp*, *hop* expriment encore cette même idée de stimuler, d'actionner un animal (on a encore *hop*, prompt, en annamite); et *kip* se retrouve avec le même sens de rapide dans les *kippes*, nom des rapides du Sénégal, entre Kayes et Médine, dans le mot *Kipaoua*, nom d'une rivière de la province de Québec dont le cours comprend un grand nombre de cascades et de rapides; dans le mot hébreu et arabe *râkib*, chevaucher; dans les mots *Skipes*, *Skipetars*, noms indigènes des *Albanais*, agiles montagnards et bons coureurs; dans les mots *kiptchak* ou *kaptcak*, noms d'un peuple nomade d'origine turque; dans le mot *Kirghiz*, nom sous lequel sont représentées les populations nomades de l'Asie centrale et qui signifie « coureurs de champs ».

A *kip* se rattachent le grec *kiô*, marcher, sauter; et *kixeo*, atteindre; les mots esquisse, équipée (action irréfléchie, rapide); équiper un navire (action d'armer un navire rapidement); *esquire*, mot anglais qui signifie écuyer et qui nous donne la transition entre les mots *equus*, *esquiver* et *kip*; *esquif*, bateau léger, rapide; comme le *clipper* ou *klipeur*, mot anglais qui sert à la fois à désigner un navire rapide et le cheval qui remportait le prix de la course sur les turfs, c'est-à-dire le cheval rapide par excellence. On a encore : anglais *kip* : vive, agile. (L'onomatopée-racine est sans doute, en annamite, *hí*, hennir, et *khi*, souffle, air et temps.)

A la même source se rattachent les nombreux vocables *clin* (clin d'œil); *clinquant, s'esclaffer de rire, cliquer, claque* (soufflet donné rapidement), *cliquetis* (bruit produit par des épées qui s'entre-choquent, par des claquettes), *cliché, lipper, licher, lécher,* etc., *clapet, clapotis, clapper,* etc.; autant d'actions rapides.

Les racines qui ont servi à la formation de ces mots ont servi également à composer les vocables exprimant des idées de creux, déclivité, penchant, rapidité, cours d'eau, etc. Ainsi, on a : grec, *klinein*, déclivité, et *kliné*, lit, partie inclinée d'une vallée; *koilos*, creux, et *koilé*, lit; *cloaque, esquif* (*scaphé*, chose creuse, en grec); *kulio*, rouler de haut en bas, etc., etc.

Étymologie des mots cheval, vache, etc. — 2° Autre exemple qui a des points communs avec le précédent. En annamite, *oa* ou *wa* est le cri de l'enfant qui pleure, qui demande à boire; d'où : *Eva*, celle qui donne l'ève (eau [1]); *ba*, mère, *pa*, père; *bat*, écuelle, le premier objet qui a servi de vase; *bat*, creux, bateau, et *ba*, rivière, dans la plupart des langues; *va, vac, vo*; autant de mots qui désignent, en annamite, le vase et autres objets évasés; annamite *voua*, vase à boire; on a encore *vu*, pluie; *vum*, creux; *vung*, mare (comme *vand*, lac, en Norvège); et les mots : français, vase (boue); gothique, *vato, vasser*; polonais *woda*; russe *vada*; hongrois *viz*, eau. Les idées de déclivité et de mouvement sont marquées par les mots : annamite, *vaï*, répandre, couler;

---

1. *Eva*, celle qui donne à boire. C'est ce cri, *Eva, Eva*, que, dans leurs danses, poussaient les Bacchantes, non pour évoquer notre mère Ève, ainsi que le dit Larousse, mais pour demander à boire.

sanscrit, *vah* ; zend, *vaz*, même sens; par les mots français, *aval*, *dévaler*, *val*, *vallon* ; il *va*; anglais, *walk*, aller (*ké*, qui; *wal*, idée de mouvement); sanscrit, *vaha*, rivière; annamite, *vag* et *vay*, remuer, agiter et ce qui remue; aller, errer, vaquer; comme le scandinave *vacha*, errer; et même le mot *vache*; les racines annamite et sanscrite *va*, souffler, souffleter; d'où vapeur; *wind*; vent; voix; annamite *vay va*, confusion; désordre; *van*, tournant, remous (d'où valse[1]); gothique, *vac* et *vêgs*; anglais, *wacq*, la vague (*gué*, chose; *va*, qui est agitée); *vehere*, *wagen* (voiture); *voie*; le mot *vite* (*te* ou *se*, chose; *vi*, qui s'agite, qui vit; vive), et enfin le mot *cavallo*, cheval (*ké* ou *ca*, celui qui; *val*, marche, file; idée de mouvement, de vitesse), comme dans *dévaler*, *avaler*, comme dans le mot d'argot *se cavaler*. Le mot cornique *kevil*, le kymrique *keffyl*, l'illyrien *kobila* n'ont pas d'autre origine.

D'autre part, *cavallo* n'est autre que le latin *caballus*, que le grec *kaballès*, dans lesquels les idées de rapidité, de course, sont encore exprimées par le vocable *bal*, altération de *val*, que l'on retrouve dans le grec *ballô*, lancer, sauter, d'où *balle*, objet lancé avec vitesse; *s'emballer*, sens analogue à se cavaler, etc.

Les mêmes racines *oa*, *wa*, altérées, nous donneraient : *ua*, *uong*, boire; *uot*, mouillé, en annamite; *ud*, *und*, mouiller, arroser, couler, dans le sens de liquide : comme *hûdor*, pluie, onde, eau; *dhe*, boire (et *dhatar*, nourrice, en sanscrit, etc.), dans le sens de fluide, d'effluve, de son (comme *ode*, odeur, *hymne*, *humer*, *humeur*, etc.); et un grand nombre d'autres mots ana-

---

1. A rapprocher du danois *vanké*, aller çà et là.
Les idées de mouvement, de rapidité sont de même contenues dans les mots : français *avaler*; latin *vale*, adieu.

MÉNAGÈRES TONKIN

Dessin du

...ISES A LA RIVIÈRE

弾婆捩垅

logues à ceux fournis par *do* et *wa*, tels que : *aa, ach, aha, aken, aqua, apa, aiguë, auue, agua, ab*; eau, en différentes langues : *od*, neige, en sanscrit; irlandais, *oidhir*, et aussi eau (*uda*) ; *odn*, fumier, excrément, boue, etc.; les mots ayant le sens de trou, d'ouverture, de bouche, de bas-fond, tels que : *auge*; *ojo*, trou, en espagnol; *ake, aabne, open, offnen, abrir*, ouverture ; *ojo, olho, oog, auge, oko, aïn, ank*, œil (trou), *ohr, oor, ear, ueho, oukho, ouden*; oreille (trou); *uscio*, porte; *os, usta, aghez*, bouche, en plusieurs langues; et tous les noms de fleuves, de lacs, de parties inondées, et aussi de terres, d'îles formées par les alluvions, et par extension, de hauteurs, de collines, etc., dérivés des vocables ci-dessus.

3° Un troisième exemple nous serait fourni par les dérivés des racines *ra, re, ri*, etc. Nous n'en citerons que quelques-uns : annamite *ri*, couler, répandre; *rao*, errer, rôder; *Ran, Rya, Ra*, générique des tribus nomades; *rap*, tente, abri des nomades; grec, *rhéo, rhoé*, couler; *urid, rain, regen*, pluie, en différentes langues; urine; et les mots *rhig, riga, raie* (sillon, déchirure), rivière; on a encore les mots ravin, se ruer, rapt, rapide et raper, rogner, action de l'eau rapide[1]; les mots : annamite *ré*, déplacer (en parlant de l'air, de l'eau, de la flamme et du

---

1. Aux racines ci-dessus se rattachent les mots : aryen, touran, souris, gari, *caraï* ou *cari*, houri, etc., êtres qui courent, nomades ; le mot *ghora* (répétition de la même idée de mouvement, ou simplement *gho*, cela; *ra*, qui court; rapide), proprement, le cheval, l'animal rapide par excellence, en hindoustani, etc.

De même, la liquide *l, ll, lo*, équivalente de la liquide *r*, accolée aux mots *va, ga*, étudiés dans les deux paragraphes précédents et qui sont des phonétiques exprimant le mouvement, renforce cette dernière idée et leur donne le sens de vitesse, comme dans *va, valk*; dans *cavallo, cal, alogho, lakas, lochad, lo*, autres noms du cheval dans différentes langues; dans *galop*, etc.

bruit fait par le déplacement des éléments); d'ou *ré* ou *dzé*, gazouiller; *rè*, crier; *ren*, rugir, déplacement d'air violent (comme le vieux mot français *réer*, crier); et les mots nombreux de toutes langues dans lesquels la racine *r* exprime le souffle, le bruit, etc., ou des sensations pouvant se rapporter aux effets produits par le déplacement de l'eau, de l'air, d'un fluide quelconque, etc., trembler, trémousser, brailler, bruissements, parler, prier, frisson, froid, flair, mordre, prompt, preste, etc., que l'on peut presque considérer comme des onomatopées.

4° Un autre exemple nous est donné par les différentes significations du vocable *ma* et de ses dérivés : *ma*, *mê*, mère; grec *maïa*, grand'mère (comme Eva, celle qui donne à boire ; *ma*, eau, mare; *ma*, *mata*, œil (trou), et son altération *mi*, *mieng*, bouche (trou); en plusieurs langues; *m*.... (excréments); marge, masse; marcher; *mao*, vite, agile, prompt, en annamite; *maou*, même sens, en breton; grec, *maô*, chercher, rechercher diligemment; *maser*, celui qui recherche; *ma*, cheval, en annamite et en chinois, et origine de mazette, maquignon, *mak*, etc., mots se rapportant au cheval; *march* et *merch*, cheval, en breton; *marata*, en sanscrit; *merl*, en kymrique.

Étymologie du mot *Kaoua*, **cheval.** — Nous terminerons ce paragraphe par l'examen de deux autres mots remarquables qui servent à désigner le cheval.

L'un des noms égyptiens du cheval est *Kaoua*. On pourrait donner à ce mot la même étymologie qu'aux mots *gao*, *gauw*, etc., rapide, dans diverses langues; mais, d'après M. Maspero, ce mot s'applique aussi bien à l'espèce bovine qu'à l'espèce chevaline et désigne toujours des

CROQUIS TONKINOIS

La pêche à la ligne.

Bonzès officiant devant l'autel de Bouddha.

La pêche dans la vase.

mâles, taureaux, ou étalons. L'annamite, le ouolof, etc., nous donnent l'étymologie de ce mot *Kaou, Koou, Kou*, etc., qui signifie : en haut, dessus, monter, etc., et s'applique aussi bien au ciel, à ce qui est en haut, lumineux, etc., comme le dieu égyptien *Kou*, le soleil, qu'à la saillie des étalons.

Étymologie du mot *épo*, cheval. — *Ep, epo, Ebo*, etc., sont des formes d'un même mot qui, dans les langues celtiques, devait, dit-on, signifier cheval. On reconnaît ce mot dans plusieurs noms d'hommes gaulois et galates, tels que *Eponina*, *Eporedorix* et *Epona*, la déesse des chevaux chez les Gaulois.

Nous pensons que ce mot a exactement la même signification que le mot précédent, *Kaoua*, et que, primitivement, il devait s'appliquer à des étalons. Le mot grec *epi*, le mot français *époux*, le mot latin *sponsus* (*se*, être; *ponere super*), n'ont pas une autre signification. La même analogie existe en annamite, où époux et *superponere* s'expriment par le mot *chong* : en outre, dans la même langue, *ép* signifie forcer, presser, comme *epi*, sur.

Cette étymologie du mot celtique *épo* nous semble encore confirmée par le mot *époné* qui, d'après M. A.-C. Piétrement, sert, en Brie, à désigner un homme qui a un très grand développement des bourses. L'expression *homme époné*, dit-il, doit avoir signifié, à l'origine, un homme qui a les bourses grosses comme celles d'un cheval, et par suite se rapporte, d'après nous, à l'étalon.

Da, de, do, etc., générique des mots exprimant le sens de demeure. — Reprenons l'examen de la phonétique *da, de*, etc. A l'idée primitive d'excavation, de trou, que possède la racine *da*, on peut rattacher aussi celle de demeure. On a : *dar* et *douar*, ville, tente, en arabe; douaire, domaine; *dorf*, *dorp*, ville, en allemand; *dusun* et *bendar*, en malais; *dar*, *dal*, camp, escale, en ouolof; *dambé*, magasin; *deuk*, demeurer, et *diéki*[1], rester; *dar* et *deukke*, ville, dans la même langue; en mandé, *dahha*, camp; *dakhma* ou *dokhma*, monuments de sépulture, ou « Tours du Silence », chez les Parsis; *dardarot*, demeure éternelle, en égyptien; *dara* ou *tara*, caverne, antre, en plusieurs langues, et les mots tels que *troglodyte* (en grec *duno* et *duein*, entrer; *trô*, trou, caverne; en annamite, *dut*, introduire, s'abriter; *dun*, entrer, introduire; *trô*, *trom*, *tron*, mots qui, entre autres significations, ont celle de cave, trou, cachette, creux ; comme *troi*, le ciel, trouble, calotte, chose creuse) [2].

Les mots ci-dessus, signifiant ville, signifient aussi, par extension, tribu, bande, communauté, comme les mots annamites *da*, beaucoup, nombreux ; *dan*, bande, troupe ; *dang*, même sens, etc.

Notons que les vocables *don*, *to*, *toun*, *tan*, *ten*, signifient encore puits, dépression et ville en plusieurs lan-

---

1. D'où *diékeur*, le mari, le maitre, celui qui reste à la maison, qui se repose, pendant que la femme, les enfants et les esclaves sont au travail.

Chez les Aryens, c'est, au contraire, le mot dame qui exprime cette même idée. Chez ces derniers, en effet, la femme était traitée comme une compagne, comme la maîtresse de la maison, et non comme une esclave.

2. Ces mots font sans doute allusion aux Duses, esprits malfaisants, dépravés, corrupteurs, analogues aux satyres et auxquels les Gaulois rendaient un culte (breton, *du*, noir, malfaisant; sanscrit *dush*, pêcher; *dus*, mal; grec, *odusie*, colère; *dun* et *dusmene*, malheureux; *dolus*, corrompre; latin, *dol*, fraude; *dolere*, *dolor*; *odium*; mandé, *dong* et *dou*, entrer, introduire; mots dérivés de l'annamite, *do*, ou *dzu*, féroce, cruel, et séducteur; *dut*, introduire, corrompre, suborner, séduire; *dun*, même sens; *dui*, cuisse). Le mot méduse en vient : *mé*, beaucoup; *du*, méchant; *se*, être.

En outre, les différentes significations du mot *tro*, en annamite, nous donneraient sans doute l'étymologie de Troie, Étrusque, etc.

gues; on a, en annamite, *to*, nid, demeure, creux, bol (*to*, lac, en hongrois; *toni*, dépression, en mandé); en anglais, *tob*, récipient; en français, *tarière*; grec, *teirein*, percer, ouvrir; *tartare*, trou, gouffre; *tasse*, *tanière*, *taudis*; *tourie* (grand vase); *tube*, *tuyau*; *thon*, village, en annamite, ainsi que *tau*, navire, tonneau, et *taï*, oreille (objet creux); *thien*, gué; *thieng*, ville, rempart; *ta* et *thap*, bas, dépression; *tap*, assembler, réunir; idée de creux, de récipient; *talab*, lac, en hindoustani; *ten*, puits, en breton et en ouolof; *tao*, pluie, en ouolof; *din*, gouffre, en grec; *tine*, *tinette*, vase, en français, et par extension, récipient où sont versées les choses sales, boueuses; comme on a lèvre (*labra*), partie, bord qui entoure la bouche; *labrum*, sorte de bassin, de baignoire, et *latrines*; on a encore en grec *tenagos*, lieu humide et aussi boue, limon (comme les mots annamites *do*, boue, *do*, arroser) [1].

De ce qui précède, on peut induire que les habitations, les bourgades étaient primitivement établies dans des dépressions, sur les bords de l'eau ou sur l'eau (c'est le cas, entre autres, des habitations lacustres), ainsi que l'attestent un grand nombre de noms de villes dans lesquels les vocables *la*, *lo*, *lu*, *ly*, expriment l'idée de lac, eau; tels sont *Lutèce*, autrefois *Lucotetia* (celtique *loukteik*, lieu des marais, et latin *lutum*, boue); *Lycosoura* (ou ville des Maures), ville d'Arcadie qui passait pour la plus

1. Aux vocables ci-dessus : *ta*, bas, dépression; *to*, bol, cavité; *tan*, *ten*, puits, etc., on pourrait rattacher un grand nombre de noms de cours d'eau, de villes situées sur des lacs, étangs (*gué*; cela; *se*, être; *tan*, bas, creux), etc. *Tol, Tom, Tolten, Tel, Tïm, Ténassérim, Tenna, Tennesse, Tené, Tensas, Tibre, Téverone, Teifi, Tar, Tara; Tanho* ou *Tangho*, ou *Da-nké* ou *Da-nga; Tanoé*, ou *Tendo; Tanaro; Tana* ou *Tsana* ou *Tzana* ou *Dzana* (*Dana*); *Tamir, Tamina*, etc., etc., noms de rivières, de lacs de toutes les parties du monde; *Tébès, Toun, Téhéran, Tenby*, noms de villes situées dans de fortes dépressions de terrain; *Tell*, partie pluvieuse, arrosée, inondée de la Berbérie; *Tebki* (étang), en haoussa, etc.

À bord d'un fluvial 搖櫓 par Kiawl

ancienne de la terre; mots dans lesquels *lyco, locus,* signifient lieu, habitation, demeure, et se composent de *co, cus,* antique (dans presque toutes les langues), et *lo, ly,* sens de fleuve, marais, eau, en général.

Da, do, etc., générique des noms de hauteurs. —

Mais les vocables qui nous occupent, *da, do, to, don,* etc., ne servent pas seulement à exprimer des dépressions et des cours d'eau; ils ont aussi une acception générale de hauteur, de dune.

Le celtique *dun,* colline, hauteur, est, ici encore, le proche parent de l'annamite. En effet, dans cette dernière langue, *dun* signifie : amasser de la terre, en parlant des fourmis, et aussi grenier, amas en général. Les termitières ont sans doute fourni à des peuples primitifs l'idée de la construction de leurs premières demeures, ce qui expliquerait l'extension de sens donnée aux mots *do, don, dun,* etc.[1]. N'est-ce pas là, en effet, la forme des premières habitations : de la hutte des nègres; de la tente conique des peuples nomades; des tanières, des huttes des Esquimaux, bâties à la manière des *dolmens,* en forme de dune,

---

1. Rapprochons des sens si différents donnés aux mots *da, dun,* etc., trou, demeure, dune, et idées de nombre, de grandeur, de force, etc., les sens donnés aux mots *lé, élé,* etc., dans diverses langues et notamment en mandé, où *élé* signifie à la fois : trou, habitation, élévation, monter, demeure, pluriel, etc. On a de même *Is, Isse,* idée de mouvement, souffle, fleuve, etc., comme les rivières l'*Isle, Issa,* et *ile, isle, îlot,* partie de l'alluvion qui est à découvert, et par extension, idée de hauteur, de relief. Pour les mêmes raisons, *to, tom, tum* signifient à la fois partie basse, creuse et île, hauteur (tombe); *Tell* comporte les mêmes significations : on a le *Tell,* et, en hébreu, *tell,* butte, tertre, colline. Enfin, les mots *tamgout,* pic, aiguille, en berbère; *tandjong, tadjong,* cap, promontoire, en malais, entrent à la fois dans des mots composés désignant des îles, des massifs montagneux, et dans des dénominations de rivières.

de dos (exactement *tuno* ou *tonua*, en esquimau), mot analogue aux mots : breton, *tun*, colline; ouolof, *tound*, colline ; mandé, *tendy*, dune, et *doundé*, montagne; grec, *tin*, tas, amas, etc. ; turc, *dagh*, hauteur?

De là est également venue l'idée des donjons, de ces premières tours isolées qui devaient dans l'origine servir à la fois d'habitation et de fortin, avoir la forme de dôme, de dune, et être bâties sur des élévations de terrain. L'annamite en fait foi, car le mot *dôn* désigne encore, dans cette langue, un poste militaire en général, et *don-luy* (dune-rempart) un donjon, un fortin, un fort. C'est également le sens de l'irlandais *dun*, forteresse, ville, et *dunadh*, maison [1].

A cette idée de demeure, de cohabitation, de réunion, de communauté ne pourrait-on pas rattacher les significations du mot annamite *dong* : ensemble, égaux, compagnons, de la même race, famille, champ, campagne (on a, en français, camper, champ et campagne, qui ont la même origine); *doï*, père, le couple, les deux époux, et les mots : *don*, appellatif de l'homme et de la femme; *dong*, enfant (*dom*, en ouolof) ; *dzong*, famille ; *dom*, flammèche, petit flambeau; *dot*, brûler; *duoc*, torche; *den*, lampe; autant de noms désignant le foyer ; *do, dac*, outil, ustensile de ménage ; *doi*, écuelle ; *dom*, offrir des

---

[1]. Les mots ci-après feront encore mieux ressortir l'analogie des significations des mots de formes dissemblables fournis par les racines similaires *da, do, di, de*, etc. On a : annamite, *diem*, taverne; *den, daï* et *dien*, palais, champ; règle, loi ; *dang*, maison, demeure; *deu*, égal, ensemble; *dinh*, établir, fixer, cour, aire, place, lieu de réunion; maison communale; *dia*, terre, globe terrestre; *dat*, terre; *dai*, espace, siècle, vie, monde. Rapprochons l'irlandais *dron*, force, de l'annamite *don*, force ; de *tru, tron, tray*, même sens; rapprochons encore l'irlandais *druin*, force ; *drud*, rapide, violent, du mot annamite *du*, violent; du mot grec *dru* ; du sanscrit *dru*, fleuve ; *druta*, rapide ; de *Durantia* ou *Durance*, rivière au cours rapide.

mets aux parents défunts (c'est le culte des *lares*, des *dieux domestiques*).

A l'idée de fortin, exprimée par le mot *don*, on peut également rattacher le mot annamite *dong*, fermer, entourer, dans le sens de couvrir, abriter; ainsi *dong don*, élever une redoute; *dong binh*, bivouaquer, mot à mot : fermer une troupe; sens analogue au kymrique *dunain*, enfermer; expressions qui ne sont que des variantes de *don*, *dun*, donjon, fort, etc.

Nous n'avons pas à chercher ailleurs l'étymologie de nombre de noms de villes fortifiées ou placées sur des hauteurs; de noms de montagnes, de cours d'eau, de tribus,... tels que Châteaudun, Verdun, Dunkerque, Folkston, Dorchester ou Dunium; Dunain; le pays dunois; le grand Donon; les Dangs, nom d'une tribu indienne habitant les Ghates (du mot indou *Dang*, montagne, montagnard; comme on a en annamite *danh*, sommet); les Dogras ou Dogars, autres tribus djates ou ghates; les Doungars, Doungans ou Toungans de la Mongolie chinoise; les Toungous; les Dourânis de l'Afghanistan; les noms de fleuves : la Dordogne, l'Adour, la Dive, le Don, rivière de la Loire-Inférieure, et les autres rivières de France, d'Angleterre, d'Écosse, d'Italie, d'Espagne, d'Afrique, du Brésil, etc., qui ont nom : Don, Dourd, Doon, Doordn, Dore, Doux, Doubs, etc., Drave, Drance, Drôme, Drin, Drout, Dronne, Dropt, Dryno, Draa, Drac, Doire, Doan, Doorn, Dyle, etc., les hauteurs, Redon, le Coudon, etc.

Nous avons encore le *Donnaï*, la rivière qui passe à Saïgon; la *Douaï*, rivière de l'île Sakhalin. Nous avons enfin un nom de ville remarquable dont l'étude qui précède va nous permettre de donner l'étymologie exacte et raisonnée.

Étymologie du mot Londres. — Nous avons vu que l'une des significations du vocable annamite *do* ou *dzo* était : verser, répandre, trou ; d'où étaient dérivées les significations de sale, de malpropre et de boue.

Le vocable annamite *lo* contient exactement ces mêmes significations ; toutefois, pour exprimer ce dernier sens, ces vocables sont prononcés sur un ton se rapprochant de notre interjection *heu*[1] ; tandis que lorsqu'ils sont prononcés avec un accent aigu, ils ont le sens de clair, de hauteur, etc.

La juxtaposition des deux vocables *lo* et *do* (*lœu-dœu*) précise nettement le premier sens ; on a *lœu-dœu*, trouble, stagnant (en parlant de l'eau), en annamite.

Cette méthode est, nous l'avons dit, employée en chinois, dans la structure des mots ; dans cette langue, deux vocables, qui ont chacun un grand nombre de significations, étant accolés, donnent au mot ainsi composé celle des significations qui leur est commune à tous deux ; l'un explique et certifie l'autre. Cette méthode n'est au reste nullement exclusive à la Chine et à l'Annam : on en trouve maint exemple dans les autres langues.

Si, maintenant, nous passons en revue les noms de localités, de fleuves, etc., qui comprennent les deux vocables, *lo*, *do*, nous trouvons : *Lodosa*, ville de la province de Navarre, sur la rive gauche de l'Ebre, dont la traduction en français est la « Boueuse »[2], d'après le *Nou-*

---

1. Ce vocable annamite est exactement rendu par notre mot français *Leu*, nom d'un certain nombre de villes situées dans des parties de terrain basses, marécageuses et que l'on retrouve dans Soleure.
Leuy, Lees sont encore des noms de rivières de France.
2. Le mot *lodo* signifie, en espagnol, boue ; le mot français la *lède* désigne le milieu d'un marais salant ; on a *lo*, puits, en prov.
Lôn, losne, dans le département de la Saône, servent à désigner des parties de terres couvertes de plaques d'eau ; enfin, le *loess* est une sorte de dépôt limoneux jaunâtre.

veau Dictionnaire de géographie universelle de M. Vivien de Saint-Martin.

Lodose est encore le nom d'un village de la Suède méridionale, appelé autrefois Lodehus; il tire son nom de la quantité considérable d'alluvions, de boues déposées par la rivière *Lodose-Elf*, alluvions qui comblèrent cette dernière et obligèrent, en 1473, d'élever la nouvelle ville de Lodose, à 40 kilomètres plus au sud.

Les noms de villes ou de rivières : *Lodi*, *Lods*, *Lodz*, etc., ont la même origine; il en est de même de *Lido* ou *Lidi*, noms des îles qui forment la longue flèche de terres sablonneuses ou alluvionnaires qui sépare la lagune de Venise du fond de l'Adriatique.

Lodo est également le nom par lequel les indigènes du Sénégal désignent la partie nord de l'île sur laquelle est bâtie Saint-Louis, partie marécageuse, boueuse, vaseuse, qui découvre à marée basse; partie sale, malsaine, etc., tandis que la partie sud de l'île, la partie sèche, élevée, agréable, a reçu le nom de *Sindoni* (de l'annamite *xinh*, joli), mot qui est ainsi opposé à *Lodo*.

Lutera ou Lure; Lutéva, Lotéva ou Lodève; Lutèce; les mots *lutum*, boue; *luteus*, jaune, couleur de glaise; luride (latin *luridus*), d'un jaune sale, d'un jaune livide; *lodé*, mot français employé dans plusieurs provinces dans le sens de mouillé, humide, et par suite, de vaseux, boueux, expriment tous cette même idée de ville, lieu, chose, — humide, vaseuse, etc.

Venons au mot Londres ou *London*, dont la prononciation anglaise se rapproche plus de *Lœun-dœun* que de London.

L'étymologie la plus récente de ce mot est la suivante :
« Bien des conjonctures ont été faites sur la vraie signi-
« cation du mot Londres (*London*). Ce mot est très pro-

« bablement celtique, la terminaison *don* n'est autre
« chose que le *dun, thum, ton* ou *town* qui indiquait
« autrefois toute ville fortifiée par l'art ou par la nature.
« Quant à la première syllabe *lon*, quelques étymologistes
« y ont vu *Lehwn*, bois; d'autres *Llawn*, plein, popu-
« leux; d'autres encore *Lon*, plaine; mais de toutes ces
« origines, aucune ne semble aussi plausible que celle de
« *Lhong* (vaisseau). » *Nouveau Dictionnaire de Vivein de
Saint-Martin*.

Le même dictionnaire ajoute que la plus grande partie de Londres est bâtie sur des sables et des cailloux appartenant à des terrains de transport et marquant le lit d'un fleuve bien supérieur à celui de la Tamise; et que, dans son état primitif, la ville était défendue des côtés du Nord, du Sud, et de l'Ouest par des marais et des étangs considérables.

La similitude complète des mots : *lo-do, lœu-dœu* et *London*, nous dispense d'insister sur ce point; nous ferons toutefois une remarque : l'annamite possède encore les deux vocables *lœun* et *dœun* avec les sens qui sont attribués à *lœu* et à *dœu*. En effet, le mot *lœun*, prononcé dans un ton aigu (accent marqué sur la diphtongue œ), exprime l'idée de grandeur, d'ampleur, de supériorité (*Dictionnaire annamite-français*, p. 426); *lœun*, prononcé dans le ton bas, bref (accent marqué sous l'œ), exprime au contraire l'idée de mépris, de sale, de malpropre, et signifie spécialement eau trouble, et porc, animal vil. Enfin, *don*, marqué de ce dernier accent, signifie onde, flot et tumulte. On est en droit de déduire de cette constatation que : 1° la langue anglaise présente dans la partie de son organisme grammatical qui a trait à l'accentuation, une analogie remarquable avec la langue annamite; 2° le principe de la parenté de ces deux langues étant admis, leur séparation de la langue-mère a dû se produire à une époque relativement récente, et, dans tous les cas, postérieure à la séparation de l'espagnol ou du ouolof, qui n'ont pas conservé l'accentuation.

En effet, l'homme primitif devait désigner par un même vocable, un grand nombre d'objets, d'idées, etc., présentant des analogies d'aspect, de propriétés, de sens, etc. Le geste accompagna plus tard l'émission du son pour en préciser le sens. L'inflexion fut ensuite employée, d'abord concurremment avec le geste; puis elle suffit seule à différencier le sens des mots. L'accentuation constitue ainsi dans la science du langage une étape avancée, un progrès; elle est, par rapport au langage articulé, ce que ce dernier est par rapport au jargon primitif.

Cette observation répond à une objection qui nous a été souvent faite à l'occasion des rapprochements que nous avons établis entre l'annamite et d'autres langues. On nous reproche de ne pas tenir un compte suffisant des nuances si nombreuses, si délicates que comporte l'énonciation des vocables annamites : nous prétendons au contraire, pour les raisons qui précèdent, que les études doivent principalement porter sur les phonétiques considérées dans leur état primitif, dans leur état essentiellement rudimentaire. Au surplus, les altérations, les transformations multiples et variées que subit une racine, dans une même langue, le plus souvent pour exprimer des idées absolument identiques, et celles, plus profondes encore, qu'elle subit dans son transfert d'une langue dans une autre — transformations dans lesquelles il est fait abstraction de l'accentuation, — confirment pleinement notre conclusion.

Le terme générique *da, de, do, ta,* etc., qui se rapporte

Une Procession tonkinoise

(Composition de Khanh.)

à la fois aux idées de divinité, de chaleur, de lumière, d'eau, de fleuve, de hauteur, etc., est peut-être un témoin philologique du culte des hommes primitifs qui personnifiaient et désignaient sous de mêmes vocables génériques, les éléments, l'eau, l'air, le feu, les fleuves, les montagnes et tous les phénomènes de la nature, et leur rendaient les honneurs divins.

Lieu d'habitat primitif des races caractérisées par la phonétique da, do, etc. — Qu'étaient primitivement ces races caractérisées par les vocables *da*, *do*, *don*? etc. C'étaient, en premier lieu, des races habitant les pays d'alluvions, par suite des agriculteurs ou pasteurs. C'étaient aussi des races guerrières. On a, en effet, en annamite, *dô*, soldat, soutenir, protéger, défier, discipline, cour royale; *dot*, grade, dignité; *don*, verge, bâton, insigne de l'autorité (*don* est ainsi un titre, comme *roi*, en annamite, bâton, rotin, a fait roi); *dong*, lance, hallebarde (en grec *doru*, lance, et *dolon*, bâton); *doï*, capitaine, compagnies de soldats; *doan*, foule, troupeau; *doï tan*, détruire, anéantir; *doa*, se précipiter, se ruer; *doan*, juge; *doc*, gouverner, cruel; *duc*, dignité; *don* et *dong*, teigneux (c'est un surnom donné à des races nomades sujettes, pour la plupart, à cette maladie, comme le surnom de galeux a, pour la même raison, été donné aux Gaulois); *duc*, fondeur de métaux.

Quel était leur lieu d'habitat primitif?

On a en annamite : *dong*, hiver, geler, glace et solstice d'hiver, et *dong*, orient. C'est une contrée située à l'est du pays habité par une tribu qui parlait la langue annamite; contrée où les hivers sont rigoureux.

Cette contrée est celle qui était autrefois habitée par

les Scythes, dont le nom a fait place ensuite à celui de Sarmathes, Sarmans ou Germains; par les Saces et plus particulièrement par les Daces; celle dans laquelle coulent le Don, la Duna, la Dwina, le Danube ou Donau (en annamite : *nâu*, bleu-violet, c'est-à-dire fleuve à l'eau d'un blond foncé); ou enfin une contrée à l'est de ces régions.

Les mêmes vocables ont servi à dénommer dans l'Inde, en Chine, en Afrique, en Europe, etc., un grand nombre d'autres familles qui étaient de même race primitive ou qui avaient des caractères distinctifs communs.

Les mots annamites *don*, mettre devant, opposer, couper; *doag*, fermer, ne semblent-ils pas, en effet, avoir été donnés par des tribus parlant la langue annamite, à ce dernier fleuve comparé dans l'antiquité à un rempart défendant l'Europe méridionale contre l'invasion des peuplades du Nord?

C'est, paraît-il, vers la fin du IV° siècle avant Jésus-Christ que les Celtes, qui habitaient entre la Garonne et la Seine, débordèrent sur les pays danubiens et envoyèrent de là fonder dans l'Asie Mineure leur colonie de la Galatie. Et c'est aux Celtes que l'on attribue les dénominations de Don, Danube, etc. Dans ce cas, la communauté d'origine des Celtes et des Annamites ne ferait plus de doute.

Mais cette version est contestable et les Daces, qui habitaient à cette même époque le haut Danube, étant de la même origine que les Celtes, Scythes, etc., devaient employer déjà les appellations qui précèdent.

En résumé, les tribus caractérisées par la phonétique *da, do*, etc., paraissent avoir été les Daces, les Danaï, les Dardani, les Médoï, les Dangs, les Dourânis, les Dogars, les Doungans ou Toungans, etc., autant de rameaux, sans doute, de la grande famille touranienne.

Étymologie des mots : Ister, Istros, la Saire, etc. — Les noms de *Istros*, *Ister*, sous lesquels, dès la plus haute antiquité, le Danube était connu par les Grecs et les Latins, a une signification analogue à celle de *Do*, *Don*. On a : *Is* ou *Isse*, chose qui respire, qui vit, qui marche, qui coule, et dans certains cas, eau, glace; c'est un mot correspondant à l'onomatopée *fl* dans souffle, flamme, fleuve, soufflet, buffle, etc. [1].

Isse est le nom de différents fleuves situés dans toutes les parties du monde, tels que : Isac, Isar, Iser, Icet, Issik; tels que : Tamise, Yssel, Isère, Issa, etc., et de mots hébreux exprimant le souffle, la respiration, la vie. On retrouve ce vocable dans Moïse; *is* ayant pris, par extension, le sens de : qui découle, qui descend de; issu de; celui; il; fils (comme le mot *ga*, racine de mouvement, a fait : descendant de, celui, il).

On a en annamite, *sa*, s'écouler peu à peu et sourdre; *say*, s'échapper; *san*, *sinh*, engendrer, d'où *saï*, nom de plusieurs rivières, telles que Saï-gon, Say, au Tonkin; la Saire, près de Cherbourg; la ville et la rivière de Say, dans le Soudan, où Saï a exactement le sens de

---

1. On a : soufflet; de l'annamite : *sou*, chose; qui produit le bruit *flé*; bruit analogue à celui produit par le vent, par le souffle, par la flamme, par le fleuve, etc. Ce mot se dit en provençal bouffet; de *bo*, en annamite, ouolof, français, etc., cavité, chambre, bouche. Le vieux mot français buffet, même sens, a la même racine. Muffle vient également de l'annamite : *mu*, proue, nez, museau; *ffle*, qui souffle; comme le buffle, animal respirant bruyamment (*bou*, être, animal; *ffle*). Si le bruit produit est plus retentissant, c'est l'onomatopée *pouf*, *bouf* qui l'exprime; comme dans une *bouffle* (soufflet, en provençal); dans *pouffer*, *bouffon* (celui qui enflait sa bouche, au moment où on le souffletait, pour que le bruit fût plus fort).

fleuve, etc.; *Saisi*, *Saisse*, etc., rivières de l'Afrique équatoriale, etc., etc. Tous les mots qui précèdent sont des formes, des altérations du son *s*, *esse*, *seu*, *za*, etc., qui s'applique aussi bien à l'idée de souffle, qu'à celle de fleuve, de fluide, de flamme, etc. (Comparez en effet les phonétiques *na*, *ni*, désignant encore l'eau, et les mots *nasci*, naître, découler de; *natio*, *natal*, *nepos*, etc., indiquant la descendance, la lignée, la famille, etc.)

Quant à *ter* ou *tros*, ce vocable donne à un mot, comme cela a lieu pour pater, patrie, etc., la signification de : par excellence; d'où *Ister*, le fleuve par excellence.

Nous ne pousserons pas plus avant nos investigations au sujet de l'origine des tribus caractérisées par la phonétique *da*, *do*, etc., et nous conclurons en déclarant que, au point de vue philologique ou tout au moins au point de vue étymologique, toutes ces familles : Doriens, Danois, Danaï, Dangs, etc., se rattachent à une origine commune, comme filiation, comme genre de vie, et comme traits distinctifs, physiques ou moraux.

Altérations subies par les vocables da, do, etc., dans plusieurs langues. — Nous ne terminerons pas toutefois ce chapitre, sans faire ressortir par un exemple, la série d'altérations que peut subir le même vocable *da*, *do*, dans son transport d'une langue dans une autre.

En annamite, *do* et *dong* ont la signification de rouge et de cuivre, métal rouge. En faisant la mutation du *d* et de l'*r*, on obtiendrait le mot français *rouge* lui-même, qui, dans nombre de langues, s'exprime par des vocables dont la racine est *ro*, *ru*, *re*, *rag*; et le sanscrit *radj*, briller, d'où *rakta*, le métal rouge, le cuivre; *rabies*, la rage, qui se manifeste par la teinte violacée, rouge, couleur de sang, de la face; et en général, *randj*, la teinture [1]. Le mot *Russe* (*orosz*, en magyar) n'a sans doute pas d'autre étymologie; et *sang* est à rapprocher de *ranj*.

R, prononcé avec un fort accent guttural, donne *kh*; c'est le *rota* des Portugais; or, *konk* ou *rhonk* signifie rouge, en ouolof; *khès* (ou *khètes* ou *hêtes*) a le même sens et indique des races rouges comme les Peulhs, comme les Maures, comme en général le Blanc ou plutôt l'Aryen, comme les *Khussites*. On a encore : breton, *kok*, rouge; copte, *kokh*; grec, *kokinos*; russe, *khokan*; même sens, et annamite, *khoï*, éclat, *kim*, or; égyptien, *kou*, lumineux, etc.

Une prononciation adoucie de *ronk* donne *honk* qui, en annamite, ainsi que les mots *ho*, *hoé*, signifie rouge. — A rapprocher de *hoa*, feu, en annamite et en chinois; de *homo*, être, feu; celui qui a trouvé le feu; et peut-être aussi celui qui est couleur de feu ou qui a les cheveux couleur de feu : fauve, roux, blond; à rapprocher aussi de *hod*, chaud, en anglais; de *Hom*, nom sous lequel, dans le culte d'Ormuzd, était désigné le verbe créateur; le Verbe ou Parole, fils du feu, d'après ce que nous avons dit au chapitre premier, et d'où est venu aussi, sans doute, le mot hommage, culte de *hom*, de même que danse, salut, viennent de *sa*, *dan*, serpent, feu. A rapprocher enfin du mot anglais *home*, dont le sens primitif est exactement celui du mot annamite et chinois *hoa*, foyer, maison familiale, et de l'égyptien *Hor*, soleil, feu, dieu.

Ho peut se prononcer également *pho* et *fo* et donne *focus*; *phœniceus* (rouge); *Phoulh* ou *Foulh* (Peulh), ou

---

[1]. Le mot *ga*, *gala*, brillant, blanc, a de même donné naissance à *gara*, rouge comme le soleil; à garance; à *gara*, teinture, en mandé; à *kara*, noir, en différentes langues; à Garamantes, Garami, etc.

PHONÉTIQUES SA, SE, ETC.; DA, DO, ETC. 109

Fulvus; Phocéen, Phénicien, etc., races à l'incarnation rouge; *pur*, feu, en grec, etc. On a aussi *Pha*, *Phar*, etc., qui donnent *Phara*, *Fra*, Francs, races blanches à carnation rouge, et enfin *pa* et *ba*.

La philologie nous conduit ainsi à établir une véritable filiation entre des races telles que les *Ta* et les *Ba*, en passant par les *Sa*, les *Kha* et les *Ga*, c'est-à-dire entre des races qui sont encore considérées par nombre d'auteurs comme absolument distinctes d'origine.

Bonzesses 苗 尼

CHAPITRE IV

ÉTUDE DE LA PHONÉTIQUE X, XA, XE, ETC.

Étymologie des mots occident, ciel (dans différentes langues). Demeter. — Synonymie des mots feu, lumière, dent, danse, poisson, os ; — des mots serpent, éclair, astre ; — des mots kara, sara, tara. — La Tarasque et le Dragon chinois. — Étude de la phonétique *se*, *re*, chose, être, dans toutes les langues.

Étude de la phonétique x, xa, xe, etc. — Si l'on jette les yeux sur le *Manuel de conversation franco-tonkinoise des Missionnaires*, à la page 51, au-dessous des mots *bach-nhan*, blanche race, on trouve l'expression *xich nhan*, qui signifie : rouge race.

A l'occasion de ce mot *xich*, nous allons donner ci-après, avec quelques développements, un aperçu des résultats auxquels peut conduire l'étude de la langue annamite dans les recherches étymologiques. Ce sera, en même temps, une réponse à l'objection suivante soulevée par quelques critiques : qu'en décomposant, par exemple, un mot français en ses racines, on trouvera, dans les vocables fournis par les langues monosyllabiques dont le même mot a quelquefois un grand nombre de significations, une signification concordant avec le sens de la racine sur laquelle on opère, — objection qui ne peut plus, du reste, être invoquée quand les mots comparés, par suite du commencement d'agglutination que l'on constate dans lesdites langues monosyllabiques, se composent de plusieurs syllabes.

Notre opinion — que nous avons déjà exposée plus haut, ainsi que dans *l'Annamite, mère des langues* — est toute différente. Nous prétendons, au contraire, que les diverses significations d'un même vocable, dans les langues monosyllabiques, se rapportent le plus souvent à une même idée, à une idée mère dont les autres sens ne sont que des variantes. La même règle peut être étendue, selon nous, à un grand nombre de mots de même consonance des langues à flexion : l'exemple ci-dessous confirmera notre doctrine.

Étymologie des mots occident, cigare, etc. — Le mot qui nous occupe, *xich*, est décomposable en deux syllabes : *ch*, qui est le *chi*, quoi, où le *chi*, indiquer, des Annamites; le *ké, nké, ki*, que, qui; de nombre de langues; le *tchi*, qui, des Normands, etc.; c'est le pronom relatif par excellence.

En ce qui concerne *xi*, l'une de ses significations, en annamite, est : incendier, brûler; d'où, par extension, ce qui a la couleur de la flamme, la couleur du feu.

Ch-xi signifie donc à la fois : qui a la couleur de la flamme, de la lumière; homme au teint fauve, jaune; ou homme roux, dont la chevelure tire sur la teinte rouge. Ce sont, d'après M. de Quatrefages, les teintes qui devaient dominer chez l'homme primitif [1].

---

[1]. Constatons, en passant, que, dans le langage primitif, et aussi dans la langue annamite, les idées de : blanc et rouge, blanc, bleu et vert, jaune et rouge sont souvent confondues; tout au moins les mots

Quant aux peuples que le mot *xi* désigne particulièrement, ce sont les *Scy-thes* ou *Sa-ces* (et sans doute aussi les Siamois, les Chinois, *Sinenses*, etc.), qui comprenaient des tribus blanches; *sa*, comme la lumière du soleil, comme le serpent, comme le feu du ciel; et des tribus rouges *scy* ou *xi*, comme la flamme de l'incendie, comme la lumière du soleil à son déclin, à l'occident (de l'annamite : *o*, être, demeure, ou *oc*, maison; *xé*, textuellement : incliner au couchant, à l'occident; *xé xé*, un peu après midi; *dan*, jour ou *dèn*, lampe); d'où occident, demeure du soleil ou lieu de la lumière, du feu; c'est-à-dire : du soleil, à son déclin; quand celui-ci tombe, meurt (de là aussi *occidere*, *cadere*, *occire*, etc.).

Mais *xi* a encore, en annamite, trois autres significations principales :

1° — *Xi*, filet de vapeur qui s'échappe (c'est évidemment le bruit fait par une expiration violente de l'air); en un mot, c'est le sifflement et, en effet, on trouve *xi* dans la composition de quelques mots annamites qui signifient : faire du bruit; on le trouve dans notre mot

qui servent à les exprimer sont synonymes (les mots : pâle, livide, blême, bleu, azuré et vert s'expriment, en annamite, par le mot : *xanh*); la lumière du soleil ou du feu, qui est le terme de comparaison pour les différentes couleurs, se présentent sous des aspects différents et toutes ces couleurs ayant comme point commun d'être éclatantes, brillantes ou de rendre les objets brillants, luisants, lumineux. Ces derniers qualificatifs peuvent, en effet, s'appliquer à des objets de toute couleur; on dira, par exemple, d'un marbre du blanc le plus pur, d'un bloc de houille ou d'une feuille d'ardoise que ce sont des objets luisants, brillants, éclatants de lumière; la lumière solaire sert ici de terme de comparaison et permet ainsi le rapprochement entre les idées les plus opposées. Une autre raison que l'on peut donner de cette particularité est que l'homme primitif confondait, qu'il exprimait par une même dénomination, chacune des couleurs principales et ses nuances. — L'auteur de l'*Iliade* ne sait encore distinguer qu'un petit nombre de couleurs.

彈婆打牌

FEMMES TONKINOISES JOUANT AUX CARTES

Composition du Tonkinois Mbœuf

sifflet ; sans doute dans sinistre; dans l'onomatopée *psitt*, par laquelle on attire, on appelle l'attention.

2° — *xi*, joint au mot *co* ou *cau*, cause, régiment, colonel, et, aussi, antique, *insigne*, lui donne un sens particulier : celui de drapeau, d'étendard.

Ce mot *xi*, avec l'une des acceptions qui précèdent, ne se trouve-t-il pas dans *s*ignal, dans *cy*gne, etc., apparent, blanc, brillant comme le feu; dans *ci*me (beaucoup élevé) comme le soleil; dans *si*déral, dans *ci*nis, cendre; cinabre (corps d'un beau rouge); dans cigare (*ga*, chose; *ci*, qui brille, qui brûle); dans tison (même sens que cigare); dans si*ra*, le soleil, en sanscrit (*ra*, être, produire; *si*, feu); dans Osiris, le soleil (en annamite *ô*, être; *xi*, feu); dans Sirius, dans sirène, dans tiare; dans les mots *tio, zio* (oncle, être respecté, honorer, punir) de plusieurs langues; dans l'irlandais *cia* ; le grec *time*, valeur, prix; dans tigre (être, animal redouté, vénéré); dans *ci*, sanscrit : venger et celui qui punit; dans *cid, sieur, sir, sidi, ser, sar, za, zo, tsa, cha,`gha*, etc., etc. (chef, roi, en différentes langues); dans cire (blanc comme la lumière); citron (blanc et rond) et aussi dans cirage qui signifie : matière qui a la couleur des objets brûlés par le soleil, par le feu [1]?

Étymologie du mot ciel. — Nous trouvons également *xi* avec son acception de feu, d'incendie, dans le mot ciel : *xi*, feu; *el*, en l'air, en haut, de même que l'on a pour le mot soleil (en danois et en normand : *so-ël*) : *so*,

---

1. C'est sans doute par une analogie semblable que les mots *kala, gara* (*kala* ou *gara*, blanc, azuré, bleu, garance et aussi marqué, teinté, coloré), *sara* ou *zara* (blanche, rouge, noire); *black, ar* (dans argent et ardoise), etc., désignent à la fois : ce qui est blanc et ce qui est noir et aussi, en général, ce qui est brûlé, coloré, teinté; mais, nous le répétons, l'accentuation devait différer.

chose (en annamite); *el*, en haut. C'est là, en effet, la véritable étymologie du mot ciel, car le mot latin : *cœlum*, signifie, en annamite : 1° *coe*, en haut, creux, voûte, comme dans le grec *koï-los* (*koi*, haut, creux, voûte) et comme dans le nom : *Cœle-Syrie*, par lequel est désignée la Syrie-Creuse; 2° *lum*, lumière (*los*, de *Koïlos*), même radical que l'annamite *lua* (*loua*, feu), feu; que lueur, lune, etc., d'où *cœ-lum*, voûte lumineuse.

A l'appui de ce que nous avançons ci-dessus relativement au mot ciel, donnons l'étymologie des mots ci-après : le grec *ou-ran-os*; *os*, article composé du suffixe *s* (chose, en annamite), et *o* (en annamite *o*, *u*, *ou*, être, demeure); *ran* ou *dzan* ou *dan*, feu du ciel, serpent, lumière, c'est-à-dire : lieu lumineux, brillant[1] ; c'est le même mot que le mot malais : *orang*, que le mot français : *orange* (*gué*, cela; *ô*, être; *ran* ou *dan*, brillant, serpent, c'est-à-dire le soleil, le père, l'ancêtre de l'humanité). On a aussi, en portugais, *ceo*, ciel (*o*, être; *ce*, briller) et, en mandé, *sang-khoto*, des mots *kho*, dos et, aussi, haut (comme *khong*, montagne, zénith, et chef) et *sa*, ou *sang*, en mandé, mots qui ont la signification de : serpent, brillant, feu, comme les mots annamites *sa*, serpent; *sao*, étoile, et *sang*, luire, briller, resplendir, même sens que

---

1. Un éminent savant auquel nous faisions part de cette étymologie du mot *ouranos* nous objecta que le thème primitif est non pas *ouranos* mais *varouna*, d'une racine sanscrite *var*, *ouar*.

Nous nous permettons de faire observer que les deux termes de *varouna* et d'*ouranos*, quoique ayant la même signification, ont chacun une étymologie propre. *Varouna* est, en effet, décomposable en *ou-na*, être, demeure; et *var* que l'on trouve, nous l'avons vu, dans différentes langues, avec les significations de chaud, feu, blanc, été, brûlant, brillant, etc., qualifications qui s'appliquent à la lumière du soleil, et au ciel considéré comme demeure des astres.

Ouar, *ghar* sont également des altérations de *var*; on a enfin *Wak*, l'Être suprême (le soleil) et aussi le ciel, chez les Gallas; *va*, comme *ba*, ce qui est creux, courbe, comme un vase; danois, *vare*, *gare*, abri, voûte, comme le ciel.

notre mot *sang* (rouge comme la flamme); on a ainsi : *sang khoto* ou *sa-nkô*, feu en haut. En mandé, *sa* signifie, comme en annamite, serpent; ce mot *sa* est bien l'équivalent de *ign*, car l'agneau se dit, dans cette langue : *sa-dé* et le goniatier ou gognakié, de l'annamite *go*, bois; *gna*, feu (arbre au bois rouge), se dit : *sangué*. De même, on a, en sérère, *igna-kol*, éclair, feu en haut, même sens que les termes précédents ; et, en assyrien : *Samas*, soleil; *samé*, ciel; *sas*, marbre, qui ont le même radical, *sa*, étoile, blanc.

Étymologie des mots dent et danse. — 3° Enfin *xi* a aussi, en annamite, la signification de dent, c'est-à-dire de blanc comme la lumière, comme le soleil, comme le serpent du ciel (éclair ou voie lactée). Comme preuve de l'exactitude de cette dernière étymologie, il suffit de consulter encore le dictionnaire annamite qui nous donne pour les mots dent et ivoire, deux autres termes : 1° *rang*, dent, même mot que les mots : *ran*, serpent; *rang*, griller, aube, aurore, et teinte jaune ; — 2° *nha* (*gna*), dent; même mot que *nha*, foyer; *nh'ay*, scintiller; *nhât*, jour, soleil (c'est la racine *ign*, feu ; la particule *nh* de ces mots devant être prononcée : *gn*).

On a de même, en mandé : *gnié*, dent; *gnin*, ivoire, en ouolof; *gnié-ye*, éléphant; *bégné*, dent; en hébreu, *sin*, dent, et en égyptien, *sin*, lune, même racine que l'annamite *xinh*, joli, beau; que *xi*, feu, que scintiller; dent se dit *fog*, en hongrois; le mot *nar*, feu et soleil, a aussi la signification de dent, en sanscrit. *Tan*, dent, en scandinave; *teeth*, *thoot*, en anglais, sont à rapprocher de *Theos*, *Dios*, *Da*, dieu. Enfin, le mot allemand *zahn*, dent, n'est autre que le mot annamite *ran*, *dan* ou *dzan*, briller, feu.

Procession du Dragon chinois, à Hanoï. (Dessin du Tonkinois Khanh.)

Procession du Dragon chinois (suite). Le *Ki-lan*, animal fabuleux tenant de la licorne et de la Tarasque.

Notre mot danse vient également de *ran* ou *dan*, serpent, feu, astre. Lamartine a dit, à propos des danses antiques : « Ces danses extravagantes, mêlées à de pieuses cérémonies, étaient peut-être, dans l'origine, une imitation des mouvements des astres dansant devant le Créateur ». Primitivement, danser était un acte sacré; dans les cérémonies, le chœur des prêtres sautait saintement autour de l'autel. La danse astronomique faisait, en effet, partie du culte des Aryens, des Sémites et des Touraniens et, de nos jours encore, lorsque les mandarins annamites officient dans les cérémonies du culte national, on les voit procéder devant l'autel, et autour d'une sorte d'arche sainte disposée au pied de ce dernier, par de petits mouvements rythmés, par des sautillements qui sont, croyons-nous, la représentation de la danse primitive.

La danse aux flambeaux exécutée lors des mariages princiers, à la cour de Prusse, est probablement un vestige de cette danse primitive. Il en est de même des danses des prêtres d'Osiris, de celles des Indiens, des Chinois, etc., exprimant les divers mouvements des astres; la danse était donc par excellence le culte de la lumière.

Et d'ailleurs le mot annamite *nhay*, feu, scintiller, etc., signifie encore, en effet, sauter, danser. La danse, en latin, se dit de même *salire*, *saltare*; les prêtres du culte du feu et de Mars (dieu de la danse) s'appelaient les *Saliens* (les Sauteurs), etc.; là encore, on trouve que la danse signifiait : ce qui se rapporte aux astres, au serpent; *sa*, dans presque toutes les langues.

L'analogie n'est-elle pas également complète entre les mots *brûler*, *briller*, *jour* (*dio*, *dya*, en sanscrit), les

Procession du Dragon chinois (suite). Le *Long* ou Dragon.

mots *jeu, joie, jouer* et le mot *dieu* [1]. Et, en effet, la clarté des astres éclatant tout à coup au milieu d'épaisses ténèbres, le retour périodique de la lumière du jour mettant fin aux terreurs et aux angoisses dans lesquelles le plongeait le cours d'une nuit qu'il pouvait croire éternelle, amenaient chez l'homme primitif la joie et la gaieté dont les manifestations furent les premiers jeux, les premières danses. Ainsi, en bambara, ciel et danse s'expriment par *san*; au Dahomey *dan* signifie serpent, jouer, danse; enfin, en langue amharique, *baal*, dieu, soleil, signifie encore fête.

Autre exemple : *nart* signifie, en sanscrit, danser; la signification primitive de ce nom, dit Larousse, est inconnue. Nous la trouvons dans le mot *nar*, feu, soleil, maure et arabe; c'est une altération à la fois des mots *gna*, foyer, en annamite; *ignis*, en latin, et du mot *ar*, astre, soleil, etc.; on a donc *nart* : formé de *te* ou *se*, chose, en annamite (comme *se*, de danse); et *nar* ou *dan*, qui se rapporte au soleil, à la divinité. A rapprocher également le mot *bal* et le grec *ballo*, lancer, de mots tels que *ba*, Baal, désignant une divinité. Dans ce cas encore, l'annamite nous vient en aide pour découvrir l'origine des mots, car,

---

1. Le mot latin *jocus*, jeu, est, selon nous, composé de *cou*, culte; *Jovis*, du soleil. De même, le mot ouolof *fetch*, danse, a certainement la même origine que les mots fête, fétiche, fée et feu. Un autre mot ouolof *foo*, s'amuser, jouer, et le mot bambara *sangué*, même sens, dérivent des mêmes vocables que *focus* et que sang (rouge comme *sa*, feu). Le mot *ludere*, jouer, contient le vocable *lu* (annamite *lua*, feu), générique des mots exprimant les idées de feu, lumière, etc. Enfin, les mots qui, dans les différentes langues, signifient chant, ont le même radical que les mots signifiant lumière, éclat, feu, blanc, chaud, etc. Tels sont les vocables : *ca, cantus, kana, gâna, hât, utaï, zingen, sing* (comme *sin*, lune, en sanscrit; d'où *Sinenses*, les Chinois, gens au teint couleur de lune, comme les Pélasges); *alma, ranna* (comme *ran, zan*, etc., feu; comme *rana*, la rainette, la chanteuse); grillon, cigale, etc.

dans cette langue, le mot *balle* se dit *dan*; bal, et en général toute cérémonie superstitieuse sont exprimés par le mot *dam*; le mot danse se dit : *dam*; *dan* est l'autel en pierre des Annamites pour le culte des génies; et les mots *nhay-dan* signifient danses des bonzes annamites. Il y a là un ensemble d'expressions, d'analogies de sens et de sons qui confirment pleinement, ce nous semble, les étymologies que nous venons de donner.

De même, en mandé, on a : *daouolo*, denture; *dôo*, jour et danse; *dolo*, étoile; *dié*, blanc; *douniaré*, brillant; *dournou*, dense; on retrouve dans chacun de ces mots les racines *da*, *do*, *di*, qui entrent dans un grand nombre de mots mandé, où ils expriment une idée de supériorité, de culte, etc. : ce sont les mêmes racines que les vocables *dev*, *div*, *do*, divinité, en sanscrit et en annamite; *do*, rouge, en ann.; *doue*, dieu, en breton, etc.; que nos mots doré, aduler, adulte, adorer, etc.

Nous pourrions démontrer de même que les mots qui signifient poisson, en plusieurs langues, ont également la signification de blanc, brillant comme l'argent, comme la lumière du soleil; c'est le cas du mot *piscis* (de *pis*, animal, chose; *ci*, qui brille); *arraï-na*, poisson, en basque (de *na*, être; *arraï*, feu, blanc); de l'annamite *ca*, poisson, même sens que *cha*, *ka*, *kha*, etc., racines qui ont servi à former un grand nombre de mots ayant le sens de chant, de blanc, de chaleur : *calor*; *khalis*, argent, en ouolof; *chaux*, etc. Nous avons encore *djien*, poisson, en ouolof; comme *djante*, soleil, et *djian*, serpent, astre, dans la même langue; etc. Enfin un certain nombre de mots signifiant *os* (chose blanche), ont en même temps cette signification de soleil, feu : ainsi, le mot peulh *djal*, os, est dans ce cas; le mot *dé* (à jouer), de même; le mot grec *kokalo* n'est autre que le mot mandé (*ko*, cela; *kalo*, lune); *ben, bein, bone*, os, en anglais, en all., etc., ont le même radical que *ba, ben*, etc., blanc, soleil, l'unité (comme le soleil) en diverses langues.

So, exactement *seu*, en annamite, a aussi cette signification de : élevé, crâne, etc., dessus, sur, unité, comme le soleil, comme les mots *seul* et *solitaire*.

Mot, un, en annamite; *monos*, seul, en grec, sont dérivés des mêmes radicaux signifiant : élevé, suprême, en saillie, etc., qui ont formé mont; *mosu, mund*, etc., lune (objet isolé, unique, élevé), en différentes langues.

Origine des significations dérivées de la phonétique S, X, etc. — Reprenons le vocable *xi*. — *Xi, xé, xa, x*, etc., sont des altérations du son produit par le sifflement du serpent et, en général, par tout souffle [1]; dans les écritures primitives, phono-idéo-graphiques, ce son était représenté par les lettres S (*esse* ou *seu*) et Z (altération de *s*), lesquelles, en outre, figurent et les replis d'un serpent et le zigzag de la foudre. Les lettres équivalentes *t, ts, dj, d*, figuraient de même (dans l'écriture égyptienne) un trait sinueux, une sorte de ver de terre ou de petit serpent (en annamite, ces mots ver, chenille, serpent, crocodile, sont tous exprimés par la phonétique *sa* ou *xa*).

Les premiers hommes adoraient les forces naturelles et

---

1. Les mots annamites *sa*, flèche, *san*, chasse, rendent le sifflement produit par le trait; les mots flèche (*se*, chose; qui produit le bruit *fle*), souffle, flair, flamme, fleuve, effluve, etc., sont des onomatopées de même ordre. *Sao* signifiant aussi étoile, en ann. et en mandé, il y a, ce semble, un rapprochement à établir, entre l'étoile filante et la flèche, de même qu'entre le serpent *sa*, dans ces mêmes langues, et la foudre, feu paraissant tomber du ciel comme un astre (foudre se dit au reste *sét*, en ann., et tonnerre, *sam*).

ÉTUDE DE LA PHONÉTIQUE X, XA, XE, ETC. 123

confondaient, dans un même culte, la lumière solaire, la voie céleste, le fleuve lacté, l'éclair et la foudre, un corps céleste quelconque, le feu terrestre, image du feu du ciel, le serpent, personnification de la foudre, de l'éclair, de la chose qui déchire, qui blesse, qui tue, etc. [1].

1. M. de Groot donne, de son côté, de la cause qui a pu engendrer la légende du Dragon, l'explication ci-après qui paraît plausible, mais n'infirme nullement les rapprochements que nous venons d'établir. « Il y a eu vraiment une époque où *Spica*, de la Vierge, l'étoile dont les Chinois font la tête de la constellation du *Dragon*

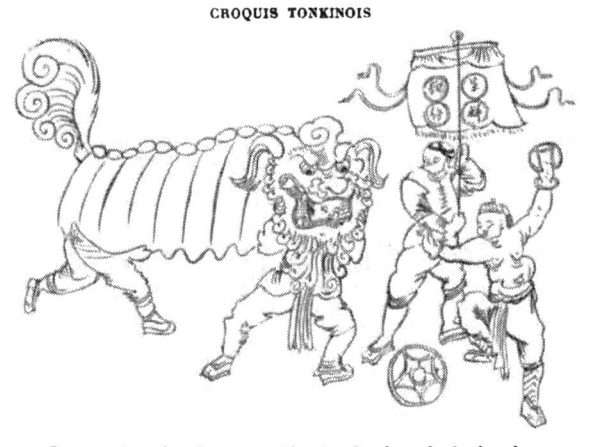

CROQUIS TONKINOIS

Procession du Dragon chinois. Le jeu de la boule.

bleu, se montrait au commencement du printemps à l'horizon, en même temps que le soleil; et où à mesure que la saison progressait, on voyait chaque jour quelque nouvelle partie du monstre céleste apparaître au bord du ciel en même temps que le roi du jour. Cette époque, que le docteur Schlegel, en se fondant sur la précession des équinoxes, fait remonter à environ 160 siècles avant notre ère, aurait, d'après lui, donné naissance aux dénominations en majeure partie encore existantes de la sphère chinoise. Si cette hypothèse est juste, il faut attribuer aux traditions astronomiques de l'Extrême-Orient, et par conséquent aussi à la race chinoise actuelle, un âge aussi grand, si ce n'est plus grand, que celui de

Les divers effets du feu, éclat et aussi éclatement,

l'homme antédiluvien de l'Europe! » Le Dragon serait ainsi une réminiscence des grands sauriens des temps géologiques, dont la ressemblance avec la constellation dont il est question ci-dessus aurait frappé non seulement les peuples de l'Extrême-Orient, mais encore les Hindous, les Égyptiens, les Perses, les Juifs, les Esquimaux, etc., dans les mythologies desquelles existe le Dragon.

Les Chinois et les Annamites représentent, dans leurs dessins,

CROQUIS TONKINOIS

Procession du Dragon chinois.

deux Dragons qui se disputent un astre, soleil ou lune. Un spectacle analogue a lieu lors des grandes processions chinoises du Dragon, dans lesquelles un homme tenant au bout d'un bâton une boule, remplacée la nuit par un globe lumineux, excite le monstre. « Le porteur de cette boule — écrit encore M. de Groot — la fait s'incliner tantôt dans un sens, tantôt dans l'autre, et la tête du Dragon en suit les mouvements comme s'il s'efforçait d'engloutir le globe de feu. Cette lanterne représenterait-elle peut-être le soleil du printemps, d'il y a 18 000 ans, et ce Dragon en toile serait-il la reproduction azurée de la sphère céleste chinoise, dont la tête, c'est-à-dire l'étoile *Spica*, à la même époque si reculée dans la nuit des temps, se levait et se couchait en même temps que le soleil du commencement du printemps? Le phénomène astronomique d'alors pouvait réellement se décrire comme un Dragon s'avançant

déchirement, chaleur bienfaisante et aussi ravages, brûlures, etc., les effets de la foudre, soit bienfaisants comme précurseurs de la pluie, soit destructeurs ; les étreintes mortelles des gigantesques serpents des premiers âges, ou les effets des morsures des serpents venimeux, étaient ainsi rapportés à la même cause, à la même puissance, tantôt éclatante de lumière, bienfaisante ; tantôt malfaisante, obscure, ténébreuse; tels sont : le diable des Indiens, représenté par le serpent *Sisciah*, l'emblème d'une puissance qui est employée tantôt au bien, tantôt au mal ; les deux anges *Samaël* (l'un bon, l'autre méchant), des cabalistes; tels sont les esprits *ma*, des Annamites (en annamite *ma*, esprit, diable) et *Mas*, des Égyptiens; les génies *Satan*, *Titan*, etc.; les animaux nuisibles, tels que les serpents, les crocodiles, etc., dont les noms contiennent tous, ainsi que nous l'avons dit, l'un des radicaux *sa*, *xa* ou *xi*, feu, éclair.

Les variations phonétiques, conséquence des altérations de sons, de transpositions de lettres, etc., auxquelles ce son *x, z, s, dz*, a donné lieu, sont considérables dans toutes les langues : *x, xa, sa, xé, xi, dza, da, ra, ri, la, ta; so, zo, do, djï dz; tch, sk, gh, ks, che, as, ax, ag, aque*, etc., et partout l'on retrouve l'idée originelle qui a présidé à leur formation : serpent, éclair, feu, être puissant, bon ou méchant, divinité, chef, et toutes les idées dérivées de celles de force, de puissance, de lumière, d'éclat, de chaleur, d'effets produits par chacun de ces éléments, par la foudre, etc.

Associé aux différentes voyelles, à d'autres consonnes,

---

de plus en plus à la poursuite du soleil et finissant par l'engloutir ; et si les processions qui se font encore aujourd'hui en ont été originairement une reproduction, l'imagination reste stupéfaite devant l'immense série d'âges à travers lesquels elles se sont maintenues. »

ce son originel *x* a servi ainsi à former un certain nombre de racines qui ont donné naissance, chacune, à une série de mots tous relatifs, de près ou de loin, à ces mêmes idées ou à ces mêmes effets.

Leur étude approfondie serait celle de la formation même d'une partie du langage humain; nous nous bornerons à signaler les plus importantes de ces racines et quelques-uns de leurs dérivés, dans le but de faire ressortir les relations étroites qui existent entre l'annamite, les langues indo-européennes et les langues sémitiques. Bien plus, à notre avis, l'annamite peut fournir une clef grâce à laquelle nombre de passages de textes de la Bible, d'ouvrages de l'Inde antique, d'inscriptions de l'Égypte, de mythes de la Grèce et de Rome pourront être mieux compris, et certaines légendes, enveloppées encore de mystère, recevoir une explication plausible.

Nombreux dérivés de Sa, xa, etc. — *Sa, xa, xé, so, xo, cha, chia*, etc., ont une signification générale d'éclat, de chaleur, de chef, de régner, etc., et de fendre, couper, briser, déchirer; ces dernières significations se rapportant aux effets de la chaleur qui féconde (en ce qui concerne les êtres animés aussi bien que les choses), qui brise le germe, qui fend la terre, ainsi qu'à l'outil qui divise le sol, à l'arme qui brûle, qui blesse, qui tue, etc., et enfin à l'homme fort, au guerrier, au chef qui fait usage de cette arme. A ces mots correspondent, en annamite, la racine *so* ou *seu*, chose, dont nous parlerons plus loin; c'est l'origine des mots soleil; *shou* ou *sôs* (le lumineux), nom du Dieu solaire des Égyptiens, etc., et des mots : *xa*, loin; *sao*, étoile; *sang*, luire, éclair; *san*, couper, produire, engendrer; *xa*, flèche (à rapprocher de Saturne, le *Sagittaire*, représenté aussi par une serpe);

san, chasser; *sac*, briser, rompre en deux, aiguisé, tranchant; à rapprocher de *sahs*, couteau, glaive (ancien allemand); *sax*, en scandinave; de *saga*, scie (en allemand); de *sabre*, de *saper*, *saquer*; de *sakka*, fendre, couper, en arabe; *sakkin*, couteau, en hébreu; *sagaie* ou *zagaie*; de *saou*, en annamite, méchant, mauvais; *sale* [1]; de *sace*, de *saccager*, de *çak* (en sanscrit : être puissant, fort, etc.), de *seken*, fendre le sol, labourer, en copte; de *securus*, hache; de *serra*; scie; de *sech*, soc, herse, en haut allemand; la racine première étant, en annamite, *sa*, *xa*, *se*, etc., serpent, blanc, feu, fort et aussi

---

[1]. Ce mot *saou*, *sau*, qui, en annamite, a également la signification de six et de sale, de derrière, après, est le mot qui a servi à désigner le chiffre *six* dans les langues aryennes; *six*, le nombre qui suit, celui qui vient après que l'on a fini de compter les cinq doigts d'une main. Le mot *bay*, qui signifie *sept*, en annamite, et *béche*, en ouolof, nous a mis également sur la voie de la manière dont le nombre sept a été formé; il suffit de comparer *sete* (sept, en plusieurs langues) avec *cetheu*, bêche, en annamite, et qui n'est autre que la hache, la charrue (*cœltès*) des Celtes; *siete*, sept en espagnol; *sieben*, en allemand; *syr*, en danois, avec les mots signifiant *scie*, ciseau et objet tranchant et primitivement *soc*, charrue, bêche, dans nombre de langues. Le chiffre 7 figure, en effet, la bêche primitive. Reprenons le vocable *saou*. L'idée de : qui excède, qui dépasse, surpasse, etc., contenue dans ce vocable, est exprimée d'une manière plus nette encore par un autre mot annamite, *qua* ou *qui*. Dans cette langue, ces vocables ont cette signification de : au delà; qui dépasse; supérieur, etc.; ce sont, pour employer un terme annamite, des *superlatifs excessifs*. Le mot *qua-ter* signifie, ainsi, exactement : qui dépasse le nombre *trois*, le nombre cabalistique au delà duquel certaines tribus sauvages ne peuvent pas compter; le nombre par excellence; idée qui est contenue encore dans nos mots *pa-ter*, le père, le nourrisseur par excellence; *fra-ter*, l'ami, le compagnon par excellence; dans nos mots triage, tribunal, patrie, patron, éternité, etc., *très*, *ser*, *der*, autant de superlatifs.
De *saou* (annam., *ou*, être; *sa*, assez, rassasié), rapprochons saoul; italien, *assai*; *satis*, assez, trop; ouolof, *saï-saï*, méchant, comme l'ann. *saou*. Dans cette dernière langue, *sa*, plein, qui déborde, a donné lieu à *sa*, *saï*, couler, tomber; idées de rapidité que l'on rencontre dans *sa*, flèche; rapide; cheval (significations également de *lo*, *la*, *ga*, *va*, racines de mouvement).

fendre, etc., qui a donné naissance, entre autres, au terme ouolof de *saga*, terme de mépris, de malédiction, faisant allusion aux exactions de la race de *Sa*.

A ces vocables correspondent encore en sanscrit : *sagh*, couper, rompre ; *sa* et *só*, détruire, jeter, lancer ; en français : sabéisme (adoration du feu, culte des astres) ; Sabéens, peuple habitant un pays réputé par le grand nombre de serpents qui s'y trouvent (*sa*, serpent ; *ba* ou *bé*, beaucoup ; *béo*, en annamite) ; sable (*sa*, en annamite) ; *sac-charum* (sucre) ; *sal*, sel (de couleur blanche) ; saluer (idée de vénération, de respect ; *xa*, en annamite) ; sacré, saint, sage, sain, salubre (pur, clair, comme le mot *sach*, pur, en annamite ; les mots pur, feu et lumière s'exprimant dans les différentes langues par le même terme) ; saphir (brillant comme le feu) ; saur (de couleur jaune, doré) ; safran (arabe *zafaran*) jaune, même mot que *safara*, feu, en ouolof ; que phare, que *Pharan* (Franc).

De même, de *xi* viennent à la fois : scythe et ciseau, *cisium* (char) ; *sikkat*, soc, et *sikkin*, couteau, en arabe ; *siki*, broyer, en copte ; sillon ; *scytale* (genre de reptile) et bande enroulée en spirale sur un bâton ; *siwa*, poignard malais ; *sicel*, faulx, en anglo-saxon ; *hicel*, serpe, en kymrique ; *silex*, *sira* [1], pierre, arme primitive, objet qui

---

1. A rapprocher les mots : armoricain *karrek*, et erse *carr*, rocher ; persan *charâh* et arménien *char*, pierre, etc., des mots *char* et *charrue* ; le soc de la charrue primitive était fait, en effet, de pierre dure et le mot qui désignait cet instrument, cet outil agricole, servait également à désigner la race qui s'en servait. On a ainsi : *cœltès*, soc de pierre et les celtes. On a : *jade* et les *Djats* ou *Gates* ou *Gètes*. On a encore *grès*, pierre, de couleur blanche et les *Grecs*, et aussi divers objets de couleur blanche : *grêle* (*kara*, en sanscrit ; *karkara*, dur, gravier, sucre, et *karka*, blanc, dans la même langue). On a de même *Karl* ou *Kaël*, nom désignant, chez les Scandinaves, les *Gaël* ou Gaulois. On a aussi *kal*, couleur blanche, en persan ; *chalix*, chaux, en grec ; *khalis*, argent, en ouolof, etc., autant de noms désignant les Galli et probablement aussi les Chaldéens.

blesse, et, en annamite : *sat*, fer; *sat*, qui tue ; *sam* et *set*, tonnerre, foudre ; *xam*, piquer ; *xat*, hacher ; *cat* et *chat*, couper, châtrer; *chang*, ciseau ; *xe* et *xa*, char, primitivement instrument de guerre, de course, et aussi charrue, qui divise, qui défonce (la terre); *xé*, char et, par extension, chaise (en annamite, *ché*); *ché*, fendre ; *chia*, séparer, diviser; *chen*, décapiter, fendre [1]; *chich*, saigner, sans doute comme *xich* (qui est rouge); *che*, protéger; *cha*, père, roi, dieu, chef comme le *schah* de Perse; comme *chan*, supérieur, et *chan*, montagne, en chinois; *chay*, brûler, torréfier ; *chan*, paître; trois racines qui sont une altération ou, tout au moins, ont une composition analogue à la racine *pa*, père, chef, paître, protéger, nourrir.

De *xé* et de *xi* viennent : *Cérès*, la déesse de la charrue ; de l'agriculture; des céréales; la déesse qui laboure (comme le mot sémitique *kârats*, fendre, couper), appelée aussi *Da* et *Dia* (c'est le mot *da* ou *za*, feu, lumière); Cybèle, dont le troisième nom, *Demeter*, la déesse mère, la déesse noire des Grecs, est un véritable mot annamite. On a, en effet, dans cette langue : *de*, mettre au monde, et *dê*, roi du ciel (comme *Deus*); *mè*, mère, et *ter* ou *tren* (trois), idée de supériorité, d'excellence, comme *très* : *Demeter*, la déesse, mère par excellence; de même, on a aussi, en annamite, *dem* et *den*, noir, nuit (la déesse noire). Quant à *Gaïa*, c'est le mot ann. *Gaïa*, terre, antique.

De *xe*, *xa*, etc., viennent encore, en ann. : *xeo*, *xen*, couper, comme *secare*, sécateur, serpe; *xo*, déchirer, la-

---

1. Les mots annamites ci-dessus : *xé, ché, chia*, etc., sont à rapprocher des mots français : déchirer, déchiqueter, déchiffrer, chiffon, etc.; allemands, *scheren, schere, skerran*, couper, ciseaux; danois, *skiere*; anglais, *share*; italien, *stracciare*, diviser, lacérer, etc.

cérer; *xoc*, ficher, enfoncer (c'est notre mot *soc*; le mot kymrique *hoc*, serpe).

Dérivés de la phonétique sa, xa, xi et de ses altérations za, dza, ra, ri, etc. — Aux mots *xi*, *si* ou *chi* se rattachent : *Sios*, ou *Dios*, génitif de *Zeus* ou *Theos*; l'annamite *chia*, déchirer ; les mots *scie*, *sitis*, *siccus*, *schisme*; les *Chiites* ou *Schyites*, le sanscrit *kshi*, rompre, détruire, et *khsuri*, poignard; *xiphos*, épée; *khi*, *kiem* et *kim*, armes, glaive et or (métal, en annamite); *zinc* (métal blanc); *zinn*, étain (*tin*, en anglais); les mots annamites *thiec*, étain; *thien*, ciel, mille; *tinh*, étoile, pur cristal; *thieu*, brûler; *thien* [1], châtrer, couper; *thiu*, fer, dommage ; et les noms propres synonymes, tels que Titans ou Satans; les *Thyades*, prêtresses de Bacchus; *Est*, *Vesta*, du grec *æstuo*, *bacchor* : brûler, été; *estia*, foyer (ann. : *se*, chose; *thi*, feu); *Sidon* (forteresse renommée) ou *Tsidon*, aujourd'hui *Saïda*; *Tibur* ou *Tivoli*, ville puissante (*ti* ou *ty* étant une altération de *xi* ; et *bur* signifiant bourg), *Tyr*; *Tsor*, *Sour* ou *Sarra* [2]; *Sicile* (le pays du feu); *Cyclopes*; les *Sylphes*, divisés en trois légions commandées par *Damalech*, *Taynor* et *Sayanon* (trois noms *da*, *ta*, *sa* signifiant feu, serpent, chef); *Syrie*, appelée par les Turcs, *Cham*, c'est-à-dire pays de la chaleur, du feu. Tous ces mots *cy*, *zi*, *zo*, *sa*, *ser*, *her*, *ther*, *ta*, etc., etc., sont en effet des synonymes, comme le prouvent encore *Thermia*, île des Cyclades, appelée

---

1. Comparez le mandé *tili*, aurore, soleil, verser; ouolof *tille*, chacal (de couleur fauve), et nos mots *stella*, étincelle, scintiller, etc.
2. Tyr était appelée par les Phéniciens et par les Hébreux *Tsor*, mot qui, dans ces deux langues, signifie rocher et place qui est forte par sa situation. Les Arabes appelaient cette ville, *Só* et *Sour*. En ann., *Só* signifie crâne, élevé; mêmes acceptions au sens figuré. De plus, *so* et *ty* renferment le sens de soleil, feu.

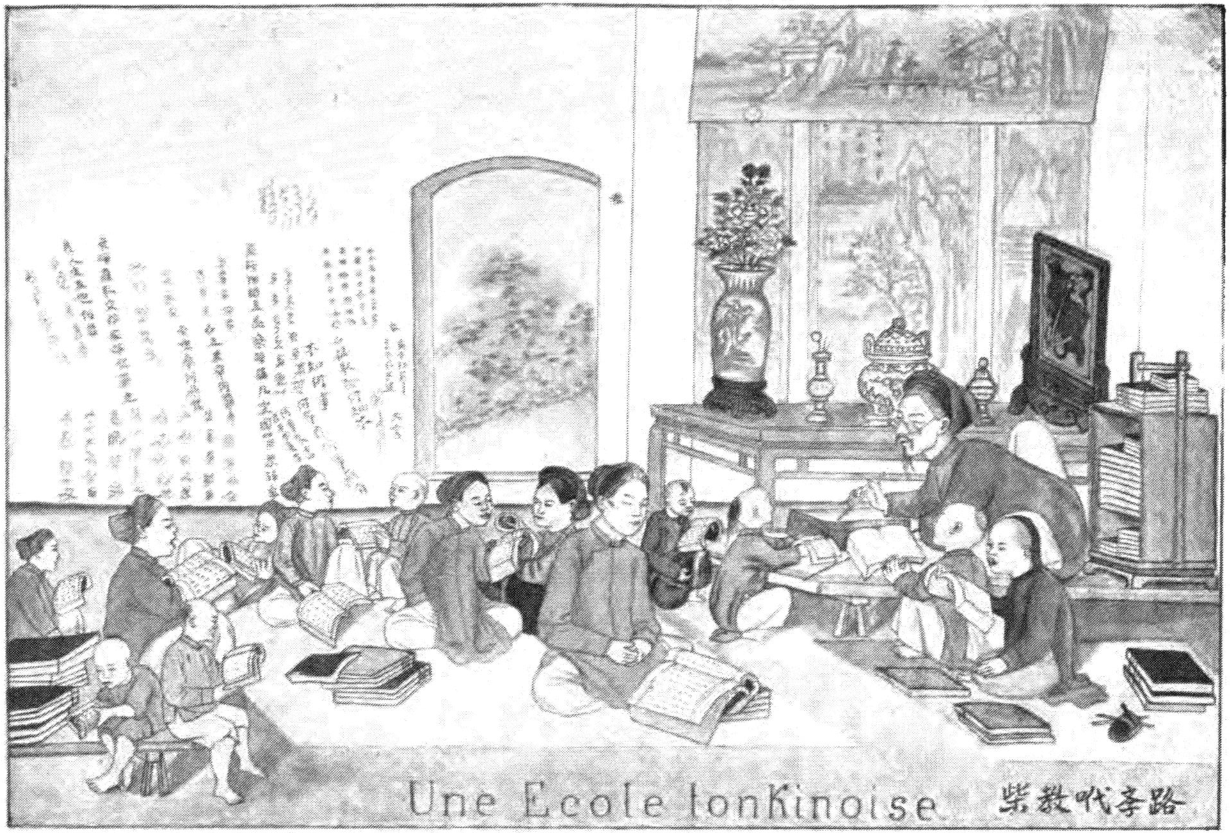

Une Ecole tonkinoise

anciennement *Cythnos*; *Syra*, chef-lieu des Cyclades, appelée *Hermopolis* par les Grecs; *Hermès*, Mercure, que les linguistes donnent comme la traduction exacte de *Sarrama*; *Tanis*, lieu de naissance de Moïse, appelée aussi *zoan*, puis *San*; *zéa* ou *zia*, autrefois *Céos*, l'une des Cyclades; *Cécrops* et *Thésée*, dénomination du soleil; le géant *Ceos* (la voûte céleste); *Zara*, ville de la Dalmatie [1] (sans doute l'éclatante, la brillante comme *Sara*) dénommée *Alba maritima* (la blanche, la brillante), par les Romains; les mots *Saül*, *Salomon*, *Saba*, *Saïs* et ceux commençant par *Syra*, *Sola*, *Sama*, *Sara*, *Tara*, *Saxe*, etc., qui contiennent l'idée de chef, éclat, grandeur, etc., comme dans les mots : *Samara*, rivière sainte; *Samalie*, oiseau du ciel; *Samanhout* ou *Djemnouti*, ville de la basse Égypte; *Salamine* ou *Sciras*; *Schabatt* ou *sabbat* (fête, culte), comme *Sabadius*, épithète de Bacchus, le brillant, le vénéré; *Samson*, l'Hercule des Israélites, dont le nom hébreu *Schinschon* signifie soleil; *zan* ou *Jean* ou *Gian* (en annamite : géant, génie); *zang* ou *zeen* désignant une espèce de chêne (arbre blanc), comme les mots annamites *dzang* ou *dzac*, aubier, bois blanc, et *dzè-se* ou *zdè-sang*, chêne; *zébou* (animal vénéré, précieux); *zenghian* ou *zandjan*, ville de Perse; *zénith* (lieu du feu); *zagrée*, dieu crétois (sans doute : *za-gour*); *Zaide*, *Zaïre*, noms de femmes

---

1. Dalmatie, ou dzalmat, ou daalmat (*da*, beaucoup; *alma*, blanc) devait signifier ordinairement : homme blanc; le mot *alma* contenu dans Dalmatie permet de le supposer. Le nom de la vieille église de Toulouse, la Dalbade (*dealbata*, blanche), est composé de vocables similaires : on sait que cette église a pris son nom des aubiers qui ombrageaient la rive sur laquelle elle fut bâtie. Or, *dac* (*dzac*), en annamite, signifie : aubier, bois blanc; on a aussi *dza nhon*, homme des bois; cette dénomination ne viserait-elle pas les tribus de l'Indo-Chine telles que les *Dja-raï*, les *Charaï*, etc., désignés par les Annamites sous le nom de sauvages blancs?

synonymes de *Sahra*, la brillante ; *Zaen*, *Zagéen*, noms de rois ; *Zana*, ville d'Algérie, la *Diana* des Romains ; *Zarine*, reine des Scythes, tous noms qui ont la même origine que *sar*, *César*, *tzar*, etc. ; *zara*, or, en zend ; *Saraswati*, déesse de la mythologie indoue représentée vêtue de blanc ; *Xante*, autrefois Zacynthe, fondée, ainsi que Sagonta, par Zacynthus, mots dont la racine est *xanth*, briller, étinceler, brûler, jaune ; *zemes*, dieux ou esprits malfaisants (des Antilles), (de l'annamite *dam*, *tan*, *dzan*, ou *dzên* ou *dze*, opprimer, presser, écraser, causer du dommage) ; les mots *her*, *hir*, *har*, *ser*, *so*, *saur*, *zara*, *zer*, *zo*, *zor*, seigneur, or, feu, ce qui est jaune, ce qui est fauve, vert, étoile, rayon de lumière, soleil, lune, etc., dans différentes langues ; le mot *zeo*, bouillir, brûler, comme *zo*, feu, en dahoméen ; *ho*, feu, en annamite ; *pho* ou *fo* (*focus*), four, etc. ; les mots français : *zain*, fauve ou brûlé (et noir) ; *basané* (*ba-zan*, très bistré, hâlé, brûlé) ; *alezan*, tout fauve ; *balzane*, taché de blanc, mots qui possèdent la même racine que l'on trouve encore dans les mots zende : *Zoroastre* ou *Zarath* ou *Dâraga*, nom du père de Zoroastre ; dans *Zanzibar*, côte, baie des *Zangs* [1] (*zan*, *zen*, *zo*, *za*, *da*, etc., étant synonymes).

Il est difficile de nier la grande analogie qui existe

1. Zanguebar, Zanzibar se décomposent, en annamite, en *bar* ou *baï*, côte, baie ; *gué*, *ké*, *ki* ou *dzi*, autant de mots signifiant gens (gens de *zan*) et aussi abandonnés, méprisés ; *zan*, au teint basané, au teint brûlé, bistré. *Dzang* a encore, en annamite, le sens de feindre, faux. Notons la similitude de sens avec le mot grec *zanklé*, faux ; avec le mot arabe *zendik*, impie, homme sans foi (*ké*, *zen*, *di*), dans lequel nous retrouvons le vocable annamite *di* ou *dzi*, méprisé ; et enfin avec les mots : Mandé, mentir, mendiant, etc. Un trait caractéristique commun aux tribus mandé et zende est cette sorte d'aversion dont elles paraissent avoir été l'objet de la part d'autres races ; ces tribus étaient sans doute des tribus, par excellence, de nomades, de colporteurs, de trafiquants, qui se transformaient, à l'occasion, en pirates, comme le faisaient les Normands du moyen âge et les Sarrasins.

entre ces différentes significations attribuées, dans toutes les langues, à ces mots *xi, xa, xan, zo, san, dan, zan, ran, tan,* qui ne sont que des altérations des mêmes vocables.

La racine commune est *da* ou *za* ou *sa* ou *ra* (ces lettres *r, d, s, z* se prononcent *dz*, au Tonkin) : nous avons déjà indiqué l'origine de *sa*; quant à *da* et à *ra*, nous retrouvons :

1° La signification générale du mot *sa* dans ces mots annamites : *da* (idée de grandeur, de vénération), puisque Jésus est traduit, en annamite, par *da tô* et que l'on a *dao*, religion, culte, prier; *dê*, empereur, roi du Ciel (c'est le mot sanscrit *div, dev,* etc.); *da*, beaucoup (idée de quantité, de supériorité), d'où *daï, dac,* et *dam*, grand pouvoir, palais, solide, dense (le mot *daï*, grand, puissant, n'est autre que le mot arabe *dey* ou *daï*, chef de gouvernement, dans cette nation, ou les mots japonais *Daï*, chef; *Daï But*, grand Dieu); *danh*, renom, gloire, sommet; *dan*, épais, serré, dense, troupe, peuple; *dang*, parti, bande, troupe; *dan* et *danh*, frapper, battre, presser, opprimer (caractère du pouvoir); *dau*, étoile, constellation, tête, principe; *dan*, matin, jour; et autel des Annamites ayant la forme d'un *dais*; *dang*, lampe, voie, pouvoir; pronominal des personnes élevées en dignité [1].

---

[1]. Nous avons déjà fait ressortir les analogies entre les mots annamites, dahoméens et provençaux *daou*, tête, hauteur, en haut; *da*, ventre, en annamite, et ventre, en dahoméen, et, par extension, cavité, trou, demeure, ville, sens que l'on trouve dans les mots mandé, ouolofs et arabes : *da*, trou, gueule, porte, antre, récipient, etc.; *dar*, ville, en arabe et en ouolof; *dardorot*, demeure éternelle, en égyptien; *dara, tara*, caverne, antre (comme le Tartare), et dans les mots annamites : *dang*, maison, demeure; *dâu*, demeurer; *dao*, couteau et creuser; *day*, bourse, nasse. A rapprocher du mot damier, c'est-à-dire casier; du mot *dans*, qui marque l'état et qui signifie aussi : à l'intérieur de; de *dague, dard*. A rappro-

2° Des significations analogues : dans le mot annamite *ra*, créer, produire, le créateur par excellence ; racine, raison, principe de toutes choses et aussi comme *sa*, chef, feu, séparer, arracher, sortir et ce qui sort, etc. ; dans les mots sanscrits *rav*, *ray*, *rêg*, jaillir, brûler, briller, être éclatant ; dans les racines *ra*, *ran*, *rhi*, *ru*, etc., marquant le mouvement, la course ; désignant les races nomades (*reis*, voyager, en allemand) ; les races riches (*rik*, *rig*, *reny*, *rany*, en plusieurs langues) ; les races supérieures, honorées (*reiks*, honoré, digne, en gothique), etc. ; dans les

cher également le *da*, oui, des Annamites, de notre locution d'aquiescement *oui-da* ; à rapprocher le mot *da*, déjà, de ce dernier mot (déjà) qui peut se prononcer *dza* ; et le mot annamite *dza*, pierre, de notre mot *dalle*. A rapprocher enfin l'expression allemande *Ver da?* qui est là ? des mots annamites *dau*, demeurer, être ; *daou*, où ; ainsi on a : *di dau?* Où allez-vous ? qui a le même sens que *Ver da?* et *o dei*, ici ; même sens que *hodie*, aujour d'hui.

Les rapprochements qui précèdent nous donnent la clef d'une série d'analogies remarquables que présente la formation, dans différentes langues, des mots ayant le sens d'ouverture ou trou, de demeure, et de mots signifiant : où, dans, être. Les uns et les autres expriment une idée générale d'état, de station, en un lieu, à l'intérieur de, chez, etc.

Ainsi : 1° L'expression grecque *na in*, être, comprend les deux vocables *na*, être, et *in*, dans, à l'intérieur de ; elle paraît être composée de deux mots qui sont la répétition d'une même idée. Ce mot *na* est le mot *na*, être, des Mandé ; le mot *la*, être, des Annamites ; le mot *ne* (*ke*), être, des Ouolofs ; l'adverbe français *là*, que l'on retrouve dans notre interjection *holà ?* avec le sens du *da*, du mot *Ver da ?*

2° Les vocables annamites *o*, *œu*, *ou*, être, demeurer, dans, chez, etc., et *ŏc*, maison, sont employés, dans la composition de mots de nombre de langues, pour signifier où, là, être, demeure, ouverture (idée de trou, de cavité, de chambre, de demeure). Ainsi on a : *ubi*, où, en latin ; *ubi* ou *oubi*, ouverture, en ouolof ; *open*, *aperire*, ouvrir, en d'autres langues. On a : *fo* ou *wo*, où, en ouolof ; *wo*, *waar*, *wohnen*, *wonen*, *bo*, *o*, demeure, être, où, en diverses langues. On a encore : *dôve*, *ondè*, *doko*, *o daou*, où, et *da*, *do*, *di*, *sedere*, etc., être, demeure, et *da*, *dor*, *dorbi*, ouvrir, porte, en diverses langues. Enfin, les expressions annamites *o daou*, où ; *o do*, être là, sont composées de vocables *o*, *ou*, *da*, *do*, qui ont tous ce même sens de être, demeure, trou, et que l'on retrouve comme radicaux dans un grand nombre de mots d'autres langues.

Scène d'hypnotis[me]

Au Tonkin, lorsque le malheur s'abat sur une famille, la croyance est généralement répandue que la cause doit en être attribuée au ressentimen[t] éprouvé par l'âme de quelque parent décédé, dont les funérailles n'ont peut-être pas été accomplies en suivant rigoureusement toutes les règles ordonnées par le rituel, où dont le lieu de sépulture a dû être mal choisi.

Quoi qu'il en soit, la famille ne manque pas de faire appel aux lumière[s] d'un sorcier qui s'offre de mettre l'un de ses membres, d'ordinaire une jeune fille, en communication directe avec le parent décédé, pour lui demande[r] la cause de son mécontentement.

me (Tonkin) 柴符水打童帖

Au préalable, le sorcier signe un écrit par lequel il se reconnaît coupable de meurtre, s'il ne réveille pas le sujet du sommeil dans lequel il va le plonger.

Certains de ces hypnotiseurs se font fort, nous a-t-on dit, une fois leur sujet endormi, de l'immerger et de ne le retirer de l'eau, pour le réveiller, qu'après une station de plusieurs heures.

Dans la scène qui est reproduite ci-dessus, une jeune fille est endormie, en présence de toute sa famille, par l'hypnotiseur, reconnaissable à la petite baguette d'encens enflammée qui est fichée au-dessus de l'une de ses oreilles et que le sujet doit fixer au début de l'opération.

altérations de ces racines : *rish*, briser, broyer; *rag*, frapper, etc.

On retrouve l'un de ces sens de *ra*, *rhi*, *ru*, etc., dans tous les mots : *race*, *rayer* (diviser); latin *riga*, sillon; celtique *rega*, labourer; *rai* ou *rais*, *rayon* (jet de lumière); rançon, *rancio* (de couleur d'or); *rajah*, de la race, de la nature des *dja* (dieux); rang, rablin ou rab (maître; *rayis*, chef, en arabe); rafraîchir, râfler, rafale : qui produit la fraîcheur, qui produit le bruit : *fle* ou *fale*, imitation d'un vent violent qui enlève tout sur son passage; dans le mot *ran*, serpent, commander, etc., et dans le dieu égyptien *Râ*, qui désignait le corps du soleil, c'est-à-dire la source de chaleur, le créateur par excellence; dans les mots : sanscrit, *rag*, *ragan*, roi; *ru*, détruire; *rag*, frapper (pouvoir de celui qui est fort); irlandais, *righ;* kymrique *rhi*; gothique *reiks*, roi, chef, dominer; *rhigaw*, creuser; *rhigol*, sillon, rigole; celtique *rogi*, rompre, déchirer; annamite, *roï*, bâton, arme et insigne de l'autorité, du *roi*; *loï*, dominer, dans la même langue, etc.

La même phonétique *sa*, *ta*, *da*, *dtza*, *ra*, se révèle dans les mots *dah*, *dac*, *das*, briller, brûler, en sanscrit; *dags*, *tag*, jour, en gothique; *ta*, idée de grandeur, et *taï*, blanc (en chinois); *tan*, *tal*, *tap*, qui signifient feu, en annamite, en breton, en ouolof, en polynésien, etc., *tara* et *tanga*, blanc, en gabonais; *taï*, maître, en annamite; on a aussi *talc*, corps blanc; *talg*, gelée, en arabe (comme *sar* a fait glace); *Dagon*, divinité des Philistins; dragon, dague (qui tue); *Dan*, en hébreu, celui qui juge, comme le mot *dam*, seigneur, maître; danger, celui qui cause du dommage; *Dan*, nom d'une tribu israélite (qui adorait le serpent [1]); *daath*, la science suprême des Cabalistes, la

---

1. En effet, la Genèse dit : *Dan* est le serpent....

lumière synthétique; *dara*, souverain, en persan; *dagh*, montagne, en turc; *daron*, vieux mot français qui signifie maître; *dam, dom, don*, même sens; *dême*, en ouolof, diable, démon comme le mot *dêm*, noir, en annamite; *danaïs* (à rapprocher d'argent et d'Argos, tribu de race blanche); *djan, dan, ran*, serpent, en ouolof, en dahoméen et en annamite[1]; *diasi*, crocodile, en ouolof et au Gabon (animal vénéré comme un Dieu); *djaga, djacco*, dieu, diable, divinité, en différentes langues; *Djan*, le père des *Djinn* (créés par la flamme) ou *Divs; Djina*, diable, en ouolof et en mandé; *Djaïna*, ou *Djeina* (adorateurs du serpent); *diana*, étoile du matin [2]; *Dahna*, désert rouge (de l'annamite *na*, plaine, ou *na*, être; *dah*, feu); *Dinar*, brillant comme l'or (de *di*, briller, et *nar*, feu); diamant; *dies*, jour; Iran, Téhéran, Touran, Persan, etc., adorateurs du feu et du serpent et sans doute aussi : races nomades (de *ra*, courir); races blanches qui ont découvert l'usage du feu, comme les Saces et les Daces [3], comme les Thraces (en annamite *tran*, blanc; *tran*, serpent boa; *trai, tra*, force, supériorité, etc.); *Ran*, dieu scandinave; *Dan*, nom de rois de Danemark, etc., etc.

Da, sa, etc., sont également synonymes de *Gha*, de *Kha*, car *Ghan, Khan* ont aussi une signification de brûler, briller; au reste, le mot *Danam*, agneau, se dit,

1. Les habitants du Loango, de l'Afrique occidentale, appellent leur divinité suprême, *Zambi;* c'est évidemment le même mot que le mot dahoméen *Dan-bé*, serpent, soleil; *bé* comme *bi*, idée de supériorité, de vénération, comme béni.
2. En mandé, on a : *diani*, brûler, chaleur; *diara*, verser, couler; *dian*, loin.
3. *Da* et *sa* sont des mots équivalents; *saces* signifiant serpent ou dragon, grand; et *Daces* ayant le même sens. Les Daces, nous l'avons dit, portaient, en effet, le dragon sur leurs enseignes comme emblème du culte qu'ils vouaient primitivement au serpent, c'est-à-dire au feu.

en arabe *ghanam* et en hébreu *saphan*, ce qui démontre la synonymie de ces vocables *da, sa, gha,* etc.

Synonymie des mots kara, sara, tara. — A l'occasion de l'étude que nous venons de faire de la phonétique *x, s, xa, xe, za, da,* etc., qui a servi à former le plus grand nombre des dénominations relatives au serpent, au dragon, au soleil, au feu, etc., nous croyons intéressant d'exposer les résultats des recherches que nous avons entreprises dans le dessein de prouver la synonymie des termes *Sara, Cara, Tara,* etc., et la communauté d'origine des coutumes et traditions relatives au Dragon chinois et à la Tarasque.

Nous avons dit précédemment que *Ronk*, rouge, et rond sont des mots ayant le même radical et qui sont des qualificatifs du soleil. Dans quelques langues, les mots signifiant rouge et rond servent encore, par extension de sens, à exprimer ce qui est de couleur jaune d'or, de couleur de feu et, aussi, ce qui est éclatant, blanc, comme le soleil et le feu.

Ainsi, *Kara*, en arabe, signifie boule, objet rond comme le soleil. On désignait autrefois par caraque (*Ké-cara*), un navire rond. *Kara*, en mandé notamment, signifie rouge, écorché (comme le Blanc), de la couleur de la chair mise à nu. On a aussi, en français : carmin, garance, etc.; carambole (boule; bille; *cara*, rouge); caramel, rouge comme le miel; carapace, objet rond, courbe, comme la calebasse (esp. *carabassa*), comme le scarabée ou carabe.

Chez les Shangallais, *Kuara* signifie soleil et est en même temps le nom d'un arbre qui porte des fleurs et des fruits de couleur rouge de feu, de couleur carotte. Le carabe est une variété d'ambre jaune; caracal est le

Tonkinois jouant de l'argent — par Khanh.

打錢壁

nom d'un mammifère au pelage d'un roux vineux. Le caraco est un rat au pelage roussâtre.

Les radicaux *gara, gar, ga, ca, clar, glas,* etc., ont servi également à désigner des races qui ont comme trait distinctif commun d'être blanches avec carnation tirant sur le rouge, le rose, le bistre et autres nuances du rouge. Tels sont les Ga, Gaël, Calabrais, Callinagos ou Galibis ou Caraïbes ou Peaux-Rouges; gens de race supérieure (*Kara,* dans les Antilles, est un titre de haute distinction, comme le mot grec *Kara,* tête). Tels sont les Caratchaï, peuplade circassienne, très blanche, la plus civilisée du Caucase (*tchaï,* en ann., comme *tcha, cha,* père, dieu); les Caracates, ancienne peuplade de la Gaule; Caraman, bourg de la Haute-Garonne.

Carare est le nom d'un marbre blanc d'Italie, appelé aussi le *luna,* c'est-à-dire blanc comme la Lune, à laquelle on consacrait autrefois l'argent, en raison de la couleur blanche de ce métal.

Caraman ou Karaman, nom d'une ville qui fut pendant quelque temps la capitale de la Turquie, atteste l'origine blanche de ses fondateurs. Ce nom se retrouve dans Caramantran, titre par lequel on désigne, en Provence, le roi du carnaval (*man-tran,* en ann., fort, blanc, supérieur; le Blanc par excellence, le chef)[1]; c'est un surnom donné par les populations de race foncée, aborigènes des

---

1. Le mot *Tarasque* a une étymologie analogue. Un autre animal symbolique de la famille de la tarasque et qui fait partie du carnaval provençal est le *Babou.* En ouolof, *tou-babou* signifie être blanc; la racine *ba, bab,* a le même sens dans nombre de langues. *Babou, babi,* crapaud, en provençal, est un terme de mépris, un véritable surnom dont les autochtones de la Provence ont gratifié la race conquérante représentée par le *Babou,* sans doute la race mongole, à nez épaté, à face de crapaud. De même, c'est par le surnom de *gueule de chien* que les Annamites qualifient quelquefois l'Européen.

bords du lac primitif méditerranéen, lorsque celles-ci reçurent, aux époques préhistoriques, les premières visites de ces Blancs, conquérants, disposant d'armes perfectionnées (*Karab*, arme, en arabe); de carquois, anciennement carcas (*ca*, chose; des *Car*); de chars; vêtus du caraco, du caracalla (antique vêtement du Gaulois); *caratch*, soumis au tribut ou auxquels il fallait payer un tribut, etc. [1].

Le Carnaval n'est autre, en effet, à notre avis, que la parodie des fêtes, coutumes, processions importées par ces conquérants venus par terre et par mer; gens de puissante stature; races de géants : Gaulois, Sarrasins ou Berbères, Tartares, etc., races au teint clair, blanc. *Cara, Sara, Tara* sont, sans contredit, trois noms de signification identique; des altérations du même mot. *Carabin* et *Carabo* ne sont-ils pas, en Bretagne et en Normandie, des noms vulgaires du *sarrasin*, céréale importée par des races d'origine turque ou tartare? *tara* était le nom patronymique de cette colonie africaine de Blancs, les Atarantes ou Atalantes, dont nous parlerons plus loin et qui, d'après Hérodote, maudissaient tous les jours le soleil, à cause des maux que sa chaleur devait leur occasionner; *tàra* est le nom par lequel les Gabonais désignent encore aujourd'hui le Blanc. De même, *tara* signifie, en sanscrit, étoile; comme le mot hébreu *sara*, blanc, éclatant. La racine commune est *ta*, *sa*, *gha*, feu, étoile, serpent, briller [2].

---

1. *Sa, xa, sace, salé, saou,* etc., sont des mots équivalents à ceux qui précèdent et qui se rapportent à la race des *Sa, Sace,* etc.

2. Tous ces mots sont formés par la juxtaposition de l'un de ces vocables, ayant le sens de feu, au vocable *ra* qui possède lui-même cette acception de rayon, de lumière, de feu. Le mot annamite *sang ra*, briller, par exemple, est l'équivalent de *sara* et de *tara*; *sang* étant formé de *ng* (prononcer *gn*), feu, et de *sa*, feu, astre.

Nous ne craignons pas d'ajouter, quelque puérile que puisse paraître notre remarque, que, de même que « Dis donc! » l'interpellation habituelle des Français en pays étranger, a fait donner à ceux-ci, par quelques peuples, le surnom de « Didon », de même les dénominations de Tata, tatar, tartare; celles de Gar, gare, etc., ont pu également servir à désigner des' races faisant fréquemment usage de locutions telles que les interjections ta ta ta! gare! gare! et l'interrogation *quar*, *car*, signifiant primitivement quoi? pourquoi? de quelle manière?

Identification de la Tarasque et du Dragon chinois. — Venons à la synonymie des mots tara, Tarasque et dragon.

Les mots annamites, mongols et chinois, *ta*, feu, blanc, sacré; *tau*, chinois, matelot, navire; *tata*, tente, campement fortifié comme le mot sénégalais *tata*, nous indiquent encore l'origine de ces races : ce sont des asiatiques, blancs, nomades ou navigateurs, des Tartares. Leur caractère de navigateurs, de conquérants ; la terreur qu'ils répandaient sur leur passage, encore marqués par ces mots de diverses langues : *tar*, flotter ; *tar*, traverser, c'est-à-dire dépasser, excéder, mot dérivé de *ta*, supérieur, grec *mèta*; et *tèras*, prodige, de *tar*, *ter*, *tri*, supérieur, en ann. (comme *trans*, au delà); *tran*, *tren*, blanc, etc. ; *tarida, tarta*, arabe *taridah*, russe *tara*, sanscrit *tara*, *tari*, mots signifiant bateau, radeau, tartane (sorte de jonque); grec *taraktès*, troubler, tarabuster, tapageur ; *taràxipos*, qui épouvante les chevaux, surnom de Neptune et expression s'appliquant bien à ces bateaux ou monstres marins vomissant des flammes comme la Tarasque ; montés par ces mêmes hommes qui fondèrent Tarascon, Tarencon, Tarente (au fond du golfe d'Otrante), Taragosse ou Saragosse, dans l'Aragon[1], et envoyèrent une colonie dans la Tarantaise (pays des *Sa*, Saxons ou Teutons), etc. La tradition ne dit-elle pas que la ville de Tarente fut fondée par *Taras*, fils de Neptune ; et, d'autre part, la *tarentule* dont la piqûre ou morsure occasionnait, croyait-on, des accidents nerveux que la musique et la danse seules pouvaient guérir, sans doute parce que celles-ci constituaient un hommage rendu à la divinité solaire, au même titre que les processions, — n'est-elle pas proche parente de la *Tarasque*? On donne, en effet, quelquefois à cette dernière le nom de lézard, dont la *tarentola* italienne ou *gecko* n'est qu'une variété ; ce sont là des individus de l'espèce des sauriens, serpents et dragons.

Tarascon, Tarente, Tarancon, Taragon, Daragon ou Dragon ne sont également que des altérations du même vocable dont le sens est précisé par les mots : provençal *Drac*, génie des eaux ; *Dagon*, dieu dont le corps est un poisson surmonté d'un buste humain, allusion aux bustes qui ornaient, comme Palladium, la poupe des bateaux de ces navigateurs ; bustes qui se réduisaient, primitivement, à une image grossière, peinte ou taillée à l'avant du navire, autant afin d'effrayer les ennemis et les esprits malins que l'on pouvait rencontrer, que pour obéir à d'autres croyances superstitieuses.

Les Chinois et les Annamites ont conservé cette disposition primitive dans la construction de leurs jonques ;

---

[1]. Ce nom de province, Aragon, nous met encore sur la trace de l'origine de ces *Tara* ou *Sara* : en ann., *gon* ou *con*, fils, parents, descendants ; gens de (comme *ga*, *gosse*) ; *Ara*, *Araï*, nomades, bergers, défricheurs, etc., c'est-à-dire *Ariens*; et, en effet, l'ancienne capitale du royaume d'Aragon est *Saragosse*, en espagnol *Zaragossa*, dont l'un des plus beaux monuments est celui de *Tarazona*, autant de mots synonymes.

sur chaque côté de l'avant, est peint un œil, l'œil du Dragon, qui perce l'épaisseur des ténèbres ou des brumes, qui éloigne les mauvais esprits, etc. C'est là encore, sans contredit, une des formes du culte du serpent, lequel est appelé quelquefois *œil-poisson* (dryvischa), en sanscrit ; et qui n'est autre que le *drakôn*, le voyant, en grec ; *traaki* (ké-tara) en finlandais. Les deux appendices qui sont disposés de chaque côté de ces mêmes jonques, imitant des ailes ou nageoires ; les hautes voiles triangulaires qui donnent à ces embarcations une allure si légère ; le nez, nettement figuré par la saillie de l'avant ; la conformation large, ventrue, de la carène, construite en corps de dauphin ; les pointes des piques, dards, javelots, etc., armes de ces navigateurs, émergeant du pont, etc., tout contribuait à frapper l'imagination des peuplades d'intelligence inférieure aux yeux desquelles ces barques apparaissaient pour la première fois, et à faire donner à ces dernières, tantôt les noms de serpent-volant ou de dragon-ailé, dont font souvent mention les légendes germaines, grecques, latines, etc. ; tantôt celui de monstre-amphibie, hérissé de piquants, lançant des flammes, telle que nous est représentée la Tarasque.

Nous citerons enfin le fait suivant à l'appui de la ressemblance de cette *Tarasque* et du *Babou*[1], son parent, avec le Dragon et le *Ki-lan* (sorte de licorne), que les Chinois promènent en grande pompe, dans les rues de Hanoï, à certaines époques de l'année, lorsqu'ils sont menacés de quelque malheur national : épidémie, famine, etc. Des personnes qui avaient assisté à la procession de la Tarasque et sous les yeux desquelles un officier avait

1. Voir le *Babou*, p. 39.

Jonque chinoise.

Poupes de jonques chinoises.

Pirogue des Iles Carolines (Serpent-volant).

placé le dessin représentant la promenade du Dragon chinois, s'écrièrent : « Mais, c'est la procession de la Tarasque! » Le doute est encore moins permis lorsque l'on examine une gravure représentant la procession de la Tarasque, au siècle dernier. On y voit une profusion de drapeaux, de parasols, de sièges, de petits bateaux traînés sur des chariots, des cavaliers simulant des monstres, etc., d'une forme et d'une décoration absolument asiatiques.

Étymologie du mot res, chose. — Les considérations qui précèdent, l'énumération de ces séries de mots ne viennent-elles pas apporter quelque appui à la thèse du savant linguiste M. Paul Regnaud, qui, à la suite de longues opérations, a caractérisé par un très petit nombre de racines qu'il propose même de ramener à un cri unique, les germes phonétiques premiers d'où, dans son opinion, sont nées toutes les autres racines? Il estime, en outre, d'après des indices très nombreux, qu'une sifflante *s* a précédé jadis la consonne initiale de ces racines premières. L'on peut constater, en effet, que cette sifflante, les sons *esse, seu, so, se, sa*, ont, dans les différentes langues, l'application la plus étendue.

Ce son est formé de la consonne *s*, jointe à la voyelle *o* ou *œu* ou *ou*, qui, en annamite, signifie être, demeurer. Il a un sens général, vague, indéterminé : celui de chose, objet, être (comme le verbe latin *esse* que l'on prononce *S*), affaire, œuvre; ce qui explique le grand nombre de significations que l'on donne, dans les vocabulaires annamites, au monosyllabe *so* ou *su*.

On retrouve, au reste, dans un assez grand nombre de mots composés de notre langue, le vocable *so* avec quelques-unes de ces significations. Ainsi, on a, en annamite :

La Tarasque, d'après une photographie.

su, chose; *so*, sort, destin; *so*, somme, total, collationner; *so*, sommet; *so*, très élevé, le crâne (d'où *soai*, général en chef; *sœu*, maître, bonze; *su*, député, ange, apôtre; *suc*, force, etc.; *sung*, élever, honorer; *son*, montagne, etc.); *so*, leur.

Nos mots : soleil (*so*, être, chose; *el*, en haut, et, en provençal, *souleo*, de l'annamite *sou*, chose; *leo*, loin); sol, sous, sub en dérivent; l'énoncé de ces mots du langage primitif devait être accompagné d'un geste explicatif désignant l'objet dont l'on voulait parler. Du mot *so-el*, on peut encore rapprocher les mots annamites : *sot*, chaleur; *soi*, illuminer, éclairer; *som*, le matin; *son*, pur; *soi*, le loup (animal de couleur fauve), sans doute comme le mot renard (*re* ou *se*, chose, être; *nar*, de la couleur du feu, fauve); *sua*, lait (blanc comme la lumière solaire); *sun*, produire; *so nhieu*, soie, crêpe, etc.; *song*, ce qui vit, ce qui se meut, comme *song*, fleuve, flot, etc.; nous retrouvons encore le vocable *so* dans un grand nombre de mots français commençant par *so* ou *sou* : souffle, souris, sourire, soufre, souffrir (*sou*, chose; *phure* ou *fre*, *phère*, comme les prononceraient les Annamites; qui produit le bruit d'un corps en fusion; qui produit le frisson, le froid de la fièvre, etc.); souhait (*sou*, chose; *hais*, en vieux français, désirer, plaire, comme le mot annamite *aï*).

Les particules *e*, *as*, *es*, *s*, qui commencent certains mots de toutes les langues, ne sont autres que le préfixe *se*, *sou*, ci-dessus. Exemple : le mot français étable, estable, en breton *staoul*, est composé des mots annamites *es*, *su*, chose, lieu, et *taou*, rassembler, réunir, stationner; c'est-à-dire lieu où l'on rassemble le bétail. Le mot éclair n'a pas d'autre étymologie que la suivante : *esse* ou *seu*, être (comme le latin *esse*), *clar*, blanc, brillant; de même *secat*, il coupe, est formé de l'annamite *se*, chose; *cat*, couper.

Les formes grecques comprenaient à l'origine les vocables *the*, *thâ*, *tha*; ces vocables et les articles *os*, grec (en annamite : *se*, chose; *o*, être); *the*, anglais; *die*, *der*, allemand; *de*, hollandais, sont sans doute des altérations de *se*.

Nous croyons encore que les suffixes par lesquels un très grand nombre de mots sont terminés, tels que *se*, *che*, *te*, etc., dans : chasse, chose, perche, bonté, franchise, France, race, traite, etc., ne sont autres que le monosyllabe annamite *se*, chose, être, auquel on peut encore rattacher des syllabes telles que *ce*, *qui*, *ké* (même sens), *cela*, *ça* (en sanscrit *sa*, même sens, etc.), etc.

L'annamite dit, en effet, *manh*, fort; *that*, vrai, et *su* ou *seu manh* ou *manh se*, force; *that se*, vérité. Ce vocable change ainsi un adjectif en un substantif.

Ne serait-ce pas là aussi l'origine de cet affixe *er*, *re* (ou *se*) qui termine les verbes français et latins, à l'infinitif; qui leur donne le caractère du substantif et qui a fait l'objet de tant de recherches de la part des philologues?

Dans son ouvrage *les Langues et les Races*, à la page 41, M. André Lefèvre écrit ce qui suit : « La désinence *re* qui marque l'infinitif présent, en latin, et que l'on retrouve partout en français : aimer, ravir, lire, fondre, etc., a été comparée à l'infinitif passé *meminisse*; on a assimilé les deux terminaisons infinitives et conclu à une forme unique *se*, sorte de personne indéfinie, neutre, accolée à un substantif verbal indéclinable ».

Et à la page 43 : « ... *Re* se serait décliné; *red* serait un cas de *res*, la chose, un de ces mots indécomposables, à la fois généraux et positifs, que M. Bréal incline à regarder comme un des plus vieux termes du langage indo-européen [1].... Cette syllabe serait donc un témoin vénérable de cet âge où l'homme, incapable de distinguer les objets par des noms, les aurait désignés par un seul et même geste vocal : l'objet, la chose. »

Le mot *re* et ces affixes qui, dans les langues à flexion, sont comme fondus dans le mot même, et expriment tous cette idée indéfinie, neutre, ne nous paraissent autres, pour la plupart, que des altérations du mot annamite *su*, *se*, *seu*, chose, qui s'applique aux objets, aux êtres de toute espèce, animés et inanimés.

Comme le constate M. Paul Regnaud, la phonétique *S* tient une grande place dans le langage français. Nous mentionnerons à ce propos une observation d'un grand lettré, l'empereur d'Annam, Minh-Mang, à M. Chaigneau, à la suite d'une lecture à haute voix d'un certain nombre de phrases françaises que l'empereur demanda un jour à celui-ci de lui faire, pour se rendre compte de la manière dont on parlait en France : « Singulier langage, dit-il en l'interrompant, c'est un sifflement continuel, c'est un peu comme le chinois ».

L'empereur Minh-Mang avait probablement dit juste! Il aurait pu ajouter, pour caractériser notre langue : c'est la langue des *Se* ou *Sa*; de même que, comme on le verra dans le chapitre suivant, la langue et la race des Gaulois ont été dénommées par certains peuples, langue et race des Ga.

---

[1]. Tout ce que nous venons de dire concernant le vocable *s*, *se*, s'applique également aux langues sémitiques. Pour ne citer qu'un exemple : *smi*, joli, précieux, etc., en hébreu, est décomposable en *se*, chose, cela, être; *mi*, joli, même racine que les mots mignon; mirus, miel ; que *mi*, froment en annamite et en copte, etc.

CHAPITRE V

RACE DES BA, BER, ETC. — RACE DES GA, GO, ETC.

Étude de ces phonétiques; origine de ces races.
Étymologie du mot jargon.

Race des Ba, ber, etc. — Une autre race supérieure, dont le centre de formation peut être délimité grâce à la langue annamite, est la race des *Ba, Bac, Bak, Bach*, mots synonymes (*ké*, ou *ch*, chose, ce qui concerne, les *Ba*). Ces mots signifient, en annamite : Nord, chef, supérieur, blanc, argent, banque, commerce, bateau, mer, rivage, etc. Le mot *Bactres* (bac, par excellence) ou *Bactrien* (tchia, père, patrie des Ba), caractérise cette race dont les différentes significations qui précèdent (*Br, bla, bac*; blanc, nord, etc.), indiquent nettement le lieu d'origine et l'antique genre de vie. Cette race est celle qui eut la Bactriane pour berceau ou tout au moins pour centre principal de développement et de civilisation, conformément aux traditions indoues. Un chapitre spécial (le chapitre VIII) est consacré à l'étude des dérivés de la phonétique *Ba, be*, etc.

Race des Ga. — L'histoire de cette famille nous

intéresse d'une manière particulière : elle forme un groupe de la race précédente.

Les vocables *ga, ghe, gi, go, gou*, et nombre considérable de mots de toutes langues, altérations et dérivés de ces vocables : *ka, kar, kha, car, gar, cal, gia, ger, kher, gala, glas, gour*, etc., etc., désignent des peuplades, familles de ce même groupe, le groupe des *Ga* ou *Go*. Nous verrons que ce sont là des désignations se rapportant également à des peuples asiatiques, — notamment aux Chinois.

Les significations que ces vocables ont dans les différentes langues sont caractéristiques ; les mots bretons : *kar*, aimer, parent ; *karouet*, préférer ; *ker*, cher (comme les mots *carus* (cher), caresse, charité) ; *kerza*, aller, voyager ; *gallout*, pouvoir, etc., marquent la parenté de la famille bretonne avec la race des *Ga*, race forte, puissante et nomade. Les mots grecs *choros, chairô*, chant, danse, se réjouir ; *char-sô*, même sens ; les *Charites*, les Grâces, les danseuses des Grecs ; les mots sanscrits, *gharsh*, ardent, actif, joyeux, etc., dérivent tous de la même idée exprimée par *ghar, char, kar, kha*, blanc, éclat, briller, chaleur, soleil, lumière, mots synonymes de blanc, de joie et qui ont servi à dénommer particulièrement la race des *ga* ou *kar*, race blanche, dont l'un des traits caractéristiques était la gaieté, la bonne humeur.

Les mots *german, gar-manh, gor-manh* (*ga, go*, gars, viril, comme *gour* ; et *manh*, robuste et fort, c'est-à-dire : race par excellence de gens forts, guerriers, conquérants) ; le mot espagnol *hermano*, parent (cousin germain) établissent encore la parenté des Germains, des Latins avec la race des *Ga, Go, Goths*, etc., issue du même germe.

Les mots ann. *gô*, joli ; *ca*, grand ; *ga*, jeune homme,

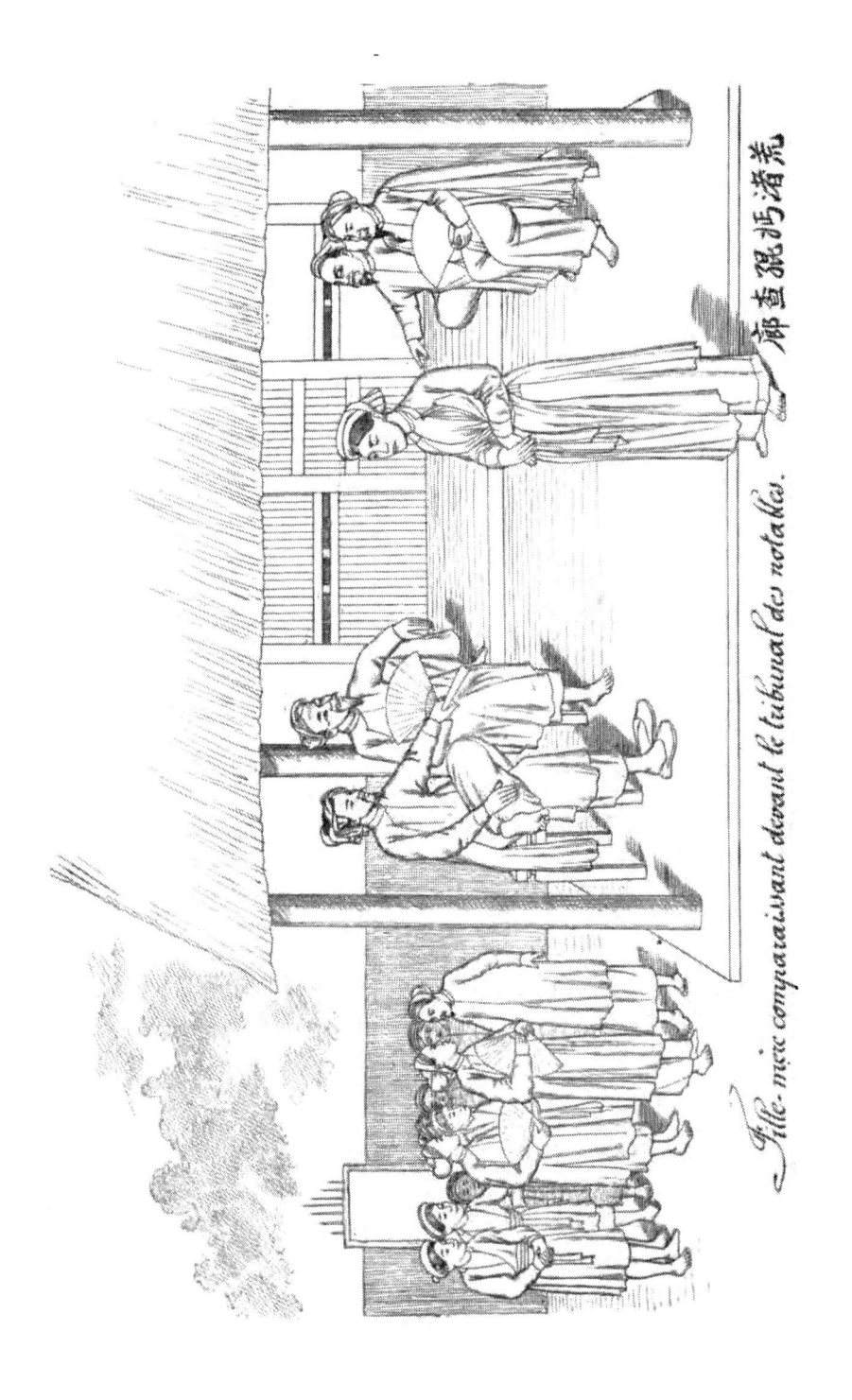

Fille-mère comparaissant devant le tribunal des notables.

庶查跪而請恭

viril et actif (comme gars); *caï*, chef; *gang*, fonte; les mots arabes *cadi*, *caïd*, etc., font également allusion à cette race puissante, supérieure, blanche (*ka*, *kha*, *gha*, blanc, feu, en plusieurs langues).

Les mots grecs *kaktos*, épine; *kakos*, mauvais (comme le brigand *Cacus*, comme *caca*, excrément); les mots sanscrits *gâ*, aller, vagabonder (comme *gâ*, en danois; *gô*, en d'autres langues); *karka*, blanc, et *kalka*, boue, excrément; *kala* et *kara*, blanc et aussi de couleur (garance, noir)[1]; gaude (fauve), etc., mots employés au sens physique comme au sens figuré; les mots annamites *khac*, étranger, et aussi Chinois (*c* ou *ké*, ceux, *ga*, étrangers; par rapport aux autochtones de l'Annam); *kha*, esclave (comme les tribus *kha* des Mongols, les sauvages blancs), comme les *Kalkhas* (*khas*, esclaves; *kal*, blancs), comme les Blancs, en esquimau; *k(r)aga*, *kako*, et *k(r)ablu*.

Les mots français gai (*gay* en annamite), égalité; gala, réjouissance (comme régal, don en argent, en espagnol; comme le mot d'argot *galette*); galant, gracieux, grand gigas, gigue, qui a de longues jambes, comme *mégas* (*mé*, beaucoup; *gas*, grand), même sens que géant (*gihan*, en annamite); les mots gré (*gratus*); glorieux (*glé*, en anglais); glaive; les mots gâter (*gastare, vastare*); gadoue, gâle, gachis, etc., les mots graver, graphein, gramma; les mots glaire, clair, glabre, glauque, groën (vert, en danois), garance, gris (en breton *glaz*), dérivations du même vocable; grimer, greffer, grain; gerbe ou gerba, germe; ouolof, *gao*, grain; breton, *korn*, grain, et *skorn*, glace; le mot grec *zakhari* (comme *sahar, sahara*; comme *sakhar*, vapeur, chose blanche, en ouolof); *sukhar* ou *sukor*, sucre (chose blanche); ouolof *khorum*, sel (même

---

1. Ces différences de signification devaient être primitivement marquées par des accentuations différentes du même mot.

idée); *grèbe* (oiseau au plumage blanc d'argent); les mots dahoméens déjà cités *ga* ou *gan*, blanc, chef, ministre; fer, or, bronze, cuivre; *gandé*, grand; *ga*, flèche, carquois, etc., etc.; les mots annamites, ouolofs, bretons, français : *ga*, *ghé*, *gal*, *galère*, *gabarre*, etc., ouolof : *gourde*, pièce de cinq francs, dépeignent les traits physiques, les qualités et les défauts principaux, le régime social, la manière de vivre, etc., de ces familles des *Ga* ou *Go*, le rôle joué par elles dans leurs relations avec les autres races.

Le mot galerne (vent du nord-ouest) fait sans doute allusion à des navigateurs venus par le nord-ouest en Gaule ou dans le pays d'origine des *Ga*; les mots glace, gel, etc., à d'autres migrations de gens au teint clair, venues du pays des Glaces, c'est-à-dire du nord ou du nord-est de cette même contrée[1]; quant à un autre groupe de ces *Ga*, celui que l'on rencontre dans l'Afrique, *Ganar*, *Gallas*, *Ga* de la côte occidentale, *Gallinas*, etc., nous avons essayé d'établir ailleurs que sa migration avait dû s'accomplir par le sud de ce continent.

Enfin, le mot *jargon*, anciennement *gergo*, *gerga*, a sans doute servi à désigner le langage de cette race de *Gar*, *Gor*, *Go*, etc.; ce mot, qui correspond aux mots *argot* et *baragouin* (dérivés de *ar* et de *bara*) désignant des Aryens, des Bactriens, des nomades, etc. Notons au sujet de ce mot jargon, le rapprochement entre jargonner, cri du jars (ou gars), mâle de l'oie; *ngong* ou *gong*, qui signifie oie, et *Ngo*, Chine, en annamite, et les mots *goa*, *ga*, *gaou*, désignant encore des gallinacés, en annamite, en ouolof, et enfin la Gaule. Ces différents mots *jargon*, *baragouin*,

1. Ou du nord-ouest, comme nous l'avons vu pour le mot *Galerne*; ces mots font, sans doute, allusion, eux aussi, à cette terre froide des *Lan* ou *Atlantes*.

argot, ont dû être employés par les autochtones de l'ancienne Gaule pour désigner le langage d'un peuple migrateur, langage inintelligible pour eux et qu'ils gratifièrent de langue de *ga*, de *go*, etc., probablement, entre autres raisons, à cause de la fréquence de cette phonétique *ga* qui est contenue dans ce langage comme aussi dans le langage des gallinacés où domine ce vocable *ga*, *go*, etc. [1]. Remarquons, en effet, que le vocable *ga*, *gue*, domine dans ce dernier; que, par exemple, le mot annamite *ca*, chant (comme cantus); les mots français cri, crainte, sont empruntés au caquet de la poule, et au cri que pousse celle-ci, lorsqu'un danger menace ses poussins. Remarquons encore que les Gaulois avaient pour *tenné*, c'est-à-dire pour fétiche, le coq (*ga*, en ann.); *ga-ou*, en provençal. Dans la suite, ces mêmes phonétiques *ga*, *go* servirent à dénommer tout ce qui était blanc, comme le teint des Gaulois; comme la gale, les lépreux (cagot, bigot, etc.); de même que les phonétiques *ma*, *sa*, ont servi à caractériser des races parlant chacune une langue dans laquelle ces phonétiques étaient souvent employées et qui avaient pour fétiche, la première, *ma*, le lamantin, ou *man*, le dragon; la seconde, *sa*, le serpent ou dragon.

Signalons enfin, comme preuve que le mot jargon s'applique à des races au teint clair, la signification du mot français jargon, diamant jaune.

---

[1]. Quoi qu'il en soit, ces applications nous semblent révéler l'hostilité de deux races étrangères, mises en présence par le fait de la migration de l'une d'elles; et aussi une dissemblance de langues, analogue à celle qui sépare un idiome monosyllabique d'un idiome à flexion.

CHAPITRE VI

RACE DES LA, LE, ETC.

Étude de la phonétique *la, le, li, lo,* etc. — *La, le,* etc., phonétique des races blanches. — Les Atlantes. — Traits caractéristiques de cette race; leur armement, etc. — Nombreux dérivés des phonétiques *la, le, li,* etc.

LA, LE, etc., phonétique des races blanches. — La phonétique *la, le, li, lo, lan, len, lao,* etc., est une de celles dont l'étude présente le plus d'intérêt. Les significations principales du vocable ann. *la,* inconnu, étrange, extraordinaire, merveilleux, etc., révèlent que la race désignée par la phonétique *la* était une race supérieure par excellence; de civilisation, de stature, de couleur, etc., essentiellement différentes de celles des populations qui habitaient l'Annam au moment de l'immigration de cette race inconnue, jusqu'alors, de ces dernières.

Le sens général du vocable *la,* dans la plupart des langues, indique que cette race était de couleur blanche, de la couleur de la lumière, du lait et de la lune. Les mots annamites *la,* mulet; et *laï,* croisé, de race mélangée (comme *pha* et *lon,* même sens), font encore connaître que cette race conquérante était une race de métis telle que celles des *Pha-lan* ou Francs, des Gaulois, des Pélasges, etc.

Les Atlantes. — En outre, l'étude comparée des phonétiques *la, lan, lo,* etc., nous induit à penser que les indications qui précèdent font allusion à des incursions qui auraient été effectuées, aux époques préhistoriques, par des races venues d'une terre froide (*lanh,* froid, en ann. et en malais), qui ne serait autre que l'antique Atlantide, continent aujourd'hui disparu, qui s'étendait, vraisemblablement, des Canaries à l'Irlande; et qui fut le centre de formation des races blanches, au teint de la couleur du feu; des races *At, As, Sa,* ou *Da,* races supérieures, adorant le dragon ou serpent *Sa,* et le feu, et auxquelles on doit l'érection des dolmens, menhirs [1], etc.

Les incursions de cette race d'Atlantes devaient principalement s'effectuer par mer; c'est ce qui explique leur brusque apparition sur une côte aussi éloignée que celle de l'Annam. L'histoire ne fait-elle pas mention, en effet, d'un essai de grande navigation le long des côtes de l'Europe, de l'Afrique et jusqu'en Asie, qui aurait été tenté par les Atlantes, 3 000 ans avant Jésus-Christ?

Hérodote nous parle d'une colonie de ces Atalantes ou Atarantes, habitant l'intérieur de l'Afrique et qui, chaque matin, au lever du jour, gémissaient et maudissaient le Soleil parce qu'il les accablait, eux et leurs champs, de sa chaleur torride. C'est là certainement encore un témoi-

---

[1]. Au nombre des peuples qui ont conservé un souvenir vivace du culte qu'ils rendaient au feu, sont les Saxons (gens de *Sa,* feu, serpent) — dont les paysans se portent encore, le jour de Pâques, sur des collines, pour assister au lever du soleil et lui rendre hommage, en exécutant trois bonds joyeux — et, en général, les Slaves, chez lesquels on trouve nombre de coutumes provenant des pratiques de ce culte antique.

gnage de l'origine hyperboréenne de ces Atarantes, et les Blancs, surtout les hommes des races du Nord, qui, de nos jours, sont obligés de vivre sous ces cieux incléments, ne chargent-ils pas le Soleil de ces mêmes malédictions?

Au reste, nous l'avons déjà dit, le doute n'est pas possible sur l'origine de ces Atarantes, car les Gabonais désignent encore aujourd'hui le Blanc par les mots *tara* et *tala*.

Nous croyons enfin pouvoir démontrer d'une manière incontestable que ce mot Atalante est un dérivé du mot annamite *lanh*, froid, blanc, pays froid, en prouvant la synonymie de ce mot *lanh* et du mot anglais, irlandais, etc., *land*, terre, qui, par extension, a reçu également cette acception de bout, fin, terme, c'est-à-dire, de terre éloignée, comme on a aussi, en ann., *laou*, longtemps. En effet, en ann., *lang* et *thôn* signifient village; mais *lang* sert spécialement à désigner le territoire du village, tandis que *thôn* désigne plus particulièrement le quartier, le *canton* (le coin, en provençal), en un mot une partie limitée. Rapprochons ce mot *thôn* ou *thô*, du mot grec *thôn*, terre, et des mots égyptiens *tho risi*, *tho mihi*, pays, territoire haut; pays bas. La synonymie de tous ces mots est complète, car on dit indifféremment aussi Esthonie ou Estland.

Ne trouvons-nous pas encore quelques indications faisant allusion à une vieille race dans les mots annamites: *Lao*, pays du Laos; *lao*, vieillard, appellatif des vieux; et, aussi, fatigué, exténué, brisé, malheureux, comme notre mot *las*[1] (ann., *lao ly*, répétition de la même idée,

---

1. A rapprocher de laps, de *labere*, tomber. Philologiquement parlant, *lao* et *las* sont, en ann., des mots équivalents, car ils se décomposent en *o* ou *se*, être, chose; et *la*, qualificatif.

ou bien encore : *la kho*, fatigue, peine, mot correspondant au mot latin *labor*). Cette idée d'antiquité, de vieil-

Muong ou Tho, prétendant être des autochtones du Tonkin et de la même race que les Man, les Moï et les Laotiens, populations d'origine blanche.

lesse, se retrouve encore dans les mots annamites : *let*, *luon*, *loï*, se traîner à terre, ramper; courbé, épuisé;

luoï, lung, accablé, lassé; trop mûr, gâté, passé; *liet*, être alité; languir; *lau, lan, luon, lien*; long, lent, longtemps, continuellement, toujours.

Femmes Muong

D'autre part, les mots annamites ci-après ne dépeignent-ils pas quelques traits caractéristiques de cette race de *La*? *Lao*, menteur, faux, pédant, vagabond; *lat*, lâche, fade; *lap*, redire; *lap-bap*, parler précipitamment;

manger ses mots en parlant (comme *ba-ou*, aboyer, en ouolof); *balap*, parler à tort et à travers; *noï lan, noï lon*, radoter, déraisonner; mot à mot, parler comme les *La*; divaguer[1]; autant de termes faisant sans doute allusion à une langue à flexion parlée par ces races, et à rapprocher des mots grecs : *lagnès*, lâche, infâme; *lapizo*, lâche, menteur, vain, vantard, parler insolemment; *labrazo*, manger ses mots, parler trop vite.

Les hommes de ces races étaient armés d'engins, d'armes de jet tels que la lance (*se*, chose, des *Lan*) et le javelot, *lao*, en annamite; ils ressemblaient à des gens pelés, écorchés (*lot*, en ann.); étaient de la couleur du ladre, de la gale (ann., *lac* ou *kë-la*, gale, dartre); de la lèpre; gens au teint pâle (*lôt*, terne, pâle, blafard)[2] comme la lune (Lagia), comme le lièvre des pays hyperboréens (laghos, lapin); comme le mot *Leukos*, blanc, par lequel les Grecs désignaient encore l'une des formes de la lèpre.

Ils habitaient un pays formé par des alluvions, c'est-à-dire un pays de plaine, plat, plan; les deltas des grands fleuves. C'étaient des gens principalement adonnés au travail de la culture de la terre, *esclaves* d'autres peuples conquérants : tels étaient les Slaves, Ilotes, Ouolof, Fellah, Illyriens, Latins, Laotiens; les gens de Lithuanie, Livonie, Laconie, Langeland, Laaland ou Lolland, île basse que la mer inonde et lave, etc., noms formés des mêmes phonétiques qui ont encore servi à composer les mots : Lave, Lawe ou Lys, noms d'une même rivière; *luô, lôa, diluere, lave, laver*, le *Lot*, la Lahn, la Loue, la Leyre, le Loing, la Loire; Lofou, rivière d'Afrique; Loho, rivière

---

1. Mots à rapprocher du sanscrit *lep*, aller; lithuanien *lepti*, errer, vagabonder.
2. On a, en irlandais, *low*, dépouillé, comme le mot ann. *lôt*, pâle et écorché, dépouillé.

de la Chine centrale, etc.; ann., *lo*, trou, boue; *lôn*, mêlé, divisé, etc., mots se rapportant à la même idée de basfond, de pays d'alluvions; et à des populations agricoles, le plus souvent appartenant à des races au teint clair, tirant sur le rouge. Les *Gala*, *Galata* ou Gaulois paraissent avoir été, pour les Extrême-Orientaux, le type de ces races. En effet, c'est sous ce même nom de *Galatan*, que les Chinois désignaient, dans leurs géographies, les Russes ou Slaves, les assimilant ainsi, comme origine, aux Galan et aux Phalan (Francs), gens des plaines, blancs, à carnation rougeâtre.

Cette même phonétique *la*, *lo*, *li*, représentative des bas-fonds, nous donne encore l'étymologie jusqu'ici inconnue de quelques mots. C'est cette idée de bas-fond, de mélange, de boue, qui est, en effet, contenue dans lie, limon, lagune, liman, olivier, livide, etc., et dans les mots annamites : *laï*, mélange, croisement; *lay*, boue, marais (mot que l'on trouve, en Normandie, comme nom de certaines localités situées dans des bas-fonds); *lon* ou *leun*, mêlé, confus; *lo*, bas-fond, trou, fosse; patauger [1]; grec : *pêlos* (*pè*, beaucoup; *lo*, marécage, stagnant; *s* ou *se*, être), boue, d'où *pelos*, couleur plombée, livide, comme l'olive; *pélous*, *pelès* ou *péra*, outre, casque, bassin, c'est-à-dire cavité, comme l'annamite *lo*; vieux français, *losne*, flaque d'eau, etc.; celtique *loch*, *lough*, lac, mer.

Dérivés des phonétiques *la*, *le*, etc. — Nous terminerons ce qui est relatif à la phonétique *la*, *le*, *lo*, etc., en passant encore en revue un certain nombre de mots de

1. On retrouve le radical *lo*, avec cette idée de cavité, dans les mots : ann. *loa*, cuiller; allem. *loffel*; russe *lojka*; français, louche, même sens; dans le mot *loche*, petit bateau léger; polonais *lodz*, russe *lodka*, même sens; dans nocher pour locher, dans notre mot *lobe*.

différentes langues comprenant cet élément phonétique.

Chez l'homme primitif, ce qui était *la*, surprenant, étrange, merveilleux, mystérieux, etc., devenait, par ce fait même, l'objet d'un culte. De ce vocable *la*, dérivent, en conséquence, les mots tels que *lares*, dieux domestiques; *lar*, *laird*, *lord*, mots celtiques signifiant chefs, seigneurs; *latrie*, culte, servitude; *lêpus*, *poulê*, *galê*, *licorne*, etc., autant de noms d'animaux adorés par les anciens; annamite *lan*, *lanh*, *lenh*, *linh*, fabuleux, surnaturel, spirituel, divin, comme le dragon *long*, comme *lôn*, seigneur, maître; comme le *Lingha*, etc.

A l'idée de culte sont attachées les idées de servitude, d'obéissance, de lien, de coutume, de loi, de tradition, de sacrifice, d'adulation, de respect, de puissance, de supériorité, etc., idées exprimées par les vocables annamites *le*, *la*, *li*, que l'on retrouve dans les mots de nombre de langues, avec ces mêmes significations.

Ainsi le mot *Ba-la* est la décomposition, en éléments primitifs, du mot Blanc (*ké-bala*), c'est-à-dire d'un mot qui a donné lieu à un grand nombre de dérivés analogues à ceux qui proviennent de l'annamite *la*. Or, *Bala* ou *Bla* a exactement ce sens de supérieur, de sacré, de saint : en thibétain, en persan où *bla* signifie *supérieur*; et en hébreu, en arabe, où *Ké-Bla* est employé pour désigner la Mecque, la Ville Sainte, le pays par excellence. Si, maintenant, nous examinons séparément les deux phonétiques *ba* et *la*, nous trouvons que l'une et l'autre ont le sens originel de : éclat, blancheur, et se rapportent au soleil, à la lumière; leur réunion, *ba-la*, *bé-la*, *bla*, répétition de l'idée d'éclat, de blancheur, exprime l'éclat, la blancheur par excellence, au sens physique comme au sens figuré. Nous déduirons les mêmes remarques de l'examen des mots : *Pha-la*; *Pha-lan*; *Pa-la*; *Pha-lo*; *Be-*

lo; *Be-l*; *Gha-la*; *Sa-la*; *Sal*, etc. Le mot *blafard*, par exemple, est composé des deux vocables *bla* et *phar*, qui ont, chacun, exactement le sens de lumière, de blanc. Les deux mots blanc et blafard sont ainsi des exemples frappants de mots français composés par le procédé grammatical chinois dont il a été plusieurs fois question : répétition de la même idée par l'emploi de deux vocables différents ayant une même signification commune.

Les idées de nombre, de quantité, d'accélération, de vitesse, de rapidité, sont contenues dans les mots : *len*, pluriel, en ouolof; *len*, monter, et *luu*, foule, en annamite; *leos* et *laos*, peuple, en grec; *la*, *lê*, *ly*, coutumes, rites, mœurs, etc., répétition de mêmes faits; lois, sacrifices, etc.; *lo*, rapide, cheval, en plusieurs langues; *ga-ol*, vite; *dao-al*, aller au *galop*, en ouolof; *leô*, vite, en provençal; *moleô*, courir, en grec; *le*, *lia*, *li*, léger, prompt, en ann., etc., etc.; *le*, *lu*, suffixe ou préfixe qui, comme les affixes *be*, *fe*, *pe*, *me*, *ba*, etc., donne à nombre de mots une signification de nombre, quantité, force; exemples : foule, foulée, peuple; latin, *moles*, etc. Nous ajouterons, au sujet du suffixe *l* et, en général, des affixes *le*, *la*, *ne*, *na*, et aussi *be*, *bo*, *po*, *pe*, etc., que le sens de ces affixes est souvent celui de : être, chose, comme le mot *res*, en ann., *se*. Ainsi, animal se dit, en provençal, *animaou*; en ann., *ou* et *la* ont exactement ce sens de, être, cela; *luna*, *stella*, sont formés de *la*, en ann.; *na*, en mandé, être; *lu*, *til*, lumière, jour, comme *til*, *tel*, en différentes langues, comme scintiller.

Enfin, nos articles *le*, *la*, et nombre de vocables de toutes les langues, *no*, *na*, *ne*; *ka*, *ke*, *ko*; *ga*, *gue*; *la*, *lo*, *ba*, *bo*, etc., signifiant ce qui, ceci, cela, peuvent être considérés comme formés par extension du sens de l'idée de être; idée qui se rattache à la conception primitive de

Le duel. — Théâtre.
(Composit

La pêche à la crevette.

…nnamite — 薛丁山打買樊梨花

(…n de Khanh.)

Le marchand d'oiseaux.

l'Être, de la vie, comme produits, fils de l'Être suprême, de l'Être par excellence, de celui qui donne le souffle, la vie : *sa, ra, ma, na, la, kha, gha,* autant de vocables exprimant l'idée de : soleil, feu, lumière.

Les idées d'éclat, de clarté, etc., sont contenues dans les mots : annamite, *la,* clair (on a : *nuoc la*; eau claire); *lang,* brillant, glissant, comme le courant rapide; *lan,* poli, lisse, comme une glace (*se,* chose; *ga, la*); *lang* et *lanh,* éblouissant, lumineux, blanc, comme la surface de l'eau, d'un lac; comme la pierre précieuse *lapis*; *lang,* loup, couleur de *loua,* feu (fauve); comme on a : *lupous* (*se,* chose; *pou,* être; *lu,* de la couleur de la lumière, du feu); *lo,* clair, patent, manifeste comme l'île de Délos; *laou,* clair; *lanh,* clairvoyant; *long,* clarifier; *loa,* éblouissant; *loï,* fusée; *lan,* animal fabuleux; et dans d'autres langues : lune, lueur, éclat, éclair, clarté, trois mots composés d'une manière identique : *Se, Ke, té,* chose qui; *la,* brille, feu; *ler,* lumineux; *melo,* couleur; *lakke,* feu, incendie, en ouolof; *lalo,* lune, en mandé; lampe, lanterne, fallot, grec *lampô,* briller; provençal *lamp,* éclair; grec *leukos* et latin *laura,* blanc, éclatant; *lachné,* écume, même sens; *Léda, Lada, Lado,* déesse de la blancheur, de la beauté chez les Slaves; *Laïs,* la belle, l'adulée, etc.

Idées de fluidité, de diffusion, etc. La phonétique *le, la,* etc., a servi à composer les mots tels que : lumière, couleur, couler, foule, flot, fleuve, et tout fluide : houle, hâle, haleine, flair, flûte, souffle, flèche, flamme, etc. Ainsi, on a, en annamite : *lua,* feu, flamme; *luu,* couler; *laou,* même sens; *lu,* foule, bande; *long,* fluide, liquide; *luon,* onde, flot; *lut,* inonder; *lo* et *lôi,* sentier, coulée, de même que l'on a : rue, route, ruisseau, etc., qui sont des dérivés du même radical, *ru,* lumière; couler; on a encore *li*, souffle, *lif*, la vie, l'homme, dans la mythologie scandinave, etc.

Le, la, etc., phonétiques des idées de supériorité, de hauteur, etc. En effet, on a : *lan, lam, len*, très, fort ; supérieur ; superlatif, comme le mot ouolof *lol*, très, et *len*, pluriel. On a encore : ann., *len*, monter, idée de supériorité, de hauteur ; *lenh*, roi ; *lan*, l'emporter sur ; être supérieur à [1] ; *loï*, dominer ; *luan*, ordre, grade ; *long*, le Dragon, symbole de la puissance, de la force, comme le mot *loua*, feu, soleil ; *lo*, four, foyer, et *long*, resplendissant, florissant ; *leun*, grand, supérieur ; titre des mandarins ; *Lé, Elé, Elohim*, Dieu, le Soleil, ce qui est élevé, en hébreu ; *Bel, Belen, Bolen* (la boule), Apollon, Baal ; *Lao coon* ; *Lycos*, dieu du Soleil, etc.

1. En grec, *la* est une partie inséparable qui augmente la signification d'un mot ; on a : *mala*, fort, extrêmement.

CROQUIS TONKINOIS

Femme portée en palanquin.

CHAPITRE VII

RACES CARACTÉRISÉES PAR LA PHONÉTIQUE MA, ME, MI, ETC.

Communauté d'origine des Berbères et des Mandé. — Étymologie du mot Normand. — Parenté des Mandé, des Mandchoux et des Normands. — Phonétique *ma, me, mi*, etc. — Nombreuses similitudes de mots grecs et de mots annamites.

Communauté d'origine des Berbères et des Mandé. — Dans *l'Annamite, mère des langues*, nous avons dit que les mots *Berbère, Barbaroï, Barharraï*, etc., dénominations diverses du même mot, signifiaient à la fois : défricheur, semi-berger et semi-agriculteur; nomade, trafiquant, colporteur. Tels étaient, en principe, tous les *Araï, Haraï* ou *Aryens*[1] : bergers, défricheurs, coureurs, c'est-à-dire nomades, menant une vie libre, indépendante[2] (des vocables annamites, *raï, rya, ri*, etc.,

---

1. Rappelons que le mot *Arya* ou *Aryana*, par lequel les auteurs classiques désignaient particulièrement la patrie des Aryens, est le mot *Haraïva* des Perses, le pays de la chaleur, comme l'indiquent les mots sémitiques *harr*, chaud, et *raï*, berger; les mots ann. *ram, ran*, griller; *raï*, débroussailler, etc.
2. Les mots Ibère, Breton, Hébreu, etc., n'ont pas d'autre étymologie : toutes ces races et celles qui sont désignées par les affixes

brûler, défricher, courir, couler, etc.). Nous avons avancé que ces Berbères avaient la même origine que les Mandé; nous apportons aujourd'hui une preuve philologique à l'appui de cette opinion.

On sait que les Touareg sont d'origine *sanhadienne*, c'est-à-dire de la même race que les *Sanagha* (Maures) du Sénégal, nom que nous trouvons écrit dans quelques auteurs anciens : *Kanagha*, c'est-à-dire d'une manière identique au mot *Ganagha*, qui est le nom patronymique des Peulhs et des Mandé.

Les généalogistes du moyen âge, consultés par Ibn Khaldoun, assignent comme ancêtre à une grande partie, sinon à la totalité de la famille des Berbères, les uns, *Mazigh*, fils de *Chanaan*, fils de Cham; les autres, *Tamazigh* (Duveyrier). Les Touareg n'acceptent pas d'autres noms patronymiques que les deux précédents qui signifieraient dans leur langue : les *délaissés*, les *abandonnés*, et aussi : libres, francs, indépendants, pillards [1]. D'autre

---

bar, *ba*, *bre*, *bro*, etc., sont des races de bergers; libres (comme *I-ber*); de même souche (*breur*, *bro*, *bru*, *brat*, *bhaï*, frère); races faisant usage de pain (*bread*, *bara*, *brod*, etc.); d'origine blanche (*ba*, *bra*, etc.); le mot basque ou *Bas-co* désigne l'une des plus vieilles parmi ces races (*Ba*, blanc; *co*, antique, ancêtre).

1. *Tamata* signifie errant en mandé; *tama* a, en plusieurs langues, le sens de porteur de lance et de cavalier; en japonais, il signifie : hache; en berbère et en mandé, lance; on a encore, en sanscrit : *tama*, crainte, comme *timor*; *tanga*, bêche, hache; en bas-breton, *tama*, couper; *tam*, morceau (*tam*, en annamite); en grec, *entemnein*, couper, entamer; ces termes désignent des nomades, des races, des êtres industrieux, supérieurs, guerriers et agriculteurs, comme l'indiquent les mots annamites : tach (*che-ke*, chose qui; *ta*, divise, fend, sépare, etc., comme le soc, la hache ou toute arme primitive); *tac*, sculpter, graver (même sens que *tach*); *tac*, déesse des céréales, Cérès (comme on a *cetheu*, bêche; *cellæ*, *celtes*; mêmes significations que *tac* et *tach*). Ta et ma ont au reste cette acception de supérieur, élevé, fort, etc., dans la plupart des langues; *ta*, *tat*, *tatos*; *ma*, *me*, *mus*, etc., ne sont autres en effet que des superlatifs; leur réunion *tama*, *timo*, etc., répétition de la même idée, est le superlatif par excellence, en sanscrit, en latin et en grec

part, Hérodote, en parlant des Libyens, distinguait parmi eux les sédentaires ou agriculteurs, des nomades et pasteurs. Ces derniers étaient les Auses; les autres,

Type Muong (par Khanh).

les Mazyes, nom qui, sous la plume des écrivains latins et grecs, se transforme en celui de *Maziques*, iden-

(comme *punjatama*, le plus pur; *altimus*, etc.), et aussi, en annamite, où *tama* signifie textuellement diable, démon, dieu (êtres supérieurs), et *ta*, supérieur: gauche (la place d'honneur, chez les Annamites et chez les Chinois).

FEMMES MUONG
(par le Tonkinois Baki)

CHASSEURS MUONG
(par le Tonkinois Bahi)

tique à ceux de *Mazigh*, d'*Amazigh* et de *Tamazigh* [1]. Il est aisé de reconnaître dans le mot *Mazye*, le mot *Mandé* ou *Mandzi* qui, ainsi que nous l'avons déjà indiqué, était

Type Muong (par Khanh).

dans les temps les plus reculés et est encore employé

[1]. L'acception première du mot *ma-zi* a toujours été celle de marcheur, *nomade*, comme l'indique le mot *nó-mazi* ou nomade (en grec *nóma*, paître, pasteur). Dans ce mot, *no*, comme en normand, *no*; en dahoméen, *nou*; en ann., *no*, etc., signifie non pas la négation *nao*, *non*, mais l'idée de : cela; être. On a donc : nomade : *no*,

dans différentes contrées de l'Asie et de l'Afrique, pour désigner une catégorie particulière d'individus, demi-pasteurs, demi-agriculteurs et surtout colporteurs, trafiquants, doués d'une aptitude et d'un goût particuliers pour le commerce.

Étymologie du mot Normand. — Ce nom de Mandé ou *Mandzy*, nous croyons le retrouver également dans le mot *Normand*. L'étymologie universellement acceptée du mot Normand est la suivante : « mot formé de l'anglo-saxon *north* et du gothique *man*; d'où Normand : homme du Nord ». Le nom de Normand servit, en effet, à désigner les pirates du Nord qui vinrent, depuis le VIII° jusqu'au X° siècle, ravager les côtes de France.

Cette étymologie ne fournit pas une explication suffisante du mot *nord*, ni du *d* final que l'on trouve dans Normand. L'annamite va nous les donner.

Dans le « Catholicon », de Jehan Legadeuc, de 1460, le mot Normandie s'écrivait : *Or-mandie*, qui est composé des vocables annamites : *o, oc, ou*, être, maison, demeurer; *manh*[1], fort, robuste, violent; d'où *o-manh, or-manh*, être fort, gens robustes; ou encore *No-manh*; cela fort, robuste, de haute stature. Le vocable *o* ou *or*, par l'adjonction d'un *n* euphonique, a fait ainsi : *Nor-manh*, dont le premier terme a servi à désigner le pays habité par les

être; *ma*, que nous rencontrons dans plusieurs langues avec le sens de marcher, de diligent, vite, prompt, *mao, maou*, etc., et qui, associé au mot ann. *di*, marcher, caractérise nettement, par la répétition de la même idée, une race de marcheurs, de voyageurs, de nomades.

1. Ce mot *manh* a cette signification de fort, grand, etc., en annamite, en mandé, en latin, en français, etc., c'est le mot *magnat*, grand de Hongrie; *Magnus*, nom de plusieurs rois de Suède, de Danemark et de Norvège, etc.

hommes de race robuste : *nor* ou *north*. Reste à expliquer le vocable *die*, de Normandie.

Les vocabulaires annamites contiennent l'expression *man-di* ou *man-dzi*, hommes barbares, sauvages, habitants des forêts et, aussi, elles de *man*, méprisé; *dzi*, délaissé, abandonné, méprisé [1]. La langue annamite nous indique par le mot *mang*, constellation des Pléiades, que ces hommes appartenaient à des races habitant le Nord. En outre, par une longue série de mots parmi lesquels nous relevons : *man*, complet, faire, travailler, c'est-à-dire l'homme, celui qui est apte aux travaux manuels; l'homme robuste, *manh*; *may*, coudre; *maï* et *may*, vendre et aussi acheter, c'est-à-dire échanger; *maï*, courtier de mariage, entremetteur; *ma* [1], cheval; *mach*,

1. La finale *d* des mots : normand, allemand, zend, mandé, etc., semble désigner, en général, des races nomades (*madi, madzi, mandi*). Ces noms propres sont écrits également, chez les auteurs anciens : Normanie, Allemanie; désinences qui, comme le vocable *nia*, du mot Germania, ont ici une signification générale de race, famille, descendants de, etc;... *nia, nhi* et *de, di*, en annamite, ont encore cette signification commune que l'on exprime dans différentes langues par les vocables *ndé, die, ndi, nki* (polonais *ki*), *ka, ga, ké, zi, dzi*, etc., cela, être, ce qui, etc. Enfin le mot ouolof et mandé *ndé* a en outre le sens d'étranger et de sud, ce qui indiquerait que ces races sont originaires du sud de l'Afrique ou du moins ont pénétré dans le Soudan par le sud de ce continent. Nous avons déjà signalé l'analogie de la signification principale du mot ann. *di*, marcher (*dor*, en ouolof), et du mot *ri*, qui se prononce aussi *dzi* et *di*. Le *Mandi*, comme l'*Ary*, est l'homme qui voyage, le marcheur, le colporteur, dont le type est caractérisé, en Europe, par l'Aryen proprement dit; en Asie, par le Mandchou; en Afrique, par le Sémite (Dioula, Mandé, Barharraï) et par certaines tribus de *Ga*. Mentionnons notamment, au nombre de ces dernières, les *Ga* de la côte des Esclaves; les *Gallas* d'Abyssinie, tribus de gens robustes, aux traits de l'Européen et de l'Aryen, guerriers, excellents cavaliers, grands parleurs, que l'on a rapprochés, avec raison, comme parenté, des anciens Égyptiens et des *Mazigh* (Berbères de l'Ouest), et dont le nom signifie immigrant, conquérant. Mais leur vrai nom national est, paraît-il, *Orma* ou *Oroma*, qui veut dire : fort, brave, dans leur langue : n'est-ce pas là exactement *Norman* ou *Normand*, avec l'acception primitive que nous en avons donnée?

mulet, commercer; *choma*, chien (peut-être le mâtin); *mao*, à l'aventure; *maou*, vite, agile (comme le mot breton *mao* et le mot grec *máo*); *mac*, couteau; *ma*, fantôme, tombeau, esprit, revenant; orge, chanvre, semis, plant de riz [2]; *maï*, ensevelir, bêcher, etc., etc.; elle nous décrit, en quelque sorte, l'organisation sociale, le mode de vivre, les aptitudes de ces *Ma* asiatiques qui, comme les Mandé, sont industrieux, s'adonnent à l'agriculture, font l'élève des races bovine et chevaline, ont le culte des *mânes*, sont d'excellents marchands et trafiquants, etc., etc.

Deux autres expressions annamites : *noï-man*, parler comme le *Man*, race robuste et indépendante du Tonkin; tromper, cacher, dissimuler dans son langage, ne pas dévoiler, et *mag* [3], art, machine, mécanisme, ruse, expédient, chercher à surprendre en défaut; cligner de l'œil; qui a toujours les mains en mouvement; bavarder,

1. En latin, *mango* signifie : palefrenier et marchand, c'est-à-dire maquignon; le mot *ma*, cheval, est d'origine chinoise; les Annamites désignent encore le cheval par le mot *gua*; nous avons signalé l'identité de ce mot et du mot normand *g'wa*, cheval.

2. A rapprocher aussi *Man* du nom de l'île anglaise *Man*, renommée pour l'élève du bétail, pour la culture de l'orge, du blé et du chanvre, et où l'on parle un dialecte celtique nommé le *manx*, qui doit avoir de grandes analogies avec l'annamite.

L'île de *Man* présente cette particularité, dit le journal *la Nature*, de posséder des chats sans queue. Or, on sait que les Japonais, qui sont de même origine primitive que les Annamites, représentent, dans certains de leurs dessins, des chats privés de cet appendice, qui sont, chez eux, en grande vénération.

Ces mêmes Japonais ont choisi le renard comme symbole de la lune, sans doute pour la raison qui avait amené les Pélasges à faire choix du lièvre comme symbole de cette planète. C'est là un indice attestant l'origine hyperboréenne de ce peuple.

3. A rapprocher du sanscrit *magh*, tromper; de l'irlandais *mang*, fraude, ruse, trafic; de notre mot mentir; du mot latin *manda*, faute, punition, amende; de mendiant; du sanscrit *mandas*, peu, petit, homme de peu; de l'annamite *mat*, infime, dernier, vil, méprisable; *mandi*, même sens.

jacasser, complètent le portrait du marchand, curieux, bavard, enquêteur, méfiant, menteur, malin, matois, madré, que l'on rencontre dans tout Mandé du Soudan comme dans beaucoup de paysans normands.

Homme et femmes de la race des Mans, du Tonkin.
(Dessin de Khanh.)

Nous ajouterons que les mots *mach sao bao* désignant, en annamite, le léopard, signifient sans doute que cet animal était un des fétiches de cette race de *Mandzi*; or, le léopard figure, en première ligne, sur les blasons normands et, comme dans les dessins chinois, il est toujours représenté de face; enfin *Man* est employé, en annamite et en chinois, pour désigner la figure du dragon à quatre ongles, que le peuple a le droit de faire tisser sur les étoffes à son usage, l'empereur seul ayant le droit de se servir d'objets sur lesquels est représenté le dragon à cinq ongles. *Man* exprime donc, dans ce cas, une idée d'usage vulgaire, commun, et se rapporte à des tribus de basse origine, ou du moins considérées comme telles par certaines races.

Parenté des Mandé, des Mandchoux, des Normands, etc. — L'origine première de ces *Man-dé* nous a été déjà révélée par le mot breton *Maour*, qui signifie Éthiopien (homme de *Ma*) [1]. Les renseignements que nous

---

[1]. Dans *l'Annamite, mère des langues*, nous avons établi que *ma*, le lamantin, était un des animaux adorés des Mandé, leur fétiche par excellence, le père, le bienfaiteur, le créateur supposé de leur race, et que cet animal ne serait autre que le sphinx des Égyptiens ou l'un des plus anciens dieux (monstre à tête de femme) des Chinois. Nous venons de voir ci-dessus que *Man* est le nom d'un dragon chinois (à rapprocher du sanscrit *ma*, soleil, feu), c'est-à-dire d'un dieu fétiche de cette race. *Sa, Da*, etc. (serpent, dragon, soleil, feu), sont également des noms d'animaux fétiches de certaines races : Saces, Daces, Sarmans, Garmans, Saxons, Chinois, etc.

Les Bretons et quelques autres tribus gaéliques ne mangeaient pas, de leur côté, de la chair du lièvre ni de certains gallinacés (*Commentaires* de César); c'étaient leurs animaux fétiches. Trace de ce culte existe dans nombre de coutumes de peuples d'Orient et d'Occident, chez lesquels le coq est encore considéré comme l'animal sacré par excellence, l'animal du sacrifice. De même, la levrette figure sur les armes de la Bretagne ; le lévrier est considéré par les Berbères comme un animal sacré ; de nos jours encore, les Juifs ne mangent pas de la chair du lièvre, animal primitivement sacré à Troie, en Égypte, en Chine et en Annam, etc. (en ann., *tho* signifie père, ancêtre, lièvre, lune, adoré, et aussi terre, comme le mot grec *któn*, terre).

Ces animaux fétiches nous paraissent être à la fois des symboles d'un culte originel et un signe de reconnaissance, une sorte de mot de passe destiné à permettre à des gens appartenant à des tribus de race commerçante, conquérante, etc., de se reconnaître facilement en pays étrangers. Les tribus, notamment, qui avaient pour fétiche le lièvre (couleur de lune) étaient des races de navi-

trouvons ci-après dans le remarquable ouvrage de M. G. Maspéro, *Histoire ancienne des peuples de l'Orient*, nous font connaître les tribus auxquelles ces Ethiopiens semblent avoir été primitivement apparentés.

Au VI° siècle avant notre ère, sous les noms de *Madi*, *Maditi*, *Mataïa*, *Matita*, il existait en Ethiopie un peuple important, le même que les Grecs nommaient les *Mataïa*, et Pline, les *Matita*. A la même époque, une autre tribu éthiopienne sauvage et guerrière avait un nom semblable, les *Marde*.

Maner est le nom du fils du premier roi d'Égypte et indique la parenté de la tribu de *ma* avec les Égyptiens; *Mandou* est le nom d'un dieu égyptien. Toutes ces dénominations ne révèlent-elles pas encore une communauté d'origine première de l'Égyptien et de l'Éthiopien ou Mandé?

D'autre part, *Maziou*, *Matoï*, *Mazyes*, *Moazeh* sont les différentes appellations d'une tribu libyenne dont l'histoire est intimement mêlée à l'histoire de l'Égypte : c'est cette tribu guerrière qui a longtemps fourni le corps de mercenaires qui constituait la garde des Pharaons. Ce nom, altéré en celui de *matoï*, dit M. Maspéro, devint pour les Coptes le terme générique de soldat : c'est sans doute le même mot que *matez*, serviteur, en breton; que le mot grec *matèn*, téméraire, méprisable, de nulle valeur, que le mot *mata*, soldat, en Indo-Chine; *mata*, guerrier, audace, en tahitien, que nos mots *matador*, *matamore*, *mater*, *matraque*, etc., se rapportant à des hommes chargés d'infliger la bastonnade, c'est-à-dire à des gardes,

---

gateurs, de guerriers et de marchands, au nombre desquelles on doit comprendre les Pélasges et, en général, les races blanches d'origine primitive hyperboréenne.

à des soldats; et enfin que le mot amharique *matazar*, obéir, celui qui obéit, le serviteur.

Rapprochons de ces noms de tribus libyennes et éthiopiennes, les noms sous lesquels les Mèdes étaient désignés : *Madaï, Amadaï* (comme l'on a chez les Berbères : *Mazigh* et *Amazigh*), et l'une de leurs tribus, les Mages ou *Ma-goush* (*gous*, gens de; adorateurs de; *Ma*, le soleil); les Margous ou Mourou (Marianne) (*gour*, gens de; *ma*).

De même, les documents que nous a laissés l'Inde antique sont remplis d'appellations de tribus, de dieux, etc., dans lesquelles entre le vocable *ma* avec l'une des significations que nous trouvons dans la langue annamite.

Dans le passé préhistorique, un trait unissait ces tribus de l'Iran à ces races sémitiques et touraniennes, c'est le culte primitif du serpent, du soleil et du feu, etc., le même culte sous des dénominations différentes, et indiquant une communauté primitive d'origine. Nous avons vu, en effet, que, chez les Mandé comme chez les Berbères et chez les Mèdes, les mots *sa* et *ma* étaient toujours associés dans l'appellation de leurs tribus ou de leurs chefs. Saces, Scythe, Mages, etc., sont tous des noms de tribus mèdes ; les mots *Mandéens* et *Sabéens* sont également, on le sait, des termes identiques. En différentes langues, n'a-t-on pas encore *sa*, astre, serpent, dieu, feu, soleil; *ma*, lamantin, dieu, soleil; en ann. Ma(n), dragon? *mats*, puissance, source, origine, et en chaldéen, *Samats*, le soleil, répétition de la même idée, *sa* et *ma*? Enfin, le mot *Shaman* ou *Chaman*, prêtre de la religion du serpent, religion primitive des Chinois, des Thibétains, des Germans ou Germains, des Saxons, etc., est composé de ces mêmes vocables. Toutes ces appellations et ces croyances ont été puisées à la même source.

Faisons un rapprochement entre les mots : *Mandé*, *Mandzi*, le mot *Man-chau* ou pays des *Man*, par lequel les Annamites désignent la Mandchourie (d'autant plus que dans certaines contrées de l'Asie, l'appellation de mépris *mandzi* s'applique particulièrement à des hommes de race mandchoue), et aussi le mot *Madgyar* ou *Magyar*, nation hongroise [1].

Nous sommes ainsi conduit, quelque étrange que soit la conséquence qui en découle, à rattacher, en raison de l'analogie que présentent leurs noms, les Mandchoux, les Normands et les Berbères, aux Mèdes (Scythes), aux Mongols ou Tartares, dont nous avons, dans un précédent volume, signalé la communauté d'origine première avec les Mandé du Soudan, c'est-à-dire avec les Éthiopiens.

En ce qui concerne les caractères ethniques, les uns et les autres de ces peuples ne présentent-ils pas également quelque lien commun? Hérodote nous apprend que les Maxyes de la Libye, c'est-à-dire les tribus éthiopiennes que nous avons mentionnées ci-dessus sous les noms de

---

[1]. Aucun doute n'est possible, philologiquement parlant, sur l'origine chinoise des Hongrois ou *Hun-gour* ou *Hungaria*. L'annamite nous révèle cette origine par les mots *Nhung* (*n* euphonique), qui signifie : Chinois occidentaux et arme; par les mots *nhuc*, fourmiller; *nhum*, assembler; nombreux; par les mots *hung*, cruel, féroce, inhumain; *huinh*, jaune ; *huyen*, faux, tromper; *hung-nó*, tartare. Comparons encore les mots *Hongrois* ou *Hong-our* avec le mot ann. *hong*, roux, rouge, par lequel les Annamites désignent les Anglais et en général les individus de race anglo-saxonne (*hong mao*, gens à cheveux roux). *Hongour* est au reste un mot ann. : *ou*, être; *hong*, roux.

Nous avons fait déjà de même un rapprochement entre le mot *Tchèque* et le mot annamite *Chék*, qui signifie chinois et qui a donné vraisemblablement naissance au mot anglais *chèque*; l'usage des chèques et tout ce qui a trait à l'organisation des banques ayant été emprunté par nous aux Chinois; de même que le mot *bac* a servi à désigner à la fois l'Européen et les objets, mœurs, institutions, etc., importés primitivement en Chine par ce dernier : navire, argent, banque, etc.

Maziou ou Mazyes (formes de Madzi, Madi ou Manzi), se disaient issus de Troyens; et l'on sait, dit M. Maspéro, que ces Maxyes étaient les Maschouachs, signalés par les textes hiéroglyphiques dès la XVIIe dynastie égyptienne, et représentés sur les monuments de la XVIIIe dynastie comme des hommes à peau blanche et à cheveux chez les uns bruns, chez d'autres, blonds, et chez d'autres, roux. Ces types, on les retrouve chez les Berbères, chez les Normands et chez certaines tribus asiatiques.

Phonétique ma, me, mi, etc. Nombreuses similitudes de mots grecs et de mots annamites. — Si l'on passe en revue les mots des langues indo-européenne, celtique, sémitique, annamite, etc., qui possèdent le radical *ma*, il n'est pas possible, en raison des affinités nombreuses de sons et de sens que l'on y rencontre, de nier la communauté de la source à laquelle tous ces mots ont été puisés.

Les analogies, notamment, les similitudes entre mots annamites et mots grecs, dérivés de la phonétique *ma*, *mo*, *mu*, etc., abondent. Les mots grecs *moias*, unité, comme *monos*, *monios*, seul; solitaire, sauvage (d'où moine, morose; grec *moros*, fat, fou, etc.), viennent directement de l'annamite : *mot*, un; *moï*, chacun, isolé; *moï*, sauvage, barbare comme la tribu sauvage des *Moï*, du Tonkin; comme les *Muong* ou sauvages; comme le mot *mong*, rude, grossier, etc.

Le grec *mukos*, lieu secret, d'où mystère, vient de l'annamite : *mu*, obscur, caché, noir; les mots grecs *muô*, *mussô*, *muctô*, fermer les yeux, faire signe des yeux, viennent de l'annamite *muc*, œil et index. On a : grec *muzoï*, sucer; et annamite *mut*; grec *mika(ka; mi)*, brillant, et annamite *mi*, prunelle; grec *mussô*, tromper, attraper par finesse;

et annamite *muu*, finesse, stratagème, expédient, *mop*, fraude; grec *mur moï*, fourmi, annamite *moï*, fourmi blanche, termite, et *moïi*, ronger, gratter; grec *mukter*, nez, narine, et annamite *mui*, nez, narine; grec *muza*, morve, et annamite *mui-zaï*, morve (mot à mot : *zaï*, ce

Les Mans, montagnards du Tonkin. (Dessin de Khanh.)

qui coule; *mui*, du nez); grec *murios*, sans nombre, dix mille, et annamite *muôn*, dix mille.

Grec *mikros*, *minuos*, *misulein*, latin *minuo*, amoindrir, couper en miettes, en morceaux menus, minuscules, et annamite *mieng*, fragment, petit morceau, miette, *mi*, terme de mépris, chose de peu, *manh*, mince; grec *mitra*, mitre, turban, habillement de tête, et annamite *mû*, bonnet, couronne, diadème; grec *muein*, muer (latin movere, mouvoir), *muia* (wallon *mohe*; namur *mouke*), la mouche (insecte très mobile, toujours en action), et annamite *muc*, encre, noir (couleur de la mouche), et *mua*, idée de mouvement : action, occupation, travail (ainsi *nua mua*, pendant l'action).

Grec *muein*, *musès*, qui est relatif aux choses saintes, aux mystères, et annamite *mua*, danser, jouer des mains, gesticuler, comme les bonzes, les sorciers, les hypnotiseurs annamites, comme les mandarins quand ils exécutent la danse des astres, dans la célébration du culte populaire, etc.; grec *mormô*, marmot, *moskos*, jeune, nouveau, et annamite *môm*, môme; *mon*, petit; *moï*, récent, jeune, nouveau; grec *muko*, *mukès* (*ké-mou*), suie épaisse, et annamite *mo*, suie; noir de fumée; *muc*, encre (chinois *mo*); grec *mukos*, mucosité, comme les mots annamites précédents et comme les mots annamites *mu*, pus; *mut*, pustule, abcès; grec *mudan*, moisir, pourrir (ce qui est le cas des choses trop *mûres*); et annamite *muôi*, trop mûr; *muc*, pourri, gâté; grec *musos*, horrible, exécrable, gâté, souillé (au sens figuré), comme l'annamite *mu*, *moï*, *minch*, sombre, obscur, noir (même sens); et *mun*, ébène; *mui*, couleur.

Citons encore : sanscrit *ma*, soleil, briller, feu; persan *maz* (comme Or-maz), même sens; annamite *match*, source, origine de toutes choses (le soleil); gothique *maths*, puissance comme le mot grec *mathé*, science, etc., *ma*, *mès*, *mù*, *mo*, etc., affixe qui dans toutes les langues exprime (comme les vocables *ba*, *be* et *la*, *le*, etc.), une idée de force, de nombre, de puissance, etc., tels sont annamite *mê*, beaucoup, fort, etc.; grec et latin *mé*, *ma*, superlatifs, comme dans *méta*, *ultimus*, etc.; *mé*, augmentatif, comme dans Méduse, mêgas, métal (*mé*, beaucoup;

Un marché indigène.

安南亭平菱陂花景

(Composition de Khanh.)

tal, feu, brillant); armée, asthme, etc.; maman et mère (en annamite : *maou* et *mê*, mère, et *maï*, femelle); maïs; mil : maro (en peulh), maka (en ouolof), ma, en annamite; jamais (jamaï, en provençal); matin, demain (en annamite : *maï* et *demaï*); mânes, macabre (en annamite *ma*, esprit, génie, dieu, fantôme, cadavre, tombeau, démon), même racine que le mot *ma*, soleil, en sanscrit; que *mas* qui, chez les Chaldéens, désignait les démons, les fantômes, l'esprit du mal (la peste, les maladies)[1]; que mal; que le mot manitou; que *mar*, mourir, en zend (môt, en annamite). On a encore : main, manière (*man*, en annamite), manie, maquignon, maréchal (en annamite, *ma*, cheval; en breton et en danois : *march*, *mar*, *mœr*, cheval, jument; en français, mazette, mauvais petit cheval); mât, massue, matraque, marteau, armes de ces races de *ma*; makà et maquer (frapper) en provençal, comme on a saka (sace) et saquer, etc.; mendier, *mand*, en sanscrit, en latin *manda*, faute, puni (race maudite comme les Mandé); maudit, maure (en annamite *mau*, à la fois, couleur et sang, c'est-à-dire : homme au teint rougeâtre et aussi, porteur de lance, agile, comme *mao*); et ajoutons qu'à côté des termes tels que marcher, marché, marchandise, marauder, maroufle, mercantile, mercuriale (en annamite : *rau maï*, Mercure, Dieu des marchands et des voyageurs) et aussi inventeur du métal, fils du soleil et de Maia (la terre)[2], qui se rapportent nette-

---

1. Chez les Chaldéens, *mas* avait plus exactement le sens du mot annamite *ma*, dieu, pris en bonne et en mauvaise part : ainsi, le soleil se disait *Shamas*.
2. Mercure était appelé le dieu Hermès, nom qui se présente, d'après les philologues, comme la traduction de Sarra-ma. Nous avons vu, en effet, que *sar, ser, her*, etc., étaient des mots synonymes et aussi synonymes de *ger, ker, gha, kall*, etc.; de *sa, tar*, etc., signifiant : forts, robustes, gens armés, courageux; guerriers, chefs, comme les Germanes, Sarmanes, Shaman, Saces, Tartares, Keltes.

ment à des trafiquants, à des colporteurs, on trouve une série d'autres mots tels que : maçon, maison, magasin, manoir, masure, etc., qui indiquent que la tribu primitive des *ma* a formé non seulement des marchands et des nomades (*no-madzi*), mais aussi des tribus de sédentaires, d'agriculteurs, d'ouvriers, c'est-à-dire des tribus ayant des habitations permanentes (en annamite, *man* et *manman* : cesser, ralentir, arrêter, attendre, comme le mot latin *manere*, comme le mot chinois *man ti*, lent). Il en a été et il en est encore ainsi chez les Mandé, chez les Berbères et chez les Mandchoux dont les tribus, d'abord nomades, tendent peu à peu à se fixer et à abandonner la vie de pasteur ou de colporteur pour celle d'agriculteur, au fur et à mesure que la civilisation se développe parmi elles.

L'étude de la phonétique *ma*, *me*, *mi*, etc., ne peut-elle nous donner quelque autre indice caractéristique sur l'origine primitive de cette race des Ma?

On a : mon, ma, moi, me (la possession, la force); *ma*, *manu*, en sanscrit, l'homme, et *mah*, croître, pousser, c'est-à-dire le principe de la fécondation comme mâle; ouolof *mag*, frère aîné, le fort, le protecteur; *marta*, *mard*, l'homme, en zend; les mots français, mâle, malart (mâle des canards sauvages); les mots annamites *minh*, moi; *moï*, barbares, sauvages; *manh*, fort, robuste, etc., concordent à indiquer que ces tribus des *ma*, *mans*, *mandi* ou *mandzi*, etc., étaient des races fortes, puissantes, etc. Les mots annamites *mê*, *manh*, fort, latin *magnus*, roumain *mare*, grand; les mots magnat, majesté, (*malek* ou *malik*, roi en arabe); *miles*, soldat; les mots

---

Kimbroi et Ximbroi (frères des Scythes), etc., races blanches, adorateurs du serpent et du feu et sans doute aussi qui avaient trouvé les premiers l'usage de cet élément.

190 ANNAMITES ET EXTRÊME-OCCIDENTAUX.

maître, maire, mandarin, font allusion à ces mêmes idées [1].

Quelques mots, tels que : marbre, merus, mirius, marguerite, margarine, dénotent un sens de brillant, pur, éclatant, et peuvent être pris au sens figuré de fort, puissant; mais le plus grand nombre semblent se rap-

Muong ou Tho (type sémitique).

porter à une race au teint brun foncé, et, en tout cas, à

[1]. Donnons ci-après quelques mots dérivés de vocables annamites, et ayant des significations de hauteur, élévation, etc. On a : *mé, manh*, grand, fort; *ma* et *mo*, butte, tertre, bec; *moï*, lèvre, extrémité; *mom*, garrot; *mong*, derrière, crête; les mots amas, masse (latin *moles*), multitude, monde; monument; mont, amont, et ceux ci-après désignant la lune et exprimant l'idée de hauteur, d'élévation (comme l'ann. *ma* et *mo*) : *mah, mâne, moon, mond, mouth, mund*, lune, en diverses langues; *maël, men*, mont, en breton; *mund, mynni*, une extrémité quelconque, en danois, sens que l'on retrouve encore dans les mots ann. *mé* et *mep*, marge,

une race de métis; on a : *mat*, qui n'a point d'éclat, de poli; marron, couleur jaune brun (c'est la couleur du Maure); machuré (noirci); *moreno*, brun, en espagnol;

Muong ou Tho (autre type sémitique).

maculé, teinté, c'est-à-dire : marqué (*marg*, en zend);

rebord, saillant comme un mur, un morne; *mui*, nez, proue, bec; à rapprocher du provençal *mouré*, nez, proprement museau, musoir.
Le préfixe *mu, mour, mor*, d'un grand nombre de villes a cette signification. Ainsi la ville de Monaco, bâtie sur un rocher qui a l'aspect d'une proue, d'un museau, etc., s'appelait anciennement *Mourges* : *ge* ou *gué* ou *ké*, chose qui; *mour*, s'avance en forme de *mourd* (provençal); de museau (*muï*), en annamite.

c'est la couleur du teint de l'Éthiopien et du Mandé; annamite *muï*, couleur; *mun*, ébène; *mu*, *minch*, sombre, obscur, etc.; on a : mâcher (broyer, prolonger); mâtiné, mélangé, métis; sens corroboré par les mots annamites : *mach* (*ch*, ce qui, concerne les *ma*), signifiant mulet et léopard, êtres hybrides, produits d'animaux d'espèces différentes.

Les races des *Ma* étaient donc des races de métis. D'autre part, l'arabe désigne par les mots *moulad*, mulet, et par *oualada*, des produits dont l'origine n'est pas pure ; c'est le cas sans doute des *Ouala* ou *Gala*; et des Ouolofs ou *Galofs*, race des pays d'alluvion; et en général des races dont les noms contiennent les vocables *la*, *lad*, *late*, *lé*, *lo*, *lou*, etc., Slaves, Sakalaves, Alamans, Alains, Gaulois, Latins, etc.

Les Francs, nous le verrons, doivent être classés dans la même catégorie, si l'on s'en rapporte au mot hébreu *phered*, mulet (en annamite : *phe*, fraction, tribu, et *pha*, mélange; *red*, *reo*, froid, nord, etc.), qui s'applique au peuple franc; ce même vocable *pha* indiquant un croisement d'êtres d'espèces différentes comme dans le mot léopard (que l'on trouve écrit dans Buffon : lépard); dans guépard, etc.

Conclusion : selon nous, les races caractérisées par la phonétique *ma*, *me*, etc., Mans, Mandé, Tama (Berbères), Mages, Mandchoux, Madaï (Mèdes), etc., étaient des races de métis, produits des races, nous allions dire des espèces humaines primitives, si nous ne croyions pas à l'unité d'origine de l'espèce humaine. En tout cas, c'étaient des races de teint varié, sans doute des rameaux de la grande famille sémitique. Enfin, les mots milieu (*mitan*, en provençal), moitié, medium, semi, etc., indiquent peut-être encore que ces races étaient considérées comme formant la liaison entre les races principales, jaune, noire et blanche; qu'elles ont pris naissance dans une région du midi, telle que l'Asie Mineure ou encore l'Égypte, *Kmit* (*Ké-mit*, qui est au milieu), le point de contact des continents noir, jaune et blanc, de l'ancien monde.

Dessin de Baki.

CHAPITRE VIII

RÉFUTATION DES CRITIQUES FORMULÉES CONTRE
L'ANNAMITE, MÈRE DES LANGUES

Étude détaillée des phonétiques *ba, bac,* etc.; *ar, as,* etc.;
fa, fra, etc.

Passons à l'examen des critiques formulées par l'auteur de l'article du *Courrier d'Haïphong*.
Première objection. — Celui-ci écrit ce qui suit :

« D'après M. le colonel Frey, le mot *bac* signifie, chez les Annamites : argent; il est employé également par eux pour exprimer ce qui a la blancheur de l'argent; ainsi *bac-nhâu* veut dire : blanche race; enfin il désigne le nord, d'où leur sont probablement venus les premiers individus de race blanche. » — Il est difficile de réunir plus d'inexactitudes en aussi peu de mots; *bac* est un mot annamite qui veut dire : argent, mais jamais les Annamites ne l'ont employé pour indiquer ni la couleur blanche, ni le nord, c'est encore un jeu de mots..... chinois ou plutôt sino-annamite; M. le colonel Frey ne paraît pas se douter que les mots chinois qui désignent le nord et la couleur blanche et qu'il prend pour des mots annamites se prononcent autrement en chinois et que la forme hiéroglyphique de chacun d'eux, la seule à retenir dans cette circonstance, est fort différente l'une de l'autre. La locution *bach-nhan*, qu'il donne comme exemple, est chinoise, et se prononce *pai jen* (homme blanc); prononcée à l'annamite, elle ne peut avoir aucun sens étymologique. »

Phonétiques Ba, Be, Bac, etc. — La réponse est aisée sur ces points; il suffit en effet d'ouvrir, à la page 51, le *Manuel de conversation franco-tonkinoise* des Missionnaires; on y lit que les mots *bach-nhân* signifient, en annamite : blanche race. (On trouve, à la même page, le terme *xich nhân*, qui signifie race rouge; nous l'avons vu, ce terme désigne clairement les Scythes ou Celtes.)

D'autre part, le *Dictionnaire annamite français* des missionnaires de Saïgon porte, en regard des mots *bac* et *bach*, les significations suivantes : chaleur, blanc, pâle, argent, cent, degré, dignité (idée de supériorité afférente aux individus de race blanche); banque, grand navire (importations des Blancs); pôle, nord, septentrion (contrée de la neige, de la pâle lumière et aussi contrée d'où est venue la race blanche; le mot *bac* notamment sert à désigner l'étoile polaire, le pôle boréal et également les Chinois; ce qui semblerait indiquer que, dans le principe, la race aborigène de l'Annam était une race au teint foncé, et celle de la Chine, une race blanche ou du moins au teint pâle, ce qui est le cas de la race jaune aussi bien que de la race des Saces, des Tartares, etc.) [1].

1. Nous rappellerons que nous avons fait la même remarque en ce qui concerne les aborigènes du lac primitif méditerranéen. Ces derniers étaient sans doute de teint foncé, car ils donnèrent les

Le même dictionnaire porte encore en regard du mot *ba* : trois (le nombre cabalistique des races primitives, le nombre supérieur); cent (nombre supérieur); *ba*, nom honorifique des femmes âgées, des femmes nobles et des hauts fonctionnaires; flot; *baï, bam*, saluer, porter respect, côte, rivage; *ban*, compagnon, époux, épouse[1], mots indiquant une race chez laquelle la famille était solidement constituée et qui sont sans doute l'origine de bans, bande, bandit, banal, bandière (bannière, en allemand); *ban*, estrade, table (banc); tirer de l'arc; *band*er l'arc, *vend*re (idées s'appliquant aux premiers navigateurs qui étaient en même temps des guerriers et des commerçants); *bam*, livide; *bang*, conque, coquille; *bat*, écuelle, bol, et tout ce qui est creux, tout ce qui flotte sur l'eau.

Ajoutons qu'au Tonkin, Baki est un nom fréquemment donné à des métis de Chinois et d'Annamite[2].

En nous appuyant sur les principes de la philologie comparée, il nous sera possible de faire découler des significations primitives des mots qui précèdent, celles d'un nombre considérable de mots de toutes les langues.

On a, en sanscrit : *ba*, cent, briller, brûler et les vocables : *brah, bahr, breck, brück, black* (même sens), altérations de *ba*; *bhadd*, ouvrir, comme baie, comme le provençal *badha*, rester bouche bée; en hindoustani : *beg*, chef, et *barf*, glace.

---

noms de : Blancs, Écorchés, Gens à la peau couleur de lune, aux hommes de race blanche qui, à l'époque préhistorique, immigrèrent du nord dans leur contrée.

1. Nous verrons que *fra, fraou*, compagnon, époux, épouse, correspondent comme sens au mot *ban*.

2. Nous retrouvons ce nom dans *Bakay*, nom de la famille des marabouts vénérés de Tombouktou.

Abacha, abachi est le nom donné à l'Abyssin, en langue amharique; c'est un mot pris en mauvaise part, dit l'explorateur M. Mondon; sans doute de *a* privatif : homme qui n'est pas blanc.

Les Giao-Chi 交趾人

ou autochtones de l'Annam, gens aux doigts de pied écartés (par Baki).

En arabe : *ba*, maître, d'où *bacha* et *pacha*; *baou*, riche, précieux; *bey*, seigneur; *babas*, prêtre; *bach*, tête; *baâ* et *bey*, vendre, etc.; en turc : *bach*, chef, etc.; *bar*, fleuve, côte, baie; *bahr*, mer; *bat*, dépression, cuvette; etc.[1]; *laban*, blanc, en hébreu; *abiadh*, en arabe; *agba*, *kébir*, grand, puissant, dans la même langue.

En russe, *bagat*, riche, et *balchoï*, grand, puissant; *barine*, chef, seigneur; en slave; *bog*, le Dieu par excellence; à rapprocher des mots *bon*, *beau* et *boa*; en persan, *barf*, neige, et *baga*, Dieu (*ga*, celui; *ba*, grand, puissant, briller, etc.), *bagaios*, Dieu des Phrygiens ou Bébryces.

En ouolof, en mandé, et en peulh, *bak*, *toubab* et *touback*, blanc, européen; *bakan*, nez (trait physique caractéristique du Blanc; de même que le mot breton *fri*, nez, désigné les Francs et le mot grec *miti*, nez, les Sémites, races au nez fort, proéminent; signification analogue à celle du mot annamite *mui*, nez, bec; relief); *bay*, père; *ba* (*gio*), noble étranger, blanc; *baobab* (roi des végétaux); *bakh*, impôt, tribu, habitude, coutume; *bay*, inonder; *bey*, cultiver, bêcher et chèvre (animal et travaux importés par les Aryens, par les Blancs); *bakh*, *baré*, beaucoup, bon, bien (en malais : *baïk*, et *banaïk*); *bop*, tête; *bourg*, chef; *barka*, terme de respect, merci et aussi assez; superlatif; comme le mot italien *basta*; en

---

1. Deux villages passaient pour avoir été bâtis sur l'emplacement de Troie; ce sont : Tchiblack et Bounar-Bachi. Ces noms ont gardé, sans doute, trace du passage de leurs fondateurs, des Pélasges, dit-on.
On a, en annamite, *tchi*, celui, qui; ou *thi*, marché, ville, époque; *Black*, Blanc ou supérieur; *Tchi black*, emplacement d'une ville fondée par des Blancs ou d'une ville renommée par sa puissance, par sa richesse. *Black* peut enfin venir du mongole *balak*, ville.
Dans Bounar, *bou* a vraisemblablement une signification analogue à celle de *thi*; *nar* signifie : feu, soleil, maure, et indique une idée de supériorité; *bachi*, même sens que *black*.

mandé, *ba*, trois et mille ; *ba*, mère (terme de respect) ; *ba*, grand ; *ba*, fleuve, flots (comme *bach*, *bäche*, *becque*, ruisseau, en allemand) ; *bada*, rivage (significations identiques à celles du mot annamite *ba*) ; *bo*, *ba*, *boâ*, ample, grand ; *bété*. beaucoup, etc.

Dans d'autres langues : *Baal*, dieu des Chaldéens ; *Babbar*, dieu du soleil chez les mêmes ; *babba*, père, chef, chez les Dahoméens, chez les Esquimaux et chez d'autres peuples ; en breton, *braz* ; en hindoustani, *bara*, grand ; en arabe, *che bâb* ; *breid*, large, en allemand ; *broad* en anglais, *lébar*, en malais ; et le mot *coton* (tissu blanc), dans les langues suivantes : roumain, *bumbac* ; grec, *bambaki* ; cambodjien, *krebas* ; arménien, *pambag* ; persan, *pambek* ; annamite, *bong*, etc. ; on a encore en français : *bec*, partie saillante ; *berme* ; *berge* ; et en allemand, *berg*, même sens ; en anglais, *back*, dos ; *blakang*, en malais ; *ber*, *bala*, supérieur, en persan ; *bla* ou *la* en thibétain [1] ; *par*, en hindoustani ; en breton, *bras* et *bré*, grand, élevé. A la Martinique, *Balata* est le nom d'une hauteur ; *balata* est aussi le nom d'un arbre qui croit seulement dans les régions supérieures ; *Baldo* est le nom d'une haute montagne de la Vénétie. *Balare* était le nom donné par les Carthaginois et par les Corses à ceux qui abandonnaient le séjour des villes pour vivre dans les montagnes, à l'état d'indépendants, comme sont les Balantes de la côte occidentale d'Afrique.

Balakitg, dieu des vents, dans la mythologie kamstchadale ; *Bel*, *Bil*, dieu, en assyrien.

Bacchus, personnification de la lumière, de la chaleur, de l'ardeur intérieure, du feu de l'ivresse ; *bâcle*, *bâton*,

---

[1]. En amharique, *bal, bala* signifient grand ; *abay*, le Nil ; *baher*, la mer.

Incendie du village indigène de Ninh-Binh (Composition de Khanh.)

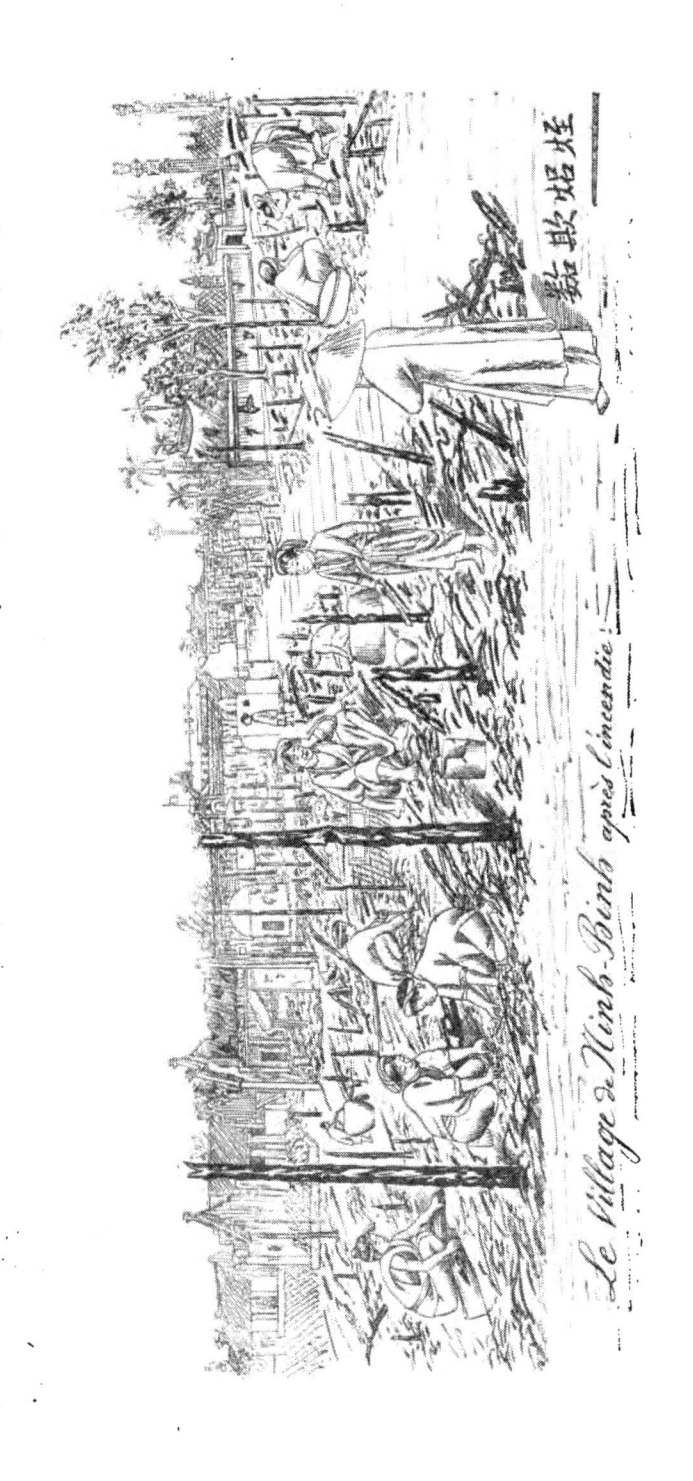

Le Village de Ninh-Binh après l'incendie !

baguette, bambou (*baktron*, en grec, *bante*, en ouolof); *bactris*, insignes de l'autorité chez tous les peuples; barre, batte, battoir, battre, briser, broyer; base, bâtir, bande (idées de force, de pouvoir, de nombre, de longueur); grec *batos*, fond, creux; *bia*, force; *brian*, fort, *budos*, creux; *basileus*, prince; *baros*, grave, lourd, pesant (important, au physique et au figuré); bague, baïoque (objets de métal précieux); *bal* (hommage aux Dieux); barde; *barbat*, homme, en roumain (c'est-à-dire: celui qui est barbu, puissant, comme les Barbares, mot qui signifie également habitant des côtes, des baies), et *barbat*, mâle, mari [1]; *brabeus*, en grec, arbitre, juge, maître; *baron* [2] (en annamite: *ba*, chef; *lon*, supérieur; en haut allemand, *bar*, homme libre, nomade, comme les Berbères, les Barbares, les bergers, etc., comme toutes les peuplades appelées *Bars*, *Bares*, *Bères*, *Birmans*, etc.); *brenn*, mot gaulois signifiant chef, brave; *bril*; latin *berillus*, éclat,

---

1. Dans la plupart des langues, notamment en annamite, les mots qui signifient : barbe, poil, chevelure sont synonymes de : grand, puissance, force, autorité, etc. Ce mot *barbat*, qui, en génois, est pris aussi dans le sens d'oncle, ne ferait-il pas allusion à une parenté originelle entre les Berbères et les Génois?

2. S'il peut y avoir doute sur l'origine annamite du mot *baron*, il ne saurait y en avoir sur celle du mot *duc*; en latin, *dux*, chef, et *ducere*, conduire. Les étymologistes font venir ces mots du celtique; en tout cas, disent-ils, le sanscrit ne possède aucun terme auquel on puisse directement les rattacher. En annamite, au contraire, on a *duc*, qui signifie le mâle, en parlant des animaux; c'est celui qui fait tête à l'ennemi, qui protège, qui dirige, qui conduit le troupeau. On a aussi *dua*, conduire, accompagner et enfin : *duc*, vertu, courage; *duc* est aussi un préfixe honorifique qui correspond exactement à notre titre de *duc* et qui a été donné dans plusieurs circonstances, par l'empereur d'Annam, à des Européens pour récompenser leurs services. Les Annamites disent aussi *duc troï*, le chef du ciel, pour désigner Dieu. Il est certain cependant qu'on peut rapprocher cette dernière idée analogue à celle de *pa* (protéger, chef, père) et de *par* (en breton, le mâle, le protecteur), des idées exprimées par les racines souscrites, *div*, *dev* et par la racine annamite : *de*, dieu.

lueur; *brûler, brun* (allemand *braun*, hongrois *barna*); *bai* (brûlé); *blé,* rougeâtre, brûlé, en mandé, comme notre mot *blet* (même sens[1]); *bar,* froment (en hébreu); *bot,* farine, en annamite; comme *banh,* pain, en annamite (altération de *pan*); *bara,* en breton; *bread,* en anglais; *brod,* en allemand; *bourou,* en ouolof (mets usités chez les Blancs ou mets supérieurs); en français : *blé, blade*; latin, *bladune*; banque, baccarat, barrique, bief, bayer, béer, baie, bain, balneum, bac, bassin (basque *Kubatchua*; italien *baccino*; hindoustani *bartan*; ouolof *bak* et calebasse *batte*); bas, baratte, baquet, bateau (en suédois : *bat*; en latin *balea,* barque; breton *bâg*; danois *baad*; anglais *boat*; basque *bâcheta*), etc.; français baiser (*se,* chose; *bai,* ouverte)[2]; all. *bad*; anglais *bath,* bain, récipient, etc., autant de mots ayant le même sens que les mots annamites *ba, bac, bat.*

1. En allemand, *blut*; en hollandais, *bloed*; en anglais, *blod,* signifient sang, liquide rouge, comme le mot mandé *blé.* Le mot breton *bleo,* cheveux, fait sans doute également allusion à des races aux cheveux roux, blonds.
2. Baiser se dit, en italien, *baccio,* mot que l'on prononce *ba-tchio* et qui peut se décomposer en : italien, *tchio,* chose; annamite, *o,* être; *chi, tchi,* cela (comme *qui, Ki, Ké,* etc.), et enfin *ba,* ouvert, bée.
Mais ce mot a pu également avoir été forgé pour exprimer, pour désigner un trait distinctif d'une race particulière, celle des Ba ou Blancs.
Dans *l'Annamite, mère des langues,* nous avons fait ressortir qu'au point de vue de la manière d'embrasser, le genre humain pourrait être divisé en deux groupes : les races chez lesquelles le baiser est donné au moyen des lèvres entr'ouvertes, bées; c'est le mode d'embrasser de l'Aryen, du Blanc ou Ba ou Bac; et les races chez lesquelles le baiser se donne en appliquant le nez sur la joue et en sentant, en flairant la peau, la bouche restant étrangère à cet acte; c'est le cas des Annamites, des Hindous, des Esquimaux, des Polynésiens, des Soudanais, etc. Le mot qui exprime, dans ces langues, l'action d'embrasser est en effet *fôn, phôn,* ou *hôn,* sentir, flairer, renifler, à la manière des animaux. La signification de *baccio* serait ainsi : chose particulière aux Blancs; manière de Blanc.

Les mots : italien, *bianco*; portugais, *branco*, blanc; *butiro*, beurre (matière blanche ou jaune, comme *buteros*, âgé, blanchi, en grec); *brahman*, homme blanc, grand, supérieur, prêtre [1]; *Bactres* ou *Balk* ou *Bakhdhi* ou *Bakhtris* (en annamite : *Bac*, blanc; *tren, tri*, supérieur, comme le superlatif français *très*; comme le mot cabalistique *ter*, trois; d'où *Bactres*, sans doute le Blanc par excellence, ou patrie de la race blanche); *Balkan* (*kan*, coiffure, sommet, race), *balk*, blanche; *Balkan*, montagne neigeuse; *Balk-ach*; le lac Balkah (du pays des Blancs); *Bachkirs* ou *Bachkourd*, peuple de la Russie orientale, finnois d'origine, appelés aussi « les Roux »; *Baschgard*, gens au teint et aux cheveux roux; patrie d'origine des Hongrois; balcon, lieu élevé, estrade comme le mot : banc (en annamite, *ban*, banc, table); blason, bloc, ballon (sommet arrondi), et les mots : blond, blanc, blême, blafard, bleu (couleurs qui, à l'exception de la première, sont toutes exprimées, en annamite, par un seul mot : *Xanh*); *xa-gn*, répétition de la même idée : blanc-feu. Les mots anglais *blaze*; anglo-saxon *blœse*; torche, briller,

1. On a aussi *brahm*, même sens que *brahman*, de *brah*, brûler, fort, blanc, etc., et de *man* ou *me* qui, en annamite, et en d'autres langues, en dehors de leur signification propre, donnent souvent au mot auquel ils sont juxtaposés, le sens de puissance, de force, de quantité, etc., sens que nous trouvons dans âme, asthme, arme, armée, baume, renommée, extrême, suprême, etc.; le mot *brahme* peut recevoir parallèlement à cette signification, celle de : celui qui parle, celui qui prie, c'est-à-dire : le prêtre, le bonze, etc. Un mot irlandais qui a une certaine analogie avec *brahman* est le mot *calman*, colombe, que nous traduisons par *man*, beaucoup; *cal*, blanc, brillant; à rapprocher de camée, de came et de calme (de *calor, candor, candere*), dans lesquels *ca, cal, can*, et *me, mée* ont des sens analogues à ceux que nous indiquons ci-dessus.

A l'appui du sens de blanc que nous donnons au mot *brahman*, nous ferons observer que le mot *Ahriman*, qui représente l'esprit du mal, l'Esprit des Ténèbres, le diable noir, se dit aussi *Abramane*, de *a* négatif et de *brah*, qui, dans ce cas, signifie nettement brillant, lumière, blanc.

éclat; français blason, ont ainsi le même sens primitif que *xanh*.

Les mots *bakshis*, don en argent, pourboire, en grec, romain, en turc et en arabe; *bahiri*, cuivre, en grec; *bagyr*, en turc; *bérints*, en arménien; le mot turc *bachka*, autre, qui, comme le mot arabe *berrany*, étranger, indiquent que la race des *ba* était considérée par les Sémites comme une race étrangère, nomade.

Ajoutons à cette liste les mots annamites : *beo*, beaucoup (que l'on retrouve dans nombre de mots, entre autres dans le mot basque *bêtran*, âgé, vieux, de l'annamite *bê*, beaucoup; *tran*, blanc, blanchi, vieux); *be*, degré du trône, trône; *bê* et *bien*, mer; *be* et *bieng*, férule, bâton; *but*, idole, science (comme le mot japonais *but*, Dieu; comme Boudha); *bua*, amulette; *bong*, pythonisse; *bo*, gouverner; rive, c'est-à-dire bord, botte, faisceau et borne; *bau*, bordure, rebord; *bé*, bordage, bastingage; *boï*, dos, bosse; *bon*, beaucoup, bande; *biêc*, bleu, azur, etc., et les mots baleine; en sanscrit, *bala*, force, ou *phala*, même sens et aussi blanc, Français; *Balkis*, nom donné à la reine de Saba qui devait être de race blanche; *balise*, comme borne; *blinken*, luire, en allemand; *blich*, *bleich*, blême; *belette*, bête au poil roux, fauve, comme le renard (*re*, être; couleur; *nar*, du feu); *black*, fauve, en suédois; *black-hawh*, nom d'un chef des Indous Sacs et Renards (deux mots indiquant des races rouges comme les Scythes et les Saces); *blacce*, sorte de pourpre; le mot anglais *boy*, garçon, viril; comme le mot celtique *bachelier*, de la racine *bach*, même sens que *boy*, même sens aussi que le mot mandé *blakoro*, garçon.

A signaler les analogies de son et de sens de cette racine : *ba* et du mot *pa* (en chinois : *paï*, blanc), père, chef, protéger, nourrir et de ses altérations : *pha*, *pi*, *vi*, etc., chose, être (le plus souvent : être animé, comme dans *phas*, cheval ou ouolof, dans *éléphas*, etc., dans *pis*, cheval, en sérère; dans *Apis* ou *Hapis*, l'animal sacré des Égyptiens; dans *hippos, lépus, lapis*, etc., et qui ne sont, sans doute, que des altérations de *so, po, fo, bo*, etc., être, chose, animal; on retrouve cette signification dans le mot *vi*, personne et aussi petit, en annamite, en esquimau, en dahoméen; dans *bios*, vie, être animé, des Grecs, etc. Le mot sanscrit *pitar* ou *pater*, qui servait à nommer les dieux, est un mot composé annamite : *pa*, être, père, chef ; *ter* ou *tri* ou *tre*, intelligence, supérieure, gouverner, régner [1]. Le suffixe *ter*, dans *mater*, a le même sens. On a formé aussi : *Dia-pater* ou Jupiter, le père supérieur, le chef des Dieux; telle est également la signification du mot *Savitri*, le Dieu suprême des Vêdas; *sa*, étoile; chef; *vi* (en annamite : personne, être); *try* (comme *ter*), parfait, intelligent, régir.

Phonétique Ar, as, etc. — A l'appui des dérivations nombreuses que nous avons tirées du sens primitif de la racine *ba*, chaleur, éclat, blanc, etc., nous donnons ci-après un autre exemple remarquable de dérivations analogues. C'est celui d'une syllabe qui a servi à la formation, dans toutes les langues, d'un grand nombre d'autres mots correspondant aux significations des mots annamites *ba* et *bac*.

Nous avons *ar* ou *as*, astre, serpent, être, souffle (et, par transposition, *sa*); *as*, comme le grec *eis*, un seul, comme

---

1. Les mots *frater, brother*, etc., frère, sont formés d'une manière analogue : *bro*, comme le breton *bro*; comme les mots : *breur, brat*, etc., compagnon, ami ou *fra* (même sens), et *dher* ou *ter*, comme le superlatif français *très*, c'est-à-dire : par excellence, à savoir : le frère.

Une pagode tonkinoise
(Composition de Khanh.)

le tarentin *as*, l'unité, c'est-à-dire : le soleil [1]; Arie, Asie, pays du Soleil; aspic, aspirer, asthme, etc., etc., asticot; *hags* ou *aghi* (serpent), *asgard* (résidence des Dieux); *as*, dieux en quelques langues; *aisoï* en grec; *asu*, *ahu*, vie, souffle vital, en sanscrit, et *Ahura*, dieu-esprit; asbête (inextinguible), arder, brûler; aréole, ardent (en feu); aride, etc. ; âtre (*as*, brûler; *ter*, très, au superlatif; d'où *ater*, fortement brûlé, noir, en grec); en grec *auo*, dessécher; austère, austral (*auster*, vent qui dessèche); *argos* et *aspro* (en grec), blanc; *argia*, lumière, en basque; *ara* (oiseau au plumage éclatant); *argus*, monstre aux cent yeux (la voie céleste) et aussi nom d'un gallinacé au plumage brillant et de deux serpents (un lézard et une couleuvre); *arare* (culture primitive de la terre par le défrichement, par le feu); *harraï*, même sens et brûler, en berbère; *aragan*, mâle, fort, en arménien; *aryen*, fort, noble, laboureur, blanc et aussi, au teint brûlé; *arena* (sable de couleur blanche); arc, arbalète (arme de l'Aryen); aréopage, archonte, *aristos* (en grec, l'homme, le mâle, le puissant); *aristos*, courageux; *aristocrate*; *ardschir*, *ardavan*, noms de rois de Perse; Arabie, Aragon, etc., Ardo, nom des chefs Peulhs; *Artho*, *Arthur*, noms de chefs bretons, ou mieux, dénominations s'appliquant à des Aryens, etc., Athènes ou *Ardhos*, de la racine sanscrite *ardh*; comme on a aussi *Arétè*, *Artémis*, etc.; Ardèche et Arles signifiant sans doute pays brûlé, aride; comme Artésien ou Artois, qui est tiré du nom d'une peuplade gauloise Atrebates, et signifie sans doute aussi gens de race blanche; grec *artos*, et argot *arton*, pain, aliment de l'Aryen (comme nous avons trouvé *bara*, *brod*, etc.,

---

1. En annamite, *naht* (gnat) signifie également à la fois : soleil, un et premier; c'est-à-dire : l'origine, le principe de l'homme et de toutes choses.

pain : aliment de la race des *Ba, bar*, etc., des Blancs); *Ares*, nom du dieu Mars, qui signifie aussi fer et cuivre et, à la fois, ce qui est brillant, ce qui est rouge, et ce qui blesse, comme la syllabe *sa* (équivalent de *as*) du mot sabre, attribut d'Arès; *æs*, airain, même sens que Arès; *ayas*, airain, en sanscrit; *Arithman* (diable); *Argali*, mot mongol dérivé de *arga*, crête de montagne; mont Argée (blanc) dans l'Asie Mineure (couvert de neiges éternelles). *Euros* et l'*Eurus* latin, de *euô*, même sens que *auô*, brûler, allumer, sécher, *Eurus*, vent qui dessèche, venant de l'Est, du pays du Soleil et de l'aurore, comme *Estland* ou *Esthonie* (en annamite : *tho*, terre, pays; *es* ou *as* ou *sa*, du feu [1]). *Esus*, le dieu de la guerre des Gaulois; *archos*,

---

[1]. Le mot *Est* pourrait n'être qu'une abréviation de *Es-tho*. En effet, *Est* se dit en ancien haut allemand *ôstan* (*o*, demeure; *tan*, feu, en breton; *tal, tap*, feu, en annamite et en mandé); ou bien *os*, comme le mot français *os*, ce qui est d'une blancheur éclatante, blanc comme le feu, *tan*; que l'on trouve encore dans *Ostreich*, Autriche, le pays de la lumière. Le sanscrit *usha*, Orient, donne également en annamite *ou, u*. demeure, être; *sha*, feu ou soleil; c'est le même mot que le zend *ushd*, aurore; que le grec *eós, auós*; que le mot Ouest (*ou*, être, demeure, lieu où repose, où se couche; *Est*, feu). *Eos*, nom grec de l'aurore, *Eous*, surnom d'Apollon, se décomposent d'une manière analogue. *Est* est synonyme de Vesta et d'été.

Le nom de la divinité germanique *Eostre*, personnification de la lumière matinale, est formé des mêmes éléments que *as-tre* (*as*, lumière; *tre*, superlatif); *auster*, le sud, a la même signification : lumineux, chaud, par excellence.

Quant au mot *Orient* lui-même, l'Annamite nous donne son étymologie : *ó*, être, *ri*, riant, par allusion à la joie, à la gaieté que le retour de la lumière ramène sur la terre. De là est venu *oriri*, surgir, se lever, couler, se répandre doucement, lentement, en annamite, expressions qui s'appliquent très bien au jour naissant, à l'aurore.

Les mots sourire et souris (*so*, cela, chose, animal; *ri*, rapide, qui court, joli, gracieux, qui plaît) expriment une idée analogue à celle de : *Orient*. En effet, l'enfant se dit : en grec : *aghéri*; l'étranger, le nomade, se dit, en arabe, *garib* (*ga*, celui, et aussi, idée de mouvement, de jeunesse, de gaieté comme dans les mots gas, gars, garçon, etc.; *ri*, courir; répétition, en quelque sorte, de l'idée précédente; *be*, beaucoup). C'est le même mot que *caraïbe*, dans

chef, noble; le préfixe *archi*; *archaïas*, ancien, digne de respect; aigrette (du grec : *akron*, cime); *acus* (pointe, crête); acide, âpre, adamas (diamant); *altus* et ses dérivés, etc.; *algodon*, coton (chose blanche), en espagnol; argent, métal blanc; *ardjuma*, blanc, argent, en sanscrit; *arrhes* (argent donné à l'avance); arctique ou septentrional; arche, vaisseau de Noé; *ak-dagh*, en turc, mont blanc, et *ala-dagh*, mont bigarré; aube, aubier, albus, blanc et tous les noms propres qui en dérivent et qui servent à désigner des villes fondées par des blancs; Albe, Albanie, Albi, etc.

Le radical de ces noms propres est le vocable celtique *alb* ou *alp* (*al*, blanc, *be* ou *pe*, beaucoup; à rapprocher

lequel *raï* signifie berger, nomade en arabe et en annamite; mot qui se dit aussi *caribe*, exactement comme le mot précédent; on a encore *garib*, pauvre, mendiant, en hindoustani, et *Karib*, parent, en arabe, mots qui semblent, dans ce cas, marquer la parenté d'origine des Arabes et des *Kar* ou Gaulois (à rapprocher *mandzi* ou *madi*, mandé, mendiant, colporteur, coureur, de *gari* ou *gadzi*; de *ragazzo*, garçon; de gazelle, *houri*, en arabe; *hou* et *ga* étant équivalents; et *houri* signifiant encore : jeune homme, jeune fille, êtres gais, vifs, gracieux); de même, la souris se dit, en sanscrit : *giri*, et le rat se dit, en provençal, *gari* (même sens que souris; *ga* et *gy*, en annamite et en d'autres langues, ayant le sens général de : cela, être, chose). Enfin, le mot provençal *gariga*, portion d'un bois destinée à permettre aux lapins de courir, de prendre leurs ébats, n'est autre que le mot *garenne*. *Sourya*, le dieu du Soleil, dans la mythologie indoue, est ainsi le synonyme de : Orient, et les mots : *susurrus*, murmure agréable; *swar*, chant, et *suridzo*, jouer de la flûte, en sanscrit; *svirati*, en ancien slave; *surna*, en russe, même sens, expriment des idées analogues aux mots Orient, sourire et chant.

On a, de même, en annamite : *ngoi*, lumière, éclat; *ngan*, argent; *ngay*, jour (*gha* et *kha*, brûler, feu, en sanscrit); *ngan ha*, voie lactée; *gay*, chant du coq, exciter, etc., mots qui ont certainement la même origine que nos mots : gai, égayer, gaillard, galant, galaxie (voie lactée); glace (*galas*), Galatie, Gaulois; *gala*, en espagnol, réjouissance, et *galaké*, en mandé, etc. On a : grec, *galaktos*, lait, c'est-à-dire blanc comme la neige, comme la lumière du soleil levant, qui apporte la joie, la gaieté, etc. ou, ce qui est gai, qui excite, qui est belliqueux comme le coq (*ga*), comme les Gaulois, etc.

de l'annamite *anh*, clarté, splendeur, rayon), dont le sens est le même que *ar* du mot aryen ; que *as* de astre ; et que les mots *ba*, *bac*. Albanie, Alban (comme l'hébreu *laban*, blanc) ; Arbni, Arberia (autre nom de l'Albanie), sont ainsi synonymes de Alpes (sommet neigeux, blanc) ; Albion ; Albain, nom de l'Écosse ; Albanach, montagnards écossais, etc., gens de race blanche [1].

[1]. Les Albanais se nomment encore Toskes (en annamite : *Ké*, gens ; *to*, de grande taille, et aussi clair ; gens au teint clair) ; Ghèghes (en annamite, *ghè*, gale, galeux et aussi de couleur blanche, comme la gale, la teigne et la lèpre) ; Lapides, nom de mépris, qui a la même signification que le nom précédent : galeux, ladres, lépreux, blanc ; Khamides, dont le vocable *Kha* n'est qu'une altération de *Ghè*, *Gha*, *Ca*, idées de chaleur, de lumière, de blanc ; et enfin Skipetar, où nous trouvons à la fois le grec *skiphas*, épée, et *schkip*, rocher, récif ; l'annamite *Khia* et *Khen*, arête, saillie ; *Khoan*, vrille, tarière, perforer ; *Khi*, armes ; et le mot ann. et ouolof *Kip*, prompt, et roc qui produit les rapides. Comment ne pas reconnaître dans ces guerriers les traits distinctifs du Gaulois ? Si l'on se reporte aux descriptions que les écrivains donnent du caractère, des mœurs, de la constitution physique, etc., de l'Albanais, le doute n'est plus possible. C'est donc, à bon droit, selon nous, que quelques savants identifient, au point de vue de l'origine, ces Albanais ou Blancs aux Pélasges (autres races blanches par excellence), auxquels nous ajouterons les *Palagos* ou *Pharagos*, c'est-à-dire les Francs, et les *Gala* ou Gaulois, etc., toutes tribus supérieures, de haute stature, surnommées les galeux, les lépreux, etc., autant en raison de leur teint blanc, qu'en raison du mépris dont ils étaient l'objet de la part des populations au teint foncé (Touraniens, Troyens, sans doute aussi, Sémites), etc., au milieu desquelles elles vinrent s'implanter et avec lesquelles elles se mélangèrent. De là, le nom d'*Ile des nations*, donné à cette partie du monde (la vieille Europe) où s'opéra cette fusion de races.

Pour nous, la source de toutes ces races était commune ; c'étaient des essaims de la race jaune qui avaient émigré, les uns, par l'ouest du continent asiatique, après un long séjour dans l'Inde, dans l'Asie Mineure, dans la terre de Lémurie, etc. : ceux-ci avaient peu à peu peuplé l'Europe méridionale et l'Afrique et donné naissance à des populations au teint plus ou moins foncé, Indiens, Égyptiens, Coptes, Gallas, Garamantes, Noirs, Mandé, etc. Les Berbères, les Peulhs, les Sémites, puis certaines tribus de Celtes furent les derniers échelons des émigrations qui avaient suivi cette voie. D'autres essaims, également de race jaune, avaient pris la direction du nord-est et, après un long séjour dans les contrées

Poursuivons l'énumération; nous avons aldée, algide, aurore, auréole (de couleur d'or); aurum; aspre (petite monnaie d'argent turque); arsenal (*arx*, idée de puissance); art (adresse); astuce, artère, audace, auguste, austère, ascension, assise (base, fondement); air, âge (*aiôn*, en grec); argent; axe (de *ax*, qui en sanscrit signifie âme, axe, pôle, serpent); c'est le mot annamite *xa*; axonge (graisse fondue, corps blanc); *axios* (en grec, précieux); azur, assette, petite hache; aximé, grosse hache; *eis, ips, is, ice, sar*, glace, en différentes langues, autant de mots qui ont aussi le sens de soleil, feu; comme le mot arabe *talg*, glace (*gé* ou *ké*, qui est : *tal*, brillant, blanc comme le feu; à rapprocher du mot français *talc*).

On pourrait encore énumérer une famille de mots dont la racine principale est *ra* et qui ont le même sens que ceux que nous venons d'indiquer; en effet, *ar* et *as* sont équivalents de *sa* et de *ra*; exemple, on a, en sanscrit, *arjuma*, blanc, argent, et *radj*, briller; le même mot que *harraï*, brûler, des Arabes; que *raï*, défricher (anna-

---

du nord, pendant lequel s'étaient formées les races blondes, blanches par excellence, fortes, de haute stature, etc., notamment celles qui sont caractérisées par les phonétiques Ba, Bla, Bac, Bra, Ga, La, Lan, Al, Man, etc., se déversèrent à leur tour, à la suite de quelque convulsion géologique : — partie dans l'Asie où ils suivirent la direction des invasions précédentes : tels sont les Bactriens, les Celtes, les Gaulois, etc., qui ont laissé les traces de leur passage dans l'Indo-Chine, en Perse, etc., et qui ont ainsi gagné l'Europe par le Sud et par le Sud-Est; — partie dans l'Europe Septentrionale, d'où ils gagnèrent ensuite le Sud; c'est le cas des races qui peuplèrent l'Atlantide (la terre froide), celui des Pélasges et autres tribus d'origine hyperboréenne.

Cependant, au cours de ces longues migrations, si les langues de tous ces peuples se perfectionnèrent, se modifièrent dans la forme, leur fond commun primitif resta le même; aussi ne sommes-nous nullement surpris que l'on découvre des affinités nombreuses dans les langues annamite, celtique, grecque, albanaise, étrusque, etc.

Annamites fuyant devant les pirates.

(Composition de Khanh.)

mite); que *rayon, randj* et *rakta*, rouge, en sanscrit. Enfin, on a : *ar, or, er*, radicaux de nombre de mots signifiant labour, culture et produire, tels que *arare, aroun, arti, orati, arjan, ar, ear, arad*, etc., et l'on a aussi *ra*, produire, en annamite; *ars*, terre, en sémite.

Ces significations opposées de *radj, rag, rakta*, etc., blanc, rouge, et marquer, teindre, dérivent, comme nous le ferons ressortir, de la même idée; de même l'on a *ar, ardh*, etc., blanc, feu et *ardoise*, matière de couleur foncée, brûlée, etc.; on a : *kha, kcha, gha*, en sanscrit; blanc, brûler; *khalis*, argent, en ouolof; *chalix*, grec; *calx*, latin; *chaux*; craie, et sans doute aussi crayon (chose qui marque); *kara*, montagne neigeuse, et *kala*, noir; *caou, cha*, chaleur; *ga*, tribu blanche (les Gaulois); *gala, gara*, teinture, en mandé; *gara*, bleu, en ouolof; garance (rouge) et bigarreau (cerise rougeâtre); bigarré (de teinte variée); Garamantes (tribu noire); *kara*, noir, en turc et en mongol; *cham (kam)*, marquer, et *cham*, indigo, en annamite. Ces mots, qui expriment des antonymes, devaient primitivement être prononcés avec un accent différent; l'accent élevé, aigu, lorsque l'idée exprimée était elle-même élevée; l'accent grave, quand elle était vulgaire, basse. L'annamite nous offre, nous l'avons vu, nombre d'exemples de ces antonymes; l'un des plus frappants est le suivant : *lôn (lôone)* signifie grand, supérieur, etc., et *lon*, prononcé sèchement, avec un accent grave, signifie porc, vil, etc.; on a, de même : *mi*, avec un accent aigu, joli, mignon; avec un accent grave, laid. On peut trouver des exemples analogues dans les autres langues. Ainsi, grec *pêgas*, blanc et, aussi, noir.

La démonstration que nous venons de donner est, pensons-nous, suffisamment concluante; et que l'on n'objecte pas que ces significations diverses de mêmes monosyllabes seraient l'œuvre du hasard; nous l'avons déjà dit, elles constituent des familles de mots qui caractérisent un état social, une tribu, une race, et dont on retrouve l'empreinte dans toutes les langues.

Il nous serait possible de faire une démonstration analogue pour un certain nombre d'autres mots.

Nous nous bornerons à la tenter ci après pour le mot *Franc*, et, plus loin, pour un mot annamite *go*, dont notre contradicteur du *Courrier d'Haïphong* conteste la signification.

Phonétique Fa, Fra, Fre, etc. — Le mot France (*se*, chose, pays; des Francs) est prononcé par les Chinois et par les Annamites : *Pharran, Pharang, Phalan, Phulan, Phulangsa*; par les Indiens et par les Perses : *Pharangis*; le mot Paris est prononcé *Phari*. Enfin les Gabonais appellent les Français : *Phala* (en sanscrit, *phala*, fort, puissant, baleine) ou *Phara* et, en général, le Blanc, *tara* (comme le mot sanscrit *tara*, étoile; comme le mot *sara*, blanc, brillant); et, enfin, *tangana*; comme le mot ouolof et cambodgien *tangaï*, chaleur, et les mots annamites : *ngaï*, jour; *ngan*, argent, feu, etc.

Faisons tout de suite un rapprochement entre ces mots et les mots : *Pharaon* (de *phara*, diviser, partager, en annamite, aussi bien dans le sens de fraction, parti, tribu, que dans le sens de couper, fendre, diviser la terre par la charrue, par la bêche, par la *pelle*, outil agricole pour les terrains d'alluvion, outil des Phellahs, en particulier; etc.); *Phula, Fellahs* [1], *Poulhs*; *Parsis* ou Perse;

---

[1]. Rapprochons des mots *Phala, Phara, Fellah, pelle*, etc., les mots *falx*, faux; grec *peltè*, dard, lance (arme et outil agricole); *pelekus*, hache; *pelos*, brun, noir (dans le sens de meurtrissure;

Fars, nom de la province qui fut le berceau de la dynastie persane; *Harraï* ou *pharraï* (qui comprend *pha*, père ou patrie; *raï*, brûler, défricher, labourer; *raï*, même sens, en annamite, et *raï*, berger, en berbère), etc.

L'annamite nous donnera probablement la clef de la formation d'une partie de la famille de mots commençant par *fa*, *pa*, *fra*, etc., et qui doivent concerner spécialement la tribu des Francs.

Pha et *phu* sont un appellatif de respect; ils signifient : père, chef, patriarche, Dieu, etc. (tel est *Phat*, Bouddha, et *Phtah*, dieu des Égyptiens). On a encore : *pha*, détruire, molester (pouvoir de celui qui commande); *pha*, exhaler; *phach*, corps, matière, et *phan*, sort, condition (*fatum*, en latin); *phaï*, se décolorer; *phao*, fusée; *phao*, feu ardent (comme phare, fanal, Phébus, phénix, phénomène; comme *fi*, feu en anglais et en sérère; comme *phôs*, lumière, et *pur*, feu, en grec); *phan*, brûler, blanc, fard [1] (blanc ou rouge); *phan chi*, céruse. (En

---

d'effet produit par une arme); *paltón*, sorte de dard; *Pallas*, la déesse de la guerre, armée d'une lance ou pal; *palé*, lutte (latin, *palestra*); *phallus* (qui a la forme du dard, du soc de la charrue, etc.); *phalanx* ou *phalange*, corps d'infanterie macédonienne armée de dards, de *lances*, etc. Tous ces mots comportent l'idée de fendre, diviser, forcer, et par extension, celle de meurtrir, etc.

[1]. Comparons quelques-unes des idées exprimées par *pha*, *phan*, père, chef, brûler, blanc, parler, destin, avec celles exprimées par *ba*, *brah*..., même sens. Comparons de même les significations ci-dessus de *phao* et de *phos*, feu, lumière, avec la signification du mot grec *Képhalos*, le soleil : celui de briller (c'est le sens véritable: le sens de *grosse tête* ayant été donné en raison de l'aspect de l'astre qui peut être comparé à un visage, à une tête).

Il y a, nous l'avons dit, un rapprochement à établir entre ces mots qui désignent la chaleur, la lumière, le feu et le mot : parler; l'homme et l'ancêtre de l'homme étant désignés dans la plupart des langues par des mots qui signifient : feu, brûler. On a l'homme, celui qui parle, celui qui a trouvé le feu, c'est-à-dire : le fils du feu, de la chaleur, celui qui a trouvé le langage articulé. A rappro-

CROQUIS TONKINOIS

Tonkinois jouant du monocorde.

Une auberge tonkinoise.

Le marchand de volailles.

mandé, *phara* signifie carmin ; il signifie aussi pelé, écorché ; pour le Soudanais, le blanc ressemble à un noir qui serait écorché vif.)

On a encore, en annamite : *phang*, faulx ; *phay*, coutelas, outil pour creuser ou pour fendre ; *phan*, fumier, fange ; *phat*, faucher ; *phan*, partie, fraction, et fendre ; diviser ; *phanh*, ouvrir (la terre) ; autant de mots qui ont trait à un peuple d'agriculteurs.

On a : *phan*, parole, parler (*fari*, en latin) ; *phao*, flotter ; *phap*, s'enfler.

Phalan ou *Pharran* et *Phulangsa* peuvent donc avoir, entre autres significations, celle de : *pha*, père, c'est-à-dire origine, ancêtre (celui qui a découvert) ; *ran*, le feu

cher également les mots annamites ayant la phonétique *pha*, des mots par lesquels ceux-ci sont exprimés en français, en grec ou en latin et qui contiennent presque tous la même phonétique : *fatum*, *fari*, parler, fard, part, etc.

Le mot farder, qui a pris, par extension, la signification de teindre, colorer, désigne principalement la couleur rouge, *fauve*. Les mots suivants qui signifient couleur en sont la preuve : polonais *farba* ; allemand *farbe* (*be*, beaucoup ; *far*) ; danois *farve*. Les mots : ouolof, *phis* ; sérère, *pis*, cheval ; allemand, *pferd* ; arabe, *faraz* ; hébreu, *phered*, mulet ; dans d'autres langues, *pas*, *pis*, etc., cheval, âne, font supposer que l'une des significations des vocables *pha*, *phi*, etc., est celle de fauve, et une autre signification, celle de porteur, désignant des animaux qui portent des charges, des faix, des fardeaux. De la première signification de ces vocables, on pourrait déduire que la race des Pha était une race blonde ou roussâtre.

Enfin, le mot arabe *farka*, poulet (chose des blancs, des Francs), a la même étymologie que les mots *gau*, *gaulois*, et *gallinacé*, dans lesquels *ga*, *gau*, en provençal, et, en annamite, *ga*, ont la signification de poule, animal domestiqué par cette race de *Phar* et de *Gaulois*, et aussi, animal fétiche de cette race. Le mot ouolof *gamar*, poule, semble être construit d'une manière analogue (*ga*, chose, objet ou animal fétiche ; *nar*, des maures, dans la même langue). Nous pensons encore que les mots mandé : *fali*, qui signifie à la fois porc, mulet, âne ; *fali*, bête. stupide ; *faliba*, bourreau ; *fari*, courageux, vaillant (comme faraud), etc., font allusion aux rapports des Mandé avec ces races de Pharan, et aussi aux animaux importés par ces derniers, etc.

ou bien : père de la race qui adorait le serpent et le feu, de la race humaine primitive (*Iran, Touran, Soura*, etc.), ou encore : *ran, dan, djan, gian*, mots synonymes de dieux, diables, géants, etc. ; d'où : gens de haute stature, comme le sont les races du Nord, et aussi gens de race blanche; *phao*, ayant bien le sens de blanc, en annamite, sens que l'on retrouve dans farina (*na*, être; *fari*, blanc).

Phari ou Paris signifierait de même Ville des Blancs, sans doute par opposition aux gens de même race, de couleur plus foncée (Celtes bruns ou Scythes bruns, colorés : *xi-che*). Quant à *Pharanghi*, il comprend le suffixe *gi*, nom, cela (en annamite) : c'est-à-dire les *Paran*, les Francs.

Et, en effet, les Francs étaient des gens de race blanche, venus probablement d'abord du Nord (comme les Bactriens), car le mot Nord, dans l'une des plus vieilles langues du monde, en basque, se dit : *ipharra*, c'est-à-dire pays froid, pays de la neige et aussi : pays habité par des races blanches (le mot froid se dit : *barid*, en arabe, comme l'annamite *ba, bac*, nord, blanc; et *lanh*, en annamite et en chinois). A ces vocables *phar* et *lan* se rattachent les mots *Phulangsa* et *Phalang*, France; et sans doute aussi *Atlantide*, terre froide[1]); *Paraga, Paranga*, écume (chose blanche) en sanscrit; irlandais *fearg, fairge*, même sens; *Pelagoï*, les Pélasges, *parents* (pelaos) d'origine des Francs, venus des mêmes *parages*, gens *blafards*, etc.

1. Rapprochons encore ces noms du mot malais *lang*, qui signifie exactement *blanc* (*c, k* ou *ké*, qui (est); *be* ou *ba*, beaucoup; *la*, blanc; blanc; ou bien *ba-la*, répétition de la même idée : lumière, clarté, blanc comme la lumière).
De même, en langue amharique, froid se dit *berd* ou *beurd*. Les races dont les noms contiennent l'une des phonétiques *la, ba, ber*, etc., sont parentes et ont une origine hyperboréenne.

En breton, Français ne se dit-il pas *Brô C'hall* ou frère des *Galls*, des Gaulois; et, dans plusieurs langues, les termes de Français (*Fransh, French*, etc., *Gallos, Ghâlos*), de frère (*frater* ou *brat, barader, bhaï, broder, breur*), ceux de froid (*fritet, kall, cold, khaldnü, kalt* et en sanscrit *gal* (froid), gelée, etc.), n'ont-ils pas des affinités indiscutables? La philologie établit encore ici la parenté de toutes ces races d'origine *ranienne*, races de demi-pasteurs, de *raï*, défricher, berger, paître, etc.; et de demi-agriculteurs, de *phara*, bêcheurs (comme les *Pharaon*, les *Phula*, les *Peulhs*); adorateurs du serpent *ran*; armés de la framée [1] (*pha, ra,* arme, outil qui coupe; qui divise; *mée*, beaucoup); comme le mot *celtes*, la hache ou bêche (en annamite *cetheu*), qui a servi à dénommer les *Celtes*; armés de la francisque (*ké*, qui; *cis*; comme ciseau; objet qui coupe, qui perce); arme des Francs; faisant usage de la faulx (*falx*), instrument indiquant une race de laboureurs, comme le marque également le mot *far*, blé, froment; phraseurs, farauds, fanfarons (en provençal : *farô*, aimant à briller, à parader); guerriers aimant le bruit (fanfare); la farce; la fantasia, le faste, la danse (farandole) [2]; et dont l'un des chefs a reçu le nom de *Pharamond*, nom qui peut se décomposer, en annamite, en : *mong*, arc-en-ciel, derrière, bosse, garrot, crête, hauteur (comme le mot *mont*), c'est-à-dire : idée d'élévation, d'éclat, de supériorité et, en même temps : *mon da*, textuellement : de peu d'esprit, léger, inconstant, superficiel.

1. Comparez au mot framée le zend *çufra*, poignard, sceptre; et le mandé *phara*, déchirer; *fara*, ruisseau, vallée, c'est-à-dire déchirures du sol.
2. En mandé, la danse se dit *dóo*, ou *dó*; dans la même langue *le* ou *la* signifie : être; d'où *farandola*, danse des Francs.

La langue française nous fournit encore nombre de mots comprenant la phonétique *fr*, qui servent également à caractériser la manière de vivre primitive des tribus franques; tels sont les mots : *franc,* libre, indé-

Réguliers chinois de la frontière de Langson.
(Dessin de Khanh.)

pendant, état du pasteur, du nomade (*fraï* ou *freï,* libre, en allemand, et *raï,* berger, nomade, en plusieurs langues); fronde, frapper, fracture, froisser, frayeur, frac, froc, frocard, fracas, frasque, fragile, frêle, franchir, fredonner, frisé (mot synonyme de mêlé, embrouillé, et faisant allusion à une race de métis); frêt; frégate (embarcation rapide, sans doute venue des Francs qui, comme les Gaulois, étaient de hardis navigateurs); Euphrate : en zend, *frathô* (de l'annamite : *thô*, pays ; *fra*, de la tribu des Francs); friche; frayer (comme l'arabe *harrar*, brûler, défricher, et *raï*, berger ; comme l'annamite *raï*, défricher, labourer, *rayer*, diviser le sol, le préparer pour la culture); frère, *fra* (indiquant l'état de sociabilité de la tribu) [1]; froment, fruit, fraise, latin *fraga* (chose des Francs ou fruit rouge comme les Francs); fresne (arbre à bois blanc); fraude, frelater, fripon (dénominations que l'on donne d'ordinaire aux races nomades, conquérantes, etc.); fromage, frimas, frileux, froid, frais, mots se rapportant à la vie en plein air, à la vie du berger, etc., etc. Retenons le mot *frais* qui se dit : *ret*, en annamite (à rapprocher de *raï*, berger, homme vivant au serein ; à rapprocher aussi du mot peulh *reou*, nord ; ouolof *léou*, froid ; en annamite : *ou*, être ; *lé ré*, ou *ret*, froid) et qui se prononce *jêt, zêt, zède*. Ce mot *rèt*, sorte de racine onomatopéique, nous donne

1. Le sens primitif de *fra* était compagnon ; on a, en effet, en allemand, *frau*, femme (*ou*, être ; *fra*, compagne); on a de même *freund, frände, friend*, parent, ami, frère ; le mot *raï* a, en annamite, le même sens ; comme le *fra* des Espagnols, il désigne entre autres les bonzes qui vivent à l'état de communauté ; en annamite, *ban* signifie de même compagnon, femme, et *ba*, matrone ; épouse ; et, en hongrois, *barat*, parent.

La *phratrie* des Grecs n'est-elle pas la réunion, le groupe d'un certain nombre de familles ; comme la *curie*, des Romains (de *co, cou*, parents, cousins, gens de même famille)?

Le culte de la phratrie ou de la curie est le culte célébré en commun, aujourd'hui, par les Annamites qui, comme les Grecs et les Romains, ont, en outre, le culte des ancêtres, du foyer, réservé exclusivement à la famille, et enfin une sorte de culte provincial ou national.

En assistant aux pratiques de ces cultes, on croirait avoir sous les yeux le spectacle des rites, fêtes, etc., décrits par les écrivains anciens.

l'origine du mot *sede*, froid, en latin ; sede, froid, en ouolof et dans d'autres langues.

Enfin le vocable *pha*, du mot *pharan*, a également, en annamite, une signification bien nette de mélange ; il indique que la race des Francs (comme peut-être, en général, toute race de pasteurs, de nomades et de navigateurs) est le produit du mélange de races blanches de teint divers ; de même que le mot *Alaman* tire sa véritable étymologie des mots *man*, homme, et *al*, blanc ; *ala*, bigarré, en turc, c'est-à-dire : tribu formée par le mélange de diverses races blanches ; on a, en grec : *allos*, autre ; *allagé*, changement ; d'où, aussi, race venue d'autres pays, voyageuse, étrangère. Nous avons, de même, le mot *Allobroge* (*ge*, *gy*, *ké* ; celui qui, gens ; *bro*, frères ; *allo*, étrangers ; c'est-à-dire : tribu étrangère, mais de même race d'origine que les possesseurs du sol qui lui ont donné ce nom, en reconnaissant en elle une tribu de leur race).

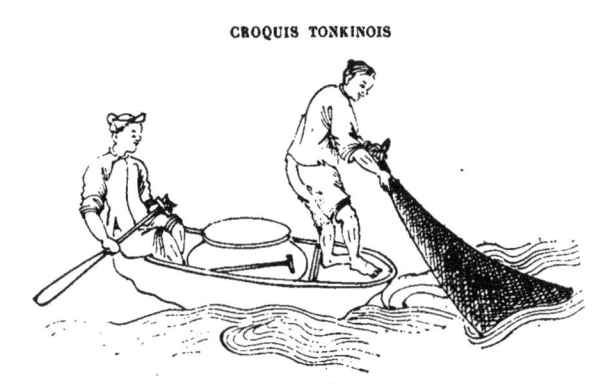

CROQUIS TONKINOIS

La pêche à l'épervier.

CHAPITRE IX

RÉPONSE AUX AUTRES OBJECTIONS

Étude de la phonétique *ca, co*, etc., désignant les choses creuses, courbes, etc. — Ngô ou Gô, nom de la Chine antique. — Synonymie des mots signifiant feu et homme, dans différentes langues. — De la phonétique *Po, Pou, Bo*, etc.

Réponse à une autre objection. — Examinons une autre critique de l'auteur de l'article du *Courrier d'Haïphong*.

« *Il ne faut pas, dit-il, être très versé dans l'étude du chinois pour savoir que Hong-Kong est la prononciation cantonnaise des caractères chinois* shiang-khiang, *qui signifient ruisseaux parfumés. Voici l'explication qu'en donne M. Frey, à la page 59 de son volume :* « *Le mot chinois ou annamite* Hong-Kong, *dit-il, est formé du mot* hoang, *partie du territoire, et du mot* cong (caong) *qui exprime l'idée d'élévation.* »

« *Il traduit le mot annamite* go, *colline, par île et il en fait le radical du mot géographique Gorée : de* go, *île;* rê, *à grand relief, à grand vacarme (battue par les flots); ou bien, ajoute-t-il, pour ceux que ces explications ne satisferaient pas :* rêt, *fraîche,* rafraîchie *par la brise....* »

Gô, île, en berbère et en annamite. — Dans ce cas encore, nous invoquerons la compétence des missionnaires. Le *Manuel de la conversation franco-tonkinoise* porte, à la page 21 : *go,* île ; *ké o go,* insulaire (celui, habiter, île), et *ngo,* à découvert, découvert. A l'appui de cette signification du mot *go,* nous renvoyons au livre de M. H. Duveyrier : *Les Touareg du Nord.* A la page 29, nous lisons : *gour,* élévation isolée, témoin géologique du sol primitif ; *ghoura,* haute dune ou montagne de sable ; *gouelb,* petite dune. L'analogie est frappante ; que sont ces élévations isolées, ces dunes qui se dressent dans les océans de sable, sinon de véritables îles ? Nous l'avons dit, le mot annamite *go* signifie également : colline, dune ; enfin, le mot mandé *ngongo* signifie encore île. La racine si féconde qui a formé ce mot, a servi à composer un nombre considérable de mots des langues aryennes, sémitiques et touraniennes ; une même idée préside à leur construction, celle exprimée par les mots *ca, co, cu, ko, go, gué,* cave, courbe, en annamite et en toutes les autres langues. Notons que les vocables principaux dont il est question renferment la phonétique donnée par la lettre *C* (qui figure un croissant, une courbe), ou les phonétiques équivalentes *k, g, ch*.

Phonétique ca, kha, co, etc. — Ce qui est courbe, tortu, sinueux, présente des parties convexes et des parties concaves, des sommets, des bosses, des extrémités, des profondeurs, des affaissements ; les phonétiques précédentes se retrouvent avec l'un de ces sens, dans la plupart des mots qui expriment ces idées, dans toutes les langues. Ainsi on a, en annamite, *ca*, grand; *cao*, forme, modèle; *cai (ké)*, chose (termes généraux); *caï*, chef; *cao* et *coou*, élevé, haut [1]; *caû*, voûte; *chung*, cintre; *chao*; chaudron; *chai*; *cal*, excroissance (comme les mots galle, gale, came, camée); *cat*, dos; *cau*, sphère, pont (surfaces courbes); *cau*, croc, gaffe; *canh*, arête; *co*, courbe, contracté; *co*, cou, col, en français, en soudanais, en normand, et aussi gosier; *côn* et *ngan*, colline; *cong*, courbe, canal; *công* et *hông*, côté, côte (os courbe formant la cavité de la poitrine) et coteau, côte; *quai*, anse, partie du rivage qui forme une courbe; *quat, quam, quau, quan*, recourbé; *quau*, corbeille, *que*, estropié, *quéo*, dévié, recourbé, bec de corbin; *qua*, crochet; *côm*, faire bosse, saillie; *com*, courbé; *coï*, corne; *côi*, mortier; *cun*, aqueduc, canal; *cu*, contracté; *cuoi*, coude; *cuong*, queue; *cuc*, fer à cheval; *cuc*, extrémité, sommet, pôle et aussi boule, bouton; *cu (lao)*, île; *cui*, se courber; *cung*, arc; *côt*, colonne, pilier; *cong*, paon, juste, droit, mérite, et appellatif des dignités (idée de supériorité) comme *quan*, chef, roi; *quach*, tête; *quang*, brillant, resplendissant, aréole; *quoï*, riche, dignité; *qui*, noble, précieux, esprit, dieu et aussi diable; *qua*, excéder, surpasser; *chou*, choix; *chaï*, éblouir, briller (c'est le *schon*, beau, des Allemands); *kho*, cave; *khoe*, arête, angle, comme *khaï*, ouvrir; *khan*, creuser; *koro*, chœur; *khoet*, creux; *khom* ou *khum*, voûte, courbe, dos; *khoï*, masse; *khia*, côte; *khen*, côte, arête; *khoen* ou *khuiec*, cercle, anneau; *khaou*, creux, bouche, orifice; *kânh* ou *kênh*, canal; comme *kan*, oreille, en hindoustani; en breton, *kouarn*;

---

[1]. A ces racines se rattachent les racines *ca, cha, gha, ga, kha*, briller, brûler, chanter, etc., qui ont donné lieu à de nombreuses familles de mots exprimant des idées de chaleur, de candeur, de hauteur, de beau, de couleur blanche, etc., etc., dans les diverses langues.

en russe, *oukho;* *gao, gau,* seau, vase, en annamite (à rapprocher de *gal,* bateau, en ouolof; et de galère, gabarre, etc.), *ghe,* barque, échancrer, écorner; *gong,* genou; *got,* talon; *gut,* nœud; *nganh,* pointe recourbée; *ngoc,* conduit; *ngoeo,* croc; *ngoi,* couronne (en grec *kôroné,* chose courbe); *ngon,* cime, parole; *ngoï,* dignité, lumière, germe et personne.

NGO ou GO, nom de la Chine antique. — Arrêtons-nous un instant sur ce mot *ngoï* qui nous paraît avoir la même origine que les mots *go, gour,* être, homme, etc., dans plusieurs langues. — *Nga* ou *ga* a, en annamite, le sens général de celui-ci, cela, il, chose; c'est un terme vague, indéfini, correspondant à un autre mot *se, sou, so,* chose, être animé ou inanimé [1]; *nga* signifie encore,

---

1. Nous croyons rencontrer ces deux vocables équivalents dans les mots français : *souverain* et *gouverner,* deux mots formés de *sou* ou de *gou,* celui, être; et de *ver* ou *ber,* blanc, fort, dans différentes langues; élevé, comme bec, berge, etc., comme *ver,* lune (en ouolof), vocables faisant allusion à l'homme de race blanche, couleur de lune, de race supérieure; celui qui commande, qui gouverne les autres? Nombre de mots de différentes langues comprenant les vocables ver, verre, vert, ber, etc., contiennent les mêmes allusions. Les racines de ces mots sont : war, gvar, ba, bra, gha, brûler, feu, parler, etc.

Nous retrouvons, dans les composés tirés de ces mots, le principe qui a servi à la formation des mots dérivés de *sa* ou *xa,* serpent, brillant, fort, etc., et aussi vert et blanc. Nous avons vu qu'en annamite, *xanh* signifie à la fois vert, blanc, bleu, azuré. On a, en français : ver (semblable au serpent); le verre (de couleur blanche); vert et aussi vert (fort, vigoureux); et, en breton, *berden,* vert. On a encore le verre : *glass,* en allemand et en malais; glace, en latin, *glacies*; glauque (vert blanchâtre ou bleuâtre); *glaz,* verte, en breton; *glas,* vert, en anglais; *grün,* vert, en allemand; *gal,* gel, froid, en sanscrit; givre (gy, cela; ver, blanc); givre, serpent, comme le précédent; comme vipère (*vi,* petit ou être; *per* ou *ver,* serpent); *gal,* navire, en ouolof; *galéa,* en latin; *glée,* gai, en anglais; *clé,* gloire, comme dans Cléopâtre; dans Gléglé; et aussi, fort, glorieux, requin (animal puissant, fétiche), en dahoméen; *gladius,* glaive; *glodos,* grec, bâton; *claudicus,* boiteux, d'où Clodion;

en annamite, descendre, descendant de... et *ga*, jeune homme; ce sont des mots ayant la même racine que les mots : gars, garçon, gosse, gorille, golo, gorgones, goum, gaule, gourdin, goétie (du grec *goes*, sorcier); *gong* (instrument de musique des Chinois); magot, goémon, etc. En annamite, on a encore *nguoye*, homme; *nguon* et *nguyen*, source, origine, principe; *nguon tô*, le premier des ancêtres, le premier homme qui, d'après les Annamites, devait être un Chinois puisque, dans leur langue, *Ngô* est le nom de la Chine antique qui fut sans doute la première terre (*Gê*, altération de *Gô*), sortie du sein des eaux, le premier plateau habité, le témoin géologique du sol primitif, pour employer la traduction du mot *ghour*, donnée par M. Duveyrier [1]. On a encore *Gaïa*, l'Antique.

klazo, rompre, briser, destructeur; *kläffen*, aboyer, glapir (comme les *ouaoua* ou *ghagha*, de l'Abyssinie : les aboyeurs), etc., autant de mots donnés comme qualificatifs, ou comme surnoms injurieux, par une race ennemie, aux Galli, Galates, Grecs, etc., tribus de même origine, de race blanche ou, plus exactement, au teint clair, de race supérieure.

1. *Ngoc*, qui, en annamite, signifie le jade, mot se rapprochant singulièrement de Gète, de Jata ou Djats ou Jados, que quelques écrivains croient être la population aborigène du Penjab, parents des Saces, Scythes, Celtes, Gaulois, etc., et descendant comme eux, de Japhet, par Gomer et par Magog, nous indique que le jade était utilisé par cette race de *gô*, sans doute les ancêtres des Gaulois, les ennemis de la race sémitique, puisque cette dernière désignait, dès les temps les plus reculés, la race gauloise par les mots *gog*, *magog*, les géants de la Bible; et par le mot de mépris *goym*. Le mot provençal *goy*, boiteux, contrefait, et aussi qui marche en s'appuyant sur un bâton; les mots français gobin, gogo, gober, gonin, goinfre, gaga, gâteux, etc.; les mots annamites *gô*, bois; *gay*, bâton, gaule; *gianh*, géant; *gianh*, ravir, faux, brigand, trompeur; *gang*, fonte; *giao*, lance; *giang*, arc; *ghim*, bâton; *ghéo*, provoquer; *gay*, exciter, provoquer; *giac* (prononcer Jacques), guerre, ennemi, pirate, sont également des indications se rapportant sans doute à ce peuple de géants historiques que l'on retrouve dans l'Inde sous les noms de *Côles* ou *Kôles* (comme le tamoul *kôl*, bâton, lance); de *Hors*, hommes (comme le mot *horé* des Peulhs, et le mot *gor*, homme); de *Gonds* ou *Konds*, tribus nomades d'origine scythique ou touranienne, composées d'hommes robustes,

Dans ces conditions, le mot *gour* qui, en breton, en turc, en peulh, en ouolof, etc., signifie : mâle, homme, celui qui est fort, courageux, puissant, noble; les mots *horé* (même sens et, aussi, hardi), des Peulhs; *hoch*, *hohé*, des Allemands, ont sans doute la même origine que le mot *Ngo-our*; être; habitant de *Ngo*, de la Chine; du plateau, berceau de la race humaine (à rapprocher des noms : *Goths*, *Wisigoths*, etc., appartenant à des tribus d'origine chinoise).

Un indice en faveur de la parenté originelle de toutes ces tribus : *Ga*, *Gala*, *Garaman*, *Garami*, *Gaule*, *Go*, *Gour*, *Kol*, *Kors*, *Hors*, etc., c'est : 1° le nom de *Hos* (à rapprocher du grec *uios*, fils; du français gosse, garçon, gars) par lequel plusieurs peuples de l'Indo-

courageux, belliqueux, que les livres indiens représentent comme des Barbares, des sauvages armés de troncs de palmiers en guise de bâtons, ainsi que d'arcs et de lances. N'est-ce pas également sous de semblables traits que les Grecs désignaient les Berbères, Barharraï, Barbares, etc., et, en général, toutes les races nomades; et le bâton pastoral dont ces dernières faisaient usage n'aurait-il pas donné lieu, dans l'antiquité, de la part de ces peuples d'une civilisation supérieure, Grecs, Indiens, etc., à ces appellations de mépris, de boiteux, de sauvages armés de bâtons, etc.? Les Pélasges, eux-mêmes, tribus, comme on sait, d'origine nomade, n'avaient-ils pas reçus, en Argolide, des populations qu'ils avaient subjuguées et sous la domination desquelles ils tombèrent à leur tour, les surnoms méprisants d'hommes aux pieds poudreux et de *cocynéphores* ou porteurs de bâtons?

Signalons encore que certaines tribus indo-européennes, reconnaissant dans les Gaulois des peuples de même origine qu'elles, ont, contrairement à ce que firent les Sémites, donné aux dérivés du mot *go*, des significations marquant la sympathie : *got*, bon; *gott*, dieu, primitivement : robuste, puissant; *gold*, or, et, en ann., *ngó*, joli.

Enfin, les mots mandé *goïn* (analogue au mot sémitique *goym*), et signifiant chaud, brûlant; les mots *guebli*, sud; basque *egoa*, sud et *gorria*, rouge; breton *goad*, sang, révèlent nettement que cette race de *go*, ou une fraction de cette dernière, au teint rouge, a pénétré dans l'Afrique par le sud, venant peut-être de cette terre de Lémurie qui fut, à une époque, le point de contact, un centre d'habitation commun aux races de l'ancien monde.

Chez les Siamois, les Laotiens, etc., désignent encore les Chinois: 2° l'identité de signification, en berbère, des mots *para* et *pour*, le second mot étant le pluriel du premier; 3° même en français, *ko* et *go* sont quelquefois employés l'un pour l'autre : ainsi, on a *agonir* (grec *epis*, combat, qui se prononçait, en vieux français, *ai-voir*: 4° *gar*, courage, en annamite, est le mot *gars*, *gour*, français, turc, etc.[1].

En tout cas, d'après des inscriptions récentes découvertes par M. de Sarzec, en Perse, *goursar* (dans lequel *sar* révèle l'idée du chef, de mage) est le nom d'homme le plus ancien connu jusqu'à ce jour.

Mentionnons également l'analogie qui existe entre les mots annamites *ngoa*, moi; *ngô*, penser; *nhat*, soleil ; un, le premier; chinois *go*, moi; peulh *goo*, un, le premier; latin *ego*; grec *éyho*; espagnol *yo*; polonais *ja*; on a, de même : annamite *man*, l'être complet; *mo*, moi ; *min*, moi (un supérieur); *manh*, fort, robuste (comme le mot *man*, faire, pouvoir, en ouolof); *manh*, esprit, sentiment; sanscrit *manu*, homme et *man*, penser, etc.

Origine du vocable co, antique. — A cette signification du mot *go* ou *co*, le premier des ancêtres, se rattache sans doute l'origine des monosyllabes *co*, *cou*, que l'on trouve en annamite, en breton, en mandé, en dahoméen, avec ce sens d'ancêtre, d'antique, de père, de protecteur, d'être et aussi de chose respectée, vénérée[2], sens

---

1. Un autre indice est l'appellation générale de *Gheber* ou *Gour*, par laquelle les musulmans désignent tous les adorateurs du feu. Ajoutons que le mot *Gorgonium* désignait la tête de la *Gorgo*, figure de la lune, ce qui signifiait que la race des *Go* était une race au teint pâle, blanc, adorant les astres, le feu.
2. Dans les mots suivants qui signifient vieux, antique — persan *kohnah*, ou bien *pir*; basque *zaharra*; hindoustani *pur*; allemand *alt*, etc. — se trouve également exprimée l'idée de feu, brûler, etc.

analogue à celui que l'on attache aux mots *pa, pi, ba*; c'est le mot *co*, dans *colere*, latin; dans culte et aussi dans culture; dans cochon, animal des premiers âges et peut-être aussi animal vénéré; dans colombe (nous avons, en effet, *pa*lombe, *pi*geon, *co*lombe, trois mots désignant le même oiseau qui, dans l'antiquité, a toujours été l'objet d'une vénération particulière).

Or, en remarquant que, dans les religions primitives, c'est le feu qui était considéré comme l'ancêtre de l'homme, on conçoit cette association d'idées : premier homme, feu, celui qui a trouvé le feu, être grand, vénéré, adoré; culte et effets du feu : chaleur, fécondation, fertilité, culture, etc., parole, langage articulé.

Synonymie des mots exprimant les idées de homme et de feu. — En passant en revue les mots qui signifient homme dans les différentes langues, on a, en effet : *Adam*, dans lequel *dam* signifie, en plusieurs langues : serpent, feu, et, par extension (comme *dam* et *djan*), dieu, démon, esprit, géant, génie, etc. *Adem* signifie de même : homme, en turc : on a, en arabe : homme et mâle : *radjel* et *dakar* ou *zaker*; *aragan*, en arménien. — On retrouve encore, dans ces mots, les vocables *dza, ra*, etc., serpent, feu.

L'homme, le mâle se dit : *ner*, en persan; *nar*, en hindoustani; ce sont là des noms du feu ou du soleil; *nar* (en arabe) est aussi le nom sous lequel sont désignés les Maures (*nar* est, sans doute, une simple altération du mot *ar* ou *as*, serpent, feu, etc., augmenté d'un *n* euphonique); en tous cas le mot *nar* servait primitivement à désigner une race au teint clair, une race blanche, une race supérieure, la race des Maures ou Arabes.

L'homme se dit *o-rang*, en malais; le mâle : *han*, en

Un repas tonkinois

Sur l'estrade qui sert de table et de lit de repos, ont pris place les convives, assis à la mode orientale.

Le maître de maison donne le signal de l'attaque des mets; aussitôt les paires de baguettes, la fourchette de l'Annamite, de s'agiter vivement; avec leur aide, chacun puise dans les plats pour y pincer de petits morceaux de viande ou enlever une parcelle de poisson ou de tout autre mets à sa convenance. De temps à autre, un convive porte un gros bol de riz cuit à sa bouche

Un repas tonkinois.
par Khanh.

(Dessin de Khanh.)

et, au moyen de ses baguettes, il fait tomber dans cette dernière, comme dans un four, une respectable quantité de cet aliment.

Le repas est arrosé de bouillon, d'eau-de-vie aromatisée et de nombreuses tasses de thé.

Le repas terminé, les convives ne manquent pas de témoigner leur satisfaction par quelques éructations sonores, à la manière, d'ailleurs, des Soudanais et, aussi, de certains peuples européens.

danois et en suédois; *samets*, en russe; *homo*, en latin ; nous retrouvons dans ces noms les mots *han* ou *dzan* et *sa*, serpent, feu; *ho*, feu (*hoa*) en chinois et en annamite, duquel est venu *zo*, feu, en dahoméen et dans quelques dialectes sémitiques, et aussi *focus*, *fir*, feu, en anglais, etc. Les mots *man*, *mart*, *mâle*, etc., ne peuvent-ils pas être rattachés au mot annamite *maz*, source, origine, principe et aussi : face du soleil, soleil, d'où est venu le nom du dieu [1] Or-Madz (*ô*, être; *madz*, la source de toute chose; le soleil, le feu, et que l'on retrouve dans le sanscrit *math*, puissant; dans le grec *math*, science)? On a encore *jen*, homme, en chinois; *den*, homme, en breton, et *tan*, feu, dans la même langue (à rapprocher de *den*, lampe, feu, en annamite, et de *tal*, *tap*, allumer, en annamite et en ouolof, racines que l'on retrouve dans *thallô*, *thalpos*, dans *diadallô*, embellir, faire briller, brûler, etc., et qui sont des altérations de *sa* et de *da*). Ce mot *tan* sert également à désigner l'homme, l'être puissant, fort, etc., dans certaines langues, notamment en polynésien, en annamite, en chinois, etc.

Loskiel, missionnaire qui voyageait, au siècle dernier, au milieu des tribus indiennes de l'Amérique du Nord, rapporte que les Delawares reconnaissent dans le génie du feu le premier parent de toutes les nations indiennes.

Les mots *vir*, *ser*, *gar* (gars, gas), etc., ne sont que des variantes de vocables, *var*, *va*, *ba*, *ga*, *sa*, exprimant l'idée de soleil, de feu, etc., et désignant des races adorant le feu, comme les Gours ou Ghebers.

Li, *lif*, le souffle, la vie et, aussi, l'homme chez les Scandinaves, est le synonyme de *li*, *lu*, lumière, feu.

---

1. En plusieurs langues, *ma* signifie exactement soleil.

Enfin, en annamite, on a encore *nam*, homme; *nam*, brûler, et *nam*, sud (pays de la chaleur, du feu); *ngoï*, lumière, éclat; *ngoï*, personne, et *ngon*, parole (l'homme; celui qui a trouvé le langage).

Phonétiques des choses creuses, courbes, ca, co, etc. — Reprenons l'énumération des dérivés des racines *co*, *go*, *ca*, etc.; nous avons encore les mots cave, chaos, coupe, cul, cumul (en sanscrit *kûla*, monceau, colline; *kuyla*, chair); *cul*, dos, en irlandais; comble, esquif, quille, *aquilis* (aigle, qui a le bec recourbé), cuve, cuiller (en latin *cochlea*, coquille), coque, cuvette, coupe, cueillir, écuelle, *corpus* (chose courbe); *cœlum* (*cœ-lum*; haut, voûte lumineuse, ou *koilos*, voûte, creux); croupe, combles, combe, croûte (de *caou*, ce qui est en relief, sur la peau), comme crin, comme gale, comme cal, callosité (*chaï*, en annamite), et aussi comme chair, *caro*, ce qui recouvre et qui touche le corps; crique, crible, coiffe, coffre, creux (en bas latin, *crotum*; en grec *krupto*, caché; en sanscrit *kru*, caché, couvert); crotte (trou et aussi boue, ce qui est dans les bas-fonds); croube (vieille forme de courbé), cambrer, se cabrer, gabion, gorge, gosier, gourde, glouton, gouffre, gobelet, gave (lit d'une rivière); gué (en espagnol *gua*, lit d'une rivière comme *Guadiana*, etc.); grotte, goitre, galère, gabarre, gobin (bossu), *goy* (boiteux, en provençal); *gigue*, jambe, ou *gamba* (membre tortu); bancal (*ha*, beaucoup; *ban* (*n* euphonique), complètement; *cal*, tortu, recourbé), ainsi que nombre de mots de toutes les langues ayant emprunté le vocable *ca* ou *co*, pour exprimer les idées d'élévation, de supériorité, de cavité, de sinuosité, etc., au physique comme au figuré; tels sont encore : *cau*, *kao*, *king*, *kong*, *kouh*,

koukh, chan, ché[1], ***kung, quenn, krol, konig***, hauteur, sommet, montagne, roi, et les racines *skarp*, creuser; *skand*, monter, brûler, incandescent, briller, dans la plupart des langues, etc.; les mots hébreux : *caph, cab*, courbe; *cab*, mesure de capacité; *Cus-Ba* ou *Caaba* temple (en arabe); *caa*, maison, chose creuse; *Ba*, du dieu suprême; l'hébreu *qeren*; le chaldéen *quarna*; l'arabe *quarn*, corne et trompette[2]; l'armoricain *kan*, canal, tuyau, vallon; persan *kan*, excavation, mine (même racine que escarpé); russe *kanura*, caverne; sanscrit *khan*, creuser; *khani*, mine, creux, annamite *khai*, ouvrir, creuser; breton *conc*, havre, baie, chose creuse comme conque; latin *camera*, voûte, chambre; crevasse, crypte, grotte, cuisse; latin *coxa*; anglais *hough*; sanscrit *kaksas*; irlandais *coss*, cuisse, jambe et *caise*, vulve; autant de mots signifiant : aine, cavité du corps ou cavité en général, comme les mots *case* (*se*, chose; *ca*, creuse);

---

1. A signaler l'analogie de sens et de son entre les mots français : chef, chevet, etc., et les mots annamites : *cha*, père, souverain, Dieu; *ché*, gouverner, régir, couvrir, protéger; *chéc*, chinois (l'homme considéré comme étant de race supérieure par les Annamites); *chan*, montagne; *chang*, supérieur, en chinois; *king*, capitale, en chinois; *khan*, roi, en mongol et en turc; nous retrouvons les mêmes idées dans la série des mots *pa* ou *pha*, père, Dieu, protéger, pasteur, nourrir; *Far*, les *Farsis, Pharan*, les Francs, etc.

2. Ces trois mots signifient corne et trompette (les trompettes des peuples primitifs devaient être confectionnées au moyen de cornes). La racine qui a servi à former ces mots ainsi que les mots : grec, *kéras*; latin, *cornu*; gothique, *haurn*; allemand, *horn*; irlandais, *corn;* persan, *karna*: et le mot gaulois *karnon*, trompette de guerre, manque, paraît-il, en sanscrit (Larousse). Dans cette langue, *karna*, qui se rapproche le plus de corne, signifie : oreille, et en zend, *cru* signifie : corne. Nous saisissons cette occasion de signaler que, dans ce cas encore, l'annamite possède des racines auxquelles les mots ci-dessus peuvent être rattachés. En effet, corne, corner et trompette s'expriment, dans cette langue, par *coi, cung* et *ken* est à rapprocher d'un autre mot annamite *keu* qui signifie appeler, résonner; *ken-nho* et *coï-nho* (petite trompette) sont aussi à rapprocher de cornet et du gaulois *karnon*.

ou simplement *ca*, maison, en plusieurs langues; capsule, cabane, caisse; celtique et anglais *cab*; mandé *ka*, case, cabane; annamite *kanhia* (*ka*, chambre; *nhia*, foyer); c'est-à-dire lieu où l'on fait le feu, où se tient la famille; persan *kashah*; grec *kapsa*; irlandais *cos*, cavité, cachette, caverne et aussi dos; lithuanien, *kaszus*, corbeille; slave *koshi*; russe *kosha*, même sens et boîte, bourse, besace; *kōï*, en danois; hauteur; *hohe*, *hoch*, en allemand; *huel*, en breton; *high*, en anglais; haut, havre, en français et tous les dérivés de *ko* et de *ho* ayant cette signification de hauteur, de brillant, de fort; *quaouy* et *quawi*, fort, puissant, en arabe; *kuat*, même sens en malais; *cor*, en latin; *gor*, en arménien; cœur (organe courbe); *galb*, en arabe; *khol*, en ouolof; *koja*, en russe; *skora*, en polonais, mêmes sens; le mot français *gond*; le mot grec *ankon*, crochet; latin *ancon*, coude, crochet; *anc*, recourber, en sanscrit, et *anca*, crochet; le français *gourd*, engourdi (doigts recourbés, recroquevillés; *cong*, en annamite); les mots : gueule, goulot, gousset, godet, gouttière, guitare (instrument affectant une forme courbe); gourde (objet creux); gour, vieux mot français signifiant : creux produit par une chute d'eau; gaine; grec *guné*, gué (choses creuses); goutte (petite partie sphérique d'un liquide); globe, golfe (grec : *kolpos*; de *pou*, être; *kol*, courbe); le grec *kommi*; le copte *cama*; gomme (excroissance); cuir (ce qui est sur le corps; en grec : *chorion*; latin, *corium*); écorce (latin : *cortex*); cuirasse, couvrir (de l'annamite *coou*, sur, dessus); coin, cognée (outil recourbé); cran, croc, griffe, gripper, crosse, cromlech, garrot, gibel et *djebel* (montagne); crue, croissant, creux, croix et gibet, deux instruments élevés et recourbés formant potence; corne, corde (grec : *chordé*, boyau); cycle (grec : *kuklos*); cercle, giron, giraumon,

238   ANNAMITES ET EXTRÊME-OCCIDENTAUX.

cintre, cirque, cylindre, cymbale (grec : *kumbalon*), *kounou*, boiteux, courbé, en dahoméen, et cette longue série de mots mandé : *koung*, chef; tête; royaume; montagne [1]; *koon*, en haut; *kori*, cercle; *koung*, poignée; *nkô*, bosse; derrière, dos; *kokoung*, croupe; *kourbab*, bourse; *koulou*, canot, embarcation, *kala*, arc; *konrou*, hauteur, montagne [2]; *akourou*, se cabrer; *kouta*, tortue; *kolo*, limaçon; *konko*, talus, crête, sommet; *kang*, cou; *koï*, fort, puissant, blanc (comme le mot annamite *khoï*, masse, force); *mokhome*, le chameau (grand dos); *koung*, zénith; *kroumo*, bossu; *khota*, boiteux; *kouro*, coquillage, caurie; *hâa* ou *kang-o*, gorge; *kono*, ventre, intérieur; *knouni* ou *gnoni*, guitare; *khang*, bas, creux, etc., etc.

En terminant cette énumération, nous pouvons donc déclarer que l'étymologie que nous avons donnée du nom géographique *Gorée* est très plausible; d'autant plus qu'un autre nom qui ressemble singulièrement au précédent, peut recevoir une étymologie analogue. *Corée* se dit, en effet, en annamite : *cao-ly*, c'est-à-dire hauteur, terre; comme *go* ou *co*, île; *ly*, sans doute même racine que le mot ouolof *liu*, froid; que le mot annamite *lanh*, froid. De même, on a : Corse : *se*, être; *cor*, élevé, *acorre*, en relief, comme un *cors* [3]. Enfin, pour Hong-Kong, on

---

1. Comme les mots chinois, annamites, laotiens, *kong, koung, khône;* chinois *koué*, royaume, etc.
2. On a dans l'Asie centrale la chaîne des *Kourou*, comme dans le Soudan occidental les monts de *Khong*, appellations erronées, qui équivaudraient en français à celle de mont des monts.
3. On peut objecter que telle ne doit pas être l'étymologie du mot *Corse*, en raison du nom de Cyrnos, sous lequel cette île était désignée par les Grecs.
Nous répondrons qu'ainsi que nous l'avons fait ressortir dans un chapitre précédent, *Cyr* ou *Cy* est une phonétique qui sert à désigner les objets lumineux, de couleur claire, blanche; qui sont bril-

L'École des Musiciens du 1er Tonkinois.

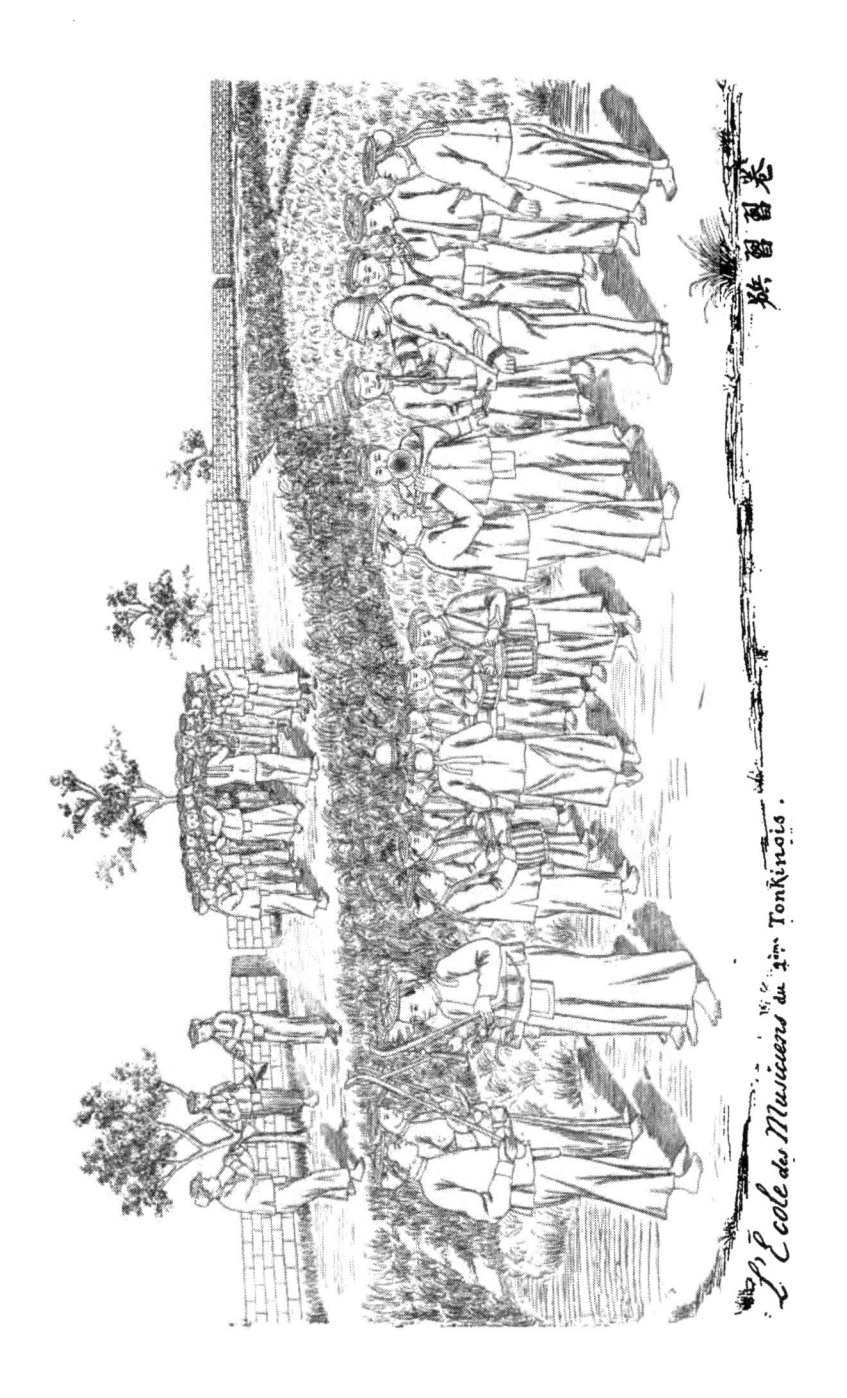

a : *huong* (en annamite : contrée, plage, pays); *cang* ou *công*, élevé, courbé, c'est-à-dire accidenté : c'est absolument le cas de l'îlot sur lequel est bâtie *Hong-Kong*.

Réponse aux dernières objections. — Il nous serait facile de démontrer d'une manière aussi péremptoire la validité de quelques autres étymologies qui sont encore contestées par l'auteur de l'article qui nous occupe ; par exemple, celles des mots : *solutré* (en annamite, d'après nous, *so*, chose, lieu, être; *lut*, inondé, marécageux; même racine que *lo*, ou *lou* dans les mots Sologne, Lutèce, *diluere*, solution); *Caraïbe* ; *Mandingue* ou *Malinké* (véritable mot annamite que l'on trouve à la page 449 du *Vocabulaire annamite-français* : *man-di*, sauvages, barbares, habitants des forêts); gens de petite taille et gens de couleur comme l'indiquent les mots : malingre; *maly* (en polonais : peu, petit); comme *mikros*, grec, petit; *malenkii*, en russe, même sens; *melen*, jaune, en breton; *mavros*, et *melas*, noir, en grec; *mélo*, de couleur, en ouolof; *malam*, nuit, en malais; et enfin le mot *malais* lui-même [1].

lants, vivement éclairés, manifestes, etc., idées que l'on trouve dans les mots *ciel, cygne, cigare, signal*, etc., et, par extension de sens, dans ceux, tels que *cime*, qui désignent des objets ou des choses élevés, en relief, à grande courbure (comme l'île de la Corse), et par suite vivement éclairés, visibles de loin. Le nom de *Délos*, île choisie comme siège du culte de la lumière, du soleil, du feu, etc., n'exprime-t-il pas, par le mot *del*, des idées analogues à celles du mot *Cyrnos*? Et, en effet, *Kynaithos* ou Cynthie, autre nom de Délos, a, en grec, cette signification de : île éclairée par le soleil; de même que *Kynos* est l'un des dieux désignant le soleil.

Donnons enfin, à cette occasion, la traduction annamite d'un des autres noms par lesquels était désignée l'île de Délos : *Ortygia*, l'île aux cailles. En ann., on a : *or*, être; *giai*, terre, et aussi antique ; *thi*, même sens, et aussi comme *la*, feu, brûler, ciel, lumière; c'est l'île de l'aurore (sanscrit *Vartika*), dont le lever est salué par le chant de l'alouette et de la caille.

1. Des acceptions très nombreuses des vocables annamites et

Le même écrivain nous apprend en revanche que *cousin* vient du mot latin *consobrinus*; nous avouons que nous préférons l'étymologie qui le fait dériver directement des mots annamites *sinh*, issus, *co* ou *cou*, de notables, de parents. Au reste le mot parent est exprimé en annamite, par *ba-con*, qui a le même sens que *co-sinh* (*con*, fils; *ba*, de notables, d'anciens, qui constituaient, dans les races primitives, les chefs de la tribu). Quant à *consobrinus*, sa signification nous paraît être : *sa*, cela, être; *con*, fils; *bren*, de frères; d'hommes libres; des notables de la tribu, c'est-à-dire gens parents.

Il écrit encore : « *Le mot poupon (poupin, poupard), diminutif d'un radical commun poup..., nous parait venir du latin pupa (petite fille); les Latins nommaient la poupée pupata (on trouve ce mot dans Varron). — Le colonel Frey fait dériver poupon de l'annamite (?) pou, animal; hôn, que l'on renifle, que l'on flaire, l'action de flairer étant la manière d'embrasser des Annamites.* »

Nous maintenons en tous points l'étymologie que nous avons donnée.

Phonétique Po, Pou, Bo, etc. — En annamite, le mot *phu* (*fou* ou *pou*) a une acception générale assez étendue; c'est un appellatif qui s'applique au père, à la femme, au fils, à la foule même (on a *phuu*, assembler; à rapprocher de *populus*, de *polis*, ville, en grec, et *polus*, plusieurs, nombreux, comme *plus* et *pluriel*; des désinences *po*, *poul*, *pour*, *bourg*, sanscrit *beu*, *bu*, *bus*, *by*; danois *Bye*, *Bou*; breton *plé*, *plou*, *plo*; mandé *bou-*

---

chinois, *ma*, *mau*, *mo*, etc., indiquent que la race à laquelle ces vocables se rapportent, est une race métissée, de couleur foncée, forte, nombreuse, etc.; les mots arabes *malek* ou *malik*, roi; persan *malika*, reine, marquent la considération dont cette race jouissait chez ces deux derniers peuples.

gou, etc., qui commencent ou terminent nombre de noms de villes : Liverpool, Singapour, Cherbourg, Plougastel, Bou Saada (ville du Bonheur); c'est l'appellatif du nombre (comme les mots *be, bis, beaucoup*); des êtres qui *pullulent*, qui sont de petite taille, comme les puces, les poux, les poussins dont le gloussement, *pi pi*, paraît avoir servi à former les mots désignant ces animaux et, en général, ceux de petite race; *po* est encore l'appellatif des choses divisées, infinies : *pulvis*; en breton, *poultr*, poussière; en russe, *pouili*; en annamite *bui*; *pluie*, etc.

Ce mot *phu* ou *pou* n'est qu'une altération du mot *bou* ou *bo* qui est également, dans la langue annamite, l'appellatif du père, des veillards, etc. (à rapprocher du mot arabe *bou*, père, et du mot cambodgien *apuk*, même sens). Ainsi, on a, en annamite : *bo nuoi*, père nourricier ; *bo lao*, vieillard; *bo*, dignitaire; *bo*, gouverner (comme les mots ouolofs : *bour*, chef, seigneur; *bop*, tête); le mot annamite *bo*, ramper, serpenter (comme le mot *boa*), etc. Ce qui prouve encore que *phou, pou*, et *bo* ne sont que des altérations d'un même mot, c'est :

1° La manière dont les Annamites expriment notre onomatopée *pouf*, bruit sourd : par les mots *phup* (*phoup*); *bop* et *boup*;

2° La manière dont l'animal le cochon, est exprimé chez les Malais (*popouï*); chez les Djaraï de l'Annam (*bouboï*); chez les Radé, leurs voisins (*houiouh*); chez les Taïtiens *poa-fo*. Dans ces langues, comme *pou*, en muong; *hou*, en hébreu; *bou*, en arabe; *pou*, en français, etc., ces préfixes ont le sens générique d'animal, et dérivent de la même racine. Nous ajouterons que ces mots, comme les mots : *phas, per, pes, pi, vi, ver, vre*, etc., et les mots : sanscrit *thu*, être; grec *pou*, être, sont, selon nous, des altérations de *po* ou *pou* (on a : pointe et bout; poire et latin *pirum*; poivre et *piper*; poisson et *piscis*, etc.) [1], et ont une signification plus générale encore : celle de chose, être animé ou inanimé; comme les mots *sou, seu*, et *ch, chi*, en annamite, et le mot chinois *chi*, être, avec toutefois, le plus souvent, une idée de division, de petit; ainsi le mot pluie peut se décomposer en *pe, pi* ou *pou*, même sens; et *lu*, eau, liquide.

Notons qu'en annamite, *chi* désigne également l'insecte, le *pou* ; qu'en Anglais, le poulain se dit *foal* (*pho-al*); la poule se dit *fool* et *hen* (en annamite *hê*, dépendre, appartenir; d'où animal domestique; *hen*, vil, humble, abject comme le porc, *héo*); le poulet se dit *chicken* ou *pullet*; que le mot français *picot*, petite pointe restant sur le bois qui n'a pas été coupé net, a une signification identique à celle de *chicot*, etc., etc.

Enfin, dans le Dictionnaire annamite (page 48), on constate que le mot *bô* sert, dans cette langue, non seulement à désigner le bœuf, mais que, comme les mots synonymes énumérés ci-dessus, comme le mot français *bou* ou *pou*, dans boa, bouc, poule, poulain, poupon, pourceau, pou, puce, punaise, etc., il sert d'appellatif, de préfixe en quelque sorte, pour désigner un grand nombre d'animaux : taureau, veau, vache [2], épervier, pigeon, scarabée (trois animaux sacrés chez les Égyptiens) : bouvier (*bo sit*), cloporte, puce (*bo chêt*), et pou de chien (*bo-cho*).

---

1. En taïtien, un grand nombre d'animaux, tels que le cheval, la vache, le taureau, la chèvre, le chat, sont désignés par des mots précédés du préfixe *pou, poua* ou *pii*. En bohême, le chien se dit *pes*; *pis* est, en sérère, le nom du cheval, *fas* ou *pas*, en ouolof; *pes* est le nom de l'âne, dans une autre langue, etc.

2. Ces animaux et, en général, tout le bétail: mouton, agneau, etc., sont désignés par les Dahoméens sous le nom de *bogni*, que nous traduisons par *bo*, animal; *gni*, précieux, et aussi : destiné au sacrifice, au feu.

Il nous reste à répondre à l'objection suivante : « *Le colonel Frey a pris des mots chinois pour des mots annamites et, ce qui est fâcheux pour sa thèse, il a basé ses rapprochements étymologiques sur la prononciation annamite de ces mots. Exemple : nhi (pour eul), enfant; tach (pour ché), pierre; bach nhon (pour paï gen), homme blanc.* »

Nous ferons observer que dans une étude comparée de vocables on doit, d'abord, considérer non point les formes figuratives des mots, ni les caractères hiéroglyphiques, mais bien les écritures phonétiques; quitte à rechercher ensuite les rapports entre les hiéroglyphes et le vocable correspondant.

Ce sont les sons en effet plus que les images et que les gestes qui constituent le langage humain et si l'on rencontre, dans un certain nombre de langues, des mots ayant une prononciation et une signification identiques, surtout s'ils se composent de plusieurs monosyllabes et s'ils n'ont pas un caractère absolument onomatopéique, on peut rationnellement en déduire que ces mots ont été puisés à la même source, dérivent de la même langue.

Par exemple, le mot *nhi*, dont il est question ci-dessus, prononciation annamite du caractère chinois qui signifie enfant, se retrouve avec ce sens ou avec un sens analogue, dans un grand nombre de langues. En annamite, on peut lui comparer déjà les mots *nho (gno)* et *nhi (gni)*, enfant, petit, couler (idée de descendance, de race); *nho*, lignée; *nha (gna)*, maison, feu, foyer, famille, race, pays.

En ouolof, le mot *nit* signifie en général : gens, de la famille de; de la race de; en mandé, *nhi* ou *gni* signifie textuellement enfant, petit, joli, gracieux; enfin la racine *ign* ou *gn* sert, dans presque toutes les langues, à exprimer ces idées de feu, foyer, famille et aussi de cher, précieux, enfant, joli, mignon, etc.

Dans les mots français, latins, etc., terminés en *gne, nia, nys, né,* etc., ces particules expriment cette même signification de race, de pays, etc. Ainsi Gascogne a pour étymologie : *gna,* famille, race, pays; *gas* ou *vas* ou *bas,* trois termes qui ont la signification de gens, avec l'idée de force, de puissance, idée analogue à celle exprimée par les mots *gas, gars, garçon, viril* [1]; et enfin *co,* antique, vénéré, etc., mot qui est, en tous pays, le qualificatif des êtres âgés, des vieilles races. — Le mot *Denys* ou *Dionysos,* surnom de Bacchus, offre une preuve incontestable de ce que nous avançons : on a *sos,* être; *ny,* fils avec cette idée de petit, de cher, de mignon; *Dio,* de Dieu, de Jupiter. — Bacchus était, en effet, dit la mythologie, le fils chéri de Jupiter.

1. Gasco, Vasco, Basco, sont trois noms synonymes et qui démontrent nettement la parenté étroite des *Ga* (Gaël, Gaulois, etc.) et des *Ba,* ou *Bar,* ou *Ber,* ou Blancs comme les *Ga.*

En ce qui concerne l'antiquité de ces races de Gasco, elle est attestée par cette déclaration que l'on trouve en tête des vieilles chartes pyrénéennes : « Étant données l'antiquité et la noblesse des populations de ce pays qui n'ont jamais connu le servage, etc. ».

CHAPITRE X

ANALOGIES DE MŒURS, DE COUTUMES, ETC.
DES TOURANIENS ET DES EXTRÊME-OCCIDENTAUX

Analogies de culte, de cérémonies, de fêtes. — Similitudes d'emblèmes, d'attributs divers. — Analogies de traditions.

Analogies de culte, de cérémonies, de fêtes — Dans les chapitres précédents, nous avons signalé un grand nombre de rapprochements phonétiques, des similitudes de procédés grammaticaux et, incidemment, quelques analogies de mœurs, de traditions, etc., entre des langues et des races du groupe touranien et des langues et des races des groupes indo-européen et sémitique.

Il serait d'un haut intérêt, comme complément à ce travail et à titre d'argument en faveur de la doctrine philologique que nous avons développée, de multiplier les exemples de ces analogies. Malheureusement des études de cette nature exigent de longues et minutieuses recherches qu'il ne nous est point loisible, pour le moment, d'entreprendre. Nous nous contenterons donc, dans ce chapitre, de rappeler quelques-unes de nos citations relatives à ce même sujet, et de mettre sous les yeux du

Repas en commun après le sacrifice au génie du lieu. (Par Khanh).

lecteur un certain nombre d'autres rapprochements qui concourront sinon à établir entièrement, du moins à mettre encore davantage en lumière le rapport originel qui dut exister, entre les pensées et les actes des hommes de toutes les parties du monde.

Dans les mythes de l'Orient et de l'Occident, de l'Océanie et de l'Amérique, les analogies notamment et les similitudes de culte et de noms de divinités abondent. En ce qui concerne ces dernières, la langue annamite est susceptible de nous donner la signification primitive de la plupart des noms par lesquels les Indous, les Égyptiens, les Grecs, les Sémites, les peuplades africaines et celle du nouveau continent désignaient ou désignent encore le soleil et les autres divinités célestes, et aussi la signification des différents noms de peuples, de localités, etc. Nous en avons fourni maint exemple frappant [1].

De même, les rituels religieux des tribus sauvages comme ceux des nations les plus civilisées comprennent un grand nombre de prières, absolument semblables comme termes et comme esprit et par lesquels les hommes demandent à Dieu telle ou telle température convenable à leurs besoins locaux, la victoire sur leurs ennemis, la vie, la santé, la richesse, le bonheur, etc.

Certaines fêtes, principalement, sont célébrées d'une manière identique en France et au Tonkin. Un officier

---

1. Nous avons vu, entre autres, que les mots *Phalansa*, *Pharanga*, par lesquels les Annamites désignent les Français, nous ont permis d'établir l'étymologie du mot Franc et d'indiquer les noms d'un certain nombre de races apparentées à ces Francs.

La même méthode sera employée avec fruit pour les autres recherches étymologiques : on commencera par décomposer le mot en éléments annamites, d'après la prononciation indigène; on recherchera ensuite la valeur de chaque élément. Ainsi les Annamites prononcent Kléber, *Ké* ou *Kylébé*, et le mot Soult, *Soulé*; l'étymologie de ces mots nous est donnée par l'annamite.

qui avait séjourné longtemps en Indo-Chine écrivait ce qui suit, en 1893, dans *le Rappel de la Manche* : « Vous possédez, dans le département de la Manche, un canton où se pratique encore, au moment des récoltes, la cérémonie dite des Brandons. J'ai eu l'occasion d'en lire la description dans les mémoires de la Société académique de Cherbourg. Cette cérémonie a lieu vers le mois de juin. Les habitants d'un même hameau se rassemblent un soir à un lieu déterminé. Chacun des manifestants est porteur d'un brandon, espèce de torche faite avec de la paille ou des menus branchages; quelques-uns portent des casseroles, des marmites, des vieux chaudrons sur lesquels ils frappent à tour de bras. La procession s'organise. On marche à la file indienne. Le cortège suit les sentiers d'exploitation des diverses propriétés. On s'arrête çà et là, pour accentuer la manifestation. Les chants, les cris, le tintamarre des ustensiles métalliques remplissent l'air d'une indescriptible musique, qui finit, sans aucun doute, par avoir raison des esprits malins les plus tenaces, causes de cet infernal charivari. Que l'on se reporte à cinq mille lieues d'ici, à l'autre extrémité du continent asiatique, et l'on trouvera des gens, des Annamites, qui chaque année, dans les mêmes conditions, à la même époque et pour le même objet, célèbrent cette même cérémonie populaire de la fête des Brandons, en se servant de torches faites avec du bambou, et de tams-tams, de crécelles et autres instruments de musique très primitifs. Ils agissent ainsi pour écarter les mauvais génies et pour attirer sur leurs rizières les faveurs des génies tutélaires des eaux qui donnent les bonnes récoltes. »

Nous avons déjà signalé qu'au Tonkin, dans la célébration du culte populaire, les mandarins exécutent, autour d'une véritable arche sainte, des mouvements rythmés qui ne sont autres que les danses sacrées des premiers Hébreux; dans ces dernières, comme dans la saltation, l'art le plus anciennement connu, comme dans toute danse annamite, la gesticulation mimée ou sens mystique et mystérieux était la partie principale de l'acte; la danse en était la partie accessoire. De nos jours c'est le contraire, chez les peuples occidentaux seulement.

De même, les repas en commun, par tables correspondant aux différentes classes de la société, que prennent les Annamites, dans les pagodes, à la suite des sacrifices d'animaux accomplis à l'occasion de la célébration d'une fête de village ou de quartier, ne sont autres que le repas pascal des Hébreux, que le repas eucharistique des premiers chrétiens, et que les banquets sacrés des Grecs et des Romains, banquets que l'on trouve, au reste, également en usage chez les tribus les plus sauvages.

Le jeûne, les extases, les possessions démoniaques, la fascination magnétique, l'emploi des potions narcotiques pour provoquer le délire prophétique, la suggestion, tous nos procédés d'hypnotisme, etc., ont été de tout temps et sont de tout pays.

Le rosaire, l'encens, les bougies composées de gomme, de cire et de substance odoriférante, le brûle-parfum, l'encensoir, les cloches, la mitre, le dais, le tabernacle, etc., nous viennent de l'Extrême-Orient, où ils sont employés de temps immémorial, dans la célébration non seulement du Bouddhisme, mais surtout du Taoïsme ou Chamanisme, le même culte d'après nous, c'est-à-dire du culte le plus antique, celui du feu et du soleil.

Au sujet de ce culte du soleil et du feu, nous avons déjà indiqué les nombreuses pratiques qui ont subsisté dans les religions de tous les continents, aussi bien dans

ANALOGIES DE MŒURS, DE COUTUMES, ETC. 251

la religion chrétienne que dans les autres. La cérémonie de l'orientement, par exemple, pour les prières, pour le baptême, pour la disposition des autels, des tombes, etc., est une manifestation incontestable de ce culte primitif. « Et — dit Edward B. Tylor dans *la Civilisation primitive*, — pour le savant c'est un exemple frappant de la

.La fustigation au Tonkin.

connexité de pensées et de rites qui existe entre les religions de la civilisation inférieure et celles de la civilisation la plus avancée, que de voir cet ancien rite solaire se perpétuer au milieu de nous sous la forme d'un symbole! L'influence du divin soleil sur ses antiques et grossiers adorateurs subsiste encore dans la société moderne, force mécanique qui, à l'instar des forces magnétiques, fait tourner dans une certaine direction l'axe de l'église et le corps de l'adoration. »

Parlerons-nous des animaux sacrés? Nous trouverons, dans le culte dont ils sont l'objet, dans les superstitions qui y sont attachées, des points nombreux de ressemblance, dans les tribus de toutes les latitudes. Le coq, par exemple, était chez les Perses et chez les Gaulois, comme encore aujourd'hui chez les Tonkinois, les Soudanais, etc., l'animal par excellence du sacrifice ; de l'examen des entrailles, des pattes de cet animal, etc., étaient tirées la plupart des sentences des auspices.

Similitudes d'emblèmes, d'attributs divers. — Parlerons-nous des insignes, des emblèmes? Le bâton, la verge, le rotin, la houlette furent, on le sait, chez tous les peuples, les insignes caractéristiques de l'autorité, du pouvoir de fustiger. Bâton, verge, rotin sont, on l'a vu, des mots qui dérivent de phonétiques exprimant ce sens d'autorité. — En France, le bâton est encore aujourd'hui l'insigne de la dignité de maréchal ; au Dahomey, c'est en leur confiant son bâton que le roi donne à ses envoyés le caractère de messagers royaux.

Si l'on regarde passer, aujourd'hui, au Tonkin, un mandarin et son escorte, on assiste à la marche du cortège d'un tribun romain. Ce dernier s'avançait porté sur une chaise curule ; il était précédé de ses licteurs (de *ligare*, lier), à la fois soldats, gardes et porteurs de faisceaux de verges ; marchant à la file indienne, avertissant la foule de l'arrivée du magistrat pour que celle-ci lui rendît les honneurs qui lui étaient dus, et fustigeant, séance tenante, les personnes qui ne s'acquittaient pas de ce devoir. Ces mêmes licteurs faisaient la police du forum (en annamite *fo*, marché) ; contenaient le peuple ; étaient chargés des sentences capitales, etc. Les vestales

ANALOGIES DE MŒURS, DE COUTUMES, ETC. 253

et les personnes de la famille impériale avaient le droit de se faire accompagner d'un licteur.

Les choses se passent actuellement, en tous points, exactement ainsi en Extrême-Orient, avec cette différence que la chaise curule, qui est réservée au roi, est remplacée, pour le mandarin, par le palanquin.

Le nom même de ces gardes, *linh*, en annamite, soldat, est formé des mêmes racines que le mot licteur [1].

Une similitude non moins frappante est celle que l'on

Cortège d'un mandarin tonkinois

constate dans les attributs de la royauté chez les anciens Francs et en Annam. Les Francs faisaient élever leur chef sur un pavois et porter devant lui le sceptre, le bâton à signer et la main de Justice. Ce bâton à signer était un bâton surmonté d'une main tenant un porte-plume ou un style; la main de justice était de même un bâton à l'extrémité duquel était placée une main faisant le geste de bénir. La couronne, le sabre et la chape avec le dorsal,

1. *Léo*, en annamite, entourer de liens; *lia*, prompt; *lenh*, ordre, porter un ordre; mettre en ordre, disposer, etc.
D'après Tite-Live, cette institution de licteurs fut empruntée par Romulus aux Étrusques, c'est-à-dire, d'après nous, à des Touraniens ou Tartares, races dont les Annamites sont l'un des rejetons.

constituaient, avec ces deux instruments, les ornements royaux lors des sacres des rois francs.

Dans le dessin que nous avons reproduit et qui représente les attributs du roi et des pagodes, c'est-à-dire les attributs divins, nous retrouvons le sceptre, la main de justice, le bâton à signer, la crosse, la couronne, les tables de la loi des Francs et des Romains. Nous y voyons encore la framée et la francisque, les armes particulières des Francs.

Des faits nombreux viennent ainsi à l'appui de la parenté originelle de ces races touraniennes et des races de l'Extrême-Occident. C'est dans une connaissance approfondie des annales chinoises et annamites et dans leur comparaison avec les monuments écrits de notre passé que l'on trouvera la confirmation éclatante de cette communauté première.

Analogies de traditions. — Dans l'état actuel de ces connaissances, nous possédons deux traditions, se rapportant à des peuples que l'on considère comme de race absolument différente et qui nous paraissent mériter d'être placées sous les yeux du lecteur, car elles ont été puisées certainement par ces deux peuples à une même source. On serait même tenté de croire que les Annamites auraient importé cette tradition de leur patrie d'origine dans leur patrie d'adoption.

1° A l'occasion de la publication de *l'Annamite, mère des langues,* le journal *le Tonquin* faisait la citation suivante :

« Anciennement, à la suite de querelles intimes, le peuple annamite s'était séparé en deux grandes factions. Le parti le plus faible décida de s'expatrier et demanda au parti le plus fort de pouvoir enmener avec lui, comme palladium, la femelle du dragon qui, dans le langage de l'époque, s'appelait *Co-taras*. Ce peuple s'embarqua, puis, après de longs mois de navigation, se trouva dans la Méditerranée à l'embouchure d'un grand fleuve. On le remonta et on atterrit à un endroit où le vin était bon. Là, les Annamites fondèrent une ville et lui donnèrent le nom de la femelle du dragon renversé. De *Co-taras*, ils firent Tarascon. »

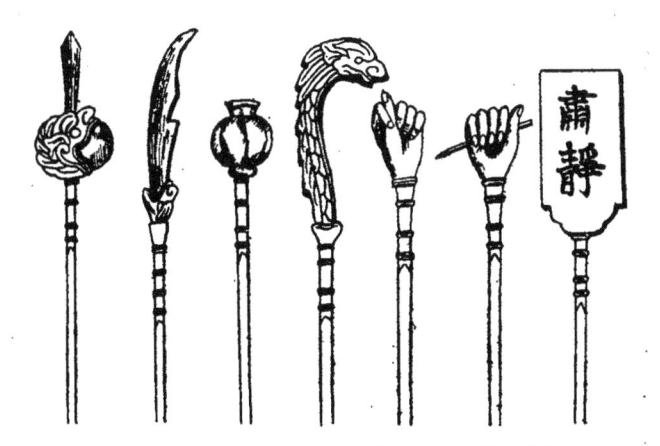

Attributs royaux et divins. (Dessin de Khanh.)

2° La seconde tradition est donnée par Hérodote; elle est relative à un exode accompli par des Lydiens [1] qui seraient allés occuper l'Ombrie, royaume de l'Italie centrale, l'ancien pays étrusque (tartare, turc), c'est-à-dire une contrée non éloignée de la Tarentaise (province des États sardes), de Tarente, etc., qui eurent, nous l'avons dit, pour fondateurs, les Tara.

1. Lydos et Tyrsenos (ou Tyrrhenos ou Toursha) étaient, d'après la légende, les deux fils d'Atys.

Citons :

« Aux jours d'Atys [1], fils de Manès, dit Hérodote, il eut une grande famine par toute la terre de Lydie [2].... l roi se résolut à partager la nation par moitié et à fai tirer les deux parties au sort : les uns resteraient au pa avec lui; les autres s'exileraient; aux émigrants il assigṇ pour chef son fils Tyrsênos. Le tirage accompli, ceux q devaient partir descendirent à Smyrne, construisirent d navires, y chargèrent tout ce qui pouvait bien être ut et partirent à la recherche de l'abondance et d'une ter hospitalière. Après avoir passé bien des peuples, ils pa vinrent en Ombrie, où ils fondèrent des villes qu' habitèrent jusqu'à ce jour. Ils quittèrent leur nom Lydien, et, d'après le nom du fils du roi qui leur av servi de guide, se firent appeler Tyrséniens [3]. »

1. La dynastie des Atiades finit l'an 1220 avant J.-C. En annam *ti, tia* signifient changer de lieu, transplanter; et, aussi, rou couleur de feu; comme *Estia, Vesta, Eté, Styx* ; comme la race Titans, etc.
2. L'ancienne contrée de l'Asie Mineure qui avait pour nom Lydie, avait, pour capitale, Sardes et pour ville principale Th tira. D'après Joseph, les Lydiens seraient le peuple mentionné la Genèse sous le nom de *Lud*, nation issue de Sem. *Ly*, en an mite et en grec, a le même sens que *ty*, feu, lumineux, comme *Ly Luké*; de couleur fauve, rougeâtre, comme le loup.
3. *Tourou, Troja, Tours, Tyr, Etrusque, Toursha, Sardes*, etc., s autant de noms qui révèlent une origine touranienne ; ce s des *Araï, Arya, Souraï, Touran*, etc., c'est-à-dire des Tartares, races nomades au teint clair, adorateurs du feu et qui se servaiẹ pour terroriser les populations chez lesquelles ils faisaient incursions, ou voulaient s'établir, de monstres vomissant flammes, etc., de bateaux ayant l'aspect de dragons et d'où ils l çaient des javelots, des engins incendiaires, etc.
Une trace du culte que ces races rendaient au dragon ou feu, ex tait, naguère encore, dans les processions des Rogations, où fị rait une bannière sur laquelle était peint un dragon. Celui-ci, dis les auteurs, personnifiait la puissance céleste, que l'on implor pour qu'elle préservât la contrée de la *famine*. C'est, on le vẹ une invocation au soleil dispensateur de la pluie. Les Lydiens, émigrant à la suite d'une famine, d'après la légende, ont

Quoi qu'il en soit, nous possédons, dans les faits signalés par ces traditions antiques, des indications généalogiques dont on ne saurait contester la véracité et qui établissent un point de contact préhistorique entre ces enfants de Sem et les Touraniens, Mongols ou Chinois; et c'est en conséquence à bon droit que nous avons, ailleurs, posé le principe de la similitude originelle, en raison de certains traits caractéristiques, des procédés de colonisation, de leur génie commercial, etc., de ces Sémites, portion des races de *Sa* et de *Ta*, et de ces Touraniens ou *Taras*, et leur parenté avec les autres races de *Sa* : Saces ou Scythes ou Celtes; Daces, Sharmans ou Germans, — toutes races qui, primitivement, adoraient le Dragon, le Feu céleste et le Feu terrestre.

En terminant ce chapitre, une comparaison s'impose à notre esprit. N'y a-t-il pas une corrélation frappante, ressortant de notre étude, entre la légende concernant ces navigateurs s'expatriant de l'Annam en emmenant, comme palladium, la femelle du Dragon, le dieu du soleil et du feu; — cette coutume des Extrême-Orientaux d'emporter encore aujourd'hui avec eux, comme palladium, dans leurs changements de domicile, leurs *tao* ou statuettes grossières figurant les dieux du foyer; — et enfin ces légendes représentant la déesse pélasgique (déesse d'une race blanche adorant primitivement le feu), comme la protectrice de la famille, présidant aux travaux domestiques, aux ouvrages d'aiguille et de fuseau; et, en même temps, gardienne des foyers, autant de fonctions de ces *tao* ou dieux lares?

La statue de Pallas, *en bois*, que la légende faisait

---

emporter un palladium, comme les Annamites emportèrent la femelle du *tara* ou dragon; le dragon de la bannière des Rogations est sans doute le vestige du dragon chinois et du palladium lydien.

tomber du ciel, était simplement le buste ornant la poupe du navire de l'un de ces groupes de navigateurs-émigrants; leurs descendants adoraient cette statue comme le symbole de leur patrie, de leur foyer; ce n'est point pour une autre cause que les Grecs ont continué à donner le nom de *palladia* aux petites statuettes de bois doré que leurs vaisseaux portaient, dans une niche, à la poupe et qui étaient vénérées comme protectrices. Minerve, avec sa lance, *pal* ou *phallus*, gardienne du foyer, était aussi le symbole du feu; c'était la déesse de la lumière, ainsi que l'atteste son autre nom, Pallas; et c'est avec raison qu'on a identifié Athêné avec l'Aurore qui est appelée en sanscrit Athana.

CROQUIS TONKINOIS.

Le repiquage du riz.

CONCLUSIONS

Quelles conclusions tirerons-nous de toute cette étude, et comment nous excuserons-nous d'avoir imposé à la patience du lecteur cette longue, et parfois fastidieuse, énumération de rapprochements, de concordances, de similitudes phonétiques, et d'étymologies? Si quelques-unes de ces dernières nous paraissent, dès à présent, pouvoir être acceptées sans discussion par les maîtres de la linguistique, un plus grand nombre, nous le craignons, leur paraîtra bien hasardé et sera probablement considéré par eux comme relevant du domaine de l'hypothèse, nous allions dire de la fantaisie, plutôt que fondé sur des bases rigoureusement scientifiques. Mais n'en est-il pas ainsi de plus d'une découverte de l'archéologie préhistorique, dont on a commencé par mettre la vraisemblance en doute et que, cependant, la suite a confirmées?

Quoi qu'il en soit, quand nous n'aurions réussi qu'à provoquer la curiosité des philologues ou des linguistes de profession, ou encore à éveiller chez nos camarades de l'armée de mer, amenés, dans le cours de leur existence coloniale, à se trouver tour à tour en contact avec les races les plus diverses, l'esprit de recherche et d'observation, ce serait un résultat déjà considérable à nos yeux, et nous n'hésiterions pas à nous en féliciter. Assurément, on ne saurait trop étudier les langues sémitiques ou indo-européennes, dont l'histoire est plus intimement liée à celle de l'ancien monde; et ainsi dont les origines nous font remonter jusqu'au passé le plus lointain de notre race. Mais, pour qui veut éclaircir le problème de l'origine du langage, il est d'autres langues dont l'étude peut apporter des éléments précieux d'information. Telles sont ces langues de l'Extrême-Orient, parlées par des centaines de millions d'hommes; vieilles de milliers de siècles, peut-être. Elles ont produit, on le sait, des œuvres philosophiques et littéraires d'une importance considérable, dont les textes originaux se conservent comme de pieuses reliques, dans les bibliothèques impériales des Célestes, et qui sont, chaque jour, consultées, invoquées, commentées, vulgarisées par un monde d'érudits et de lettrés. Les peuples qui parlaient ces langues ont possédé, dès la plus haute antiquité, tous les caractères de ces races supérieures dont nous avons tenté d'esquisser la formation : c'étaient des races fortes, entreprenantes, d'une civilisation relativement avancée, adonnées à la navigation, et essentiellement conquérantes; autant de causes qui furent de nature à produire leur essaimage sur le reste du globe, et, avec lui, la dispersion de leurs idiomes et de leurs idées. Et, à la vérité, la science ne constate-t-elle pas dans nos institutions, dans nos mœurs, dans nos coutumes, dans nos traditions et, aussi, dans les antiques monuments de notre sol, des traces de jour en jour plus nombreuses du passage de ces débordements du flot humain asiatique?

En dehors de ces langues savantes, il en est encore d'autres, plus humbles, sans passé littéraire, mais riches en expressions imagées et primitives, dont l'étude approfondie ne saurait non plus être inutile, si même elle n'est plus précieuse à ceux qui voudraient poursuivre les recherches sur l'origine du langage : tels sont les idiomes de ces peuplades cantonnées sur la côte occidentale d'Afrique et de celles qui ont le Soudan comme aire de leurs migrations.

En leur qualité de langues monosyllabiques, avec tendance à l'agglutination — et, comme telles, rudimentaires, ou du moins arrêtées et immobilisées à une phase inférieure de l'évolution des langues, — les unes et les autres présentent même cet avantage d'être plus voisines de la source première. Elles nous permettent donc de remonter plus haut dans le passé de l'humanité, en même temps qu'elles nous fournissent l'occasion d'étudier le langage dans la période la plus intéressante de ses transformations. Par elles nous sommes introduits dans un monde mystérieux, contemporain des âges où l'homme *balbutiait* encore plutôt qu'il ne *parlait* ou qu'il n'*exprimait* sa pensée.

C'est, nous le répétons, ce que nous avons voulu dire en intitulant un précédent volume *l'Annamite, mère des langues*, et quand nous n'aurions pas prouvé notre thèse, nous croirions encore avoir rendu service à la science en troublant sa sécurité. Car il ne faut pas oublier que les théories linguistiques en faveur aujourd'hui sont contemporaines du temps où personne en Europe ne connaissait, sinon d'une manière très superficielle, les langues de l'Extrême-Asie, pas plus que celles de l'Afrique centrale; où tout ce qu'on possédait de ces langues se réduisait, en effet, à un vocabulaire des plus rudimentaires et des plus incomplets; et que ces théories étant ainsi fondées sur ce qu'on appelle un *dénombrement imparfait*, il y a lieu de craindre qu'elles ne soient trop étroites.

Avons-nous maintenant besoin de rappeler que la langue d'une race est le témoin de son histoire? et que, pour y retrouver, non seulement l'empreinte de ses mœurs ou la raison de ses institutions, mais encore son vrai caractère, celui qui la distingue des unes ou qui l'apparente aux autres, il suffit de savoir l'interroger? Qui ne connaît le livre ingénieux, hardi et savant de Pictet sur les **Origines Indo-Européennes**? Nous n'avons point songé sans doute à l'imiter; nous n'en avions ni les moyens ni l'autorité nécessaire, et notre dessein était tout différent. Mais nous avons cependant essayé de montrer, toutes les fois que nous en avons eu l'occasion, et notamment dans notre dernier chapitre, la confirmation que nos opinions linguistiques trouvaient dans les usages, dans les croyances, dans les légendes ou dans les superstitions comparés de l'Annam, de l'Afrique et de l'Europe. C'est encore un résultat qui n'est pas à dédaigner, et nous espérons que nos recherches auront ouvert de nouvelles perspectives non seulement à la linguistique, mais à l'ethnographie, et peut-être à l'histoire des civilisations primitives.

Car, après tout cela, nous persistons dans notre thèse primitive, puisqu'aussi bien nous n'avons écrit le présent volume que pour la défendre, pour l'appuyer de preuves nouvelles, et pour l'élargir si nous le pouvions. Nous ne méconnaissons point la grandeur des progrès que la science comparée des langues a réalisés dans le siècle où nous sommes; et personne plus que nous, nous l'avons dit, n'admire la rigueur qui a présidé à ses déductions et ne comprend la prudence avec laquelle elle accueille toute idée réformatrice d'une doctrine qui a été judicieusement mais, aussi, péniblement établie. Nous ne nions pas que le français procède, pour la plus grande part, directement du latin; que la plupart des langues parlées par les peuplades de l'intérieur de l'Afrique relèvent d'une même source; mais de ces langues sémitiques si l'on peut remonter à l'hébreu; du latin lui-même, du grec et du sanscrit si l'on peut remonter à une autre langue mère, nous croyons qu'il est permis de remonter plus haut encore et jusqu'à une époque antérieure à la séparation des langues dites aryennes, à celle des langues dites sémitiques, et à celle enfin des langues qu'on enveloppe sous le nom de langues touraniennes. Pour diverses raisons que nous avons énumérées au cours de notre essai philologique, nous avons cru trouver dans l'annamite le type d'une de ces langues parlées par les tribus qui donnèrent naissance aux Indo-Européens, aux Sémites et aux Touraniens, et, à mesure que nous avons approfondi le sujet, nous avons vu les rapprochements se multiplier, se préciser, et s'étendre. Trop nombreux alors, et, selon nous, trop frappants pour s'expliquer par de simples rencontres ou coïncidences, il nous a semblé qu'on n'en pouvait rendre compte qu'au point de vue généalogique. C'est donc à ce point de vue que nous nous sommes placé. Nous le croyons juste, nous le croyons fécond, et toute notre ambition serait que le lecteur en jugeât comme nous. Les philologues en jugeront à leur tour. Nous nous permettrons seulement d'ajouter que, s'il y a eu un temps où il était utile, prudent et vraiment scientifique de s'interdire toute recherche relative à l'origine ou à l'invention du langage, ce temps est passé maintenant. On ne supprime point les questions. Et puisqu'en somme ce qui intéresse la curiosité en matière de linguistique, c'est de savoir quels ont été les rudiments du langage articulé, quelles en sont les racines premières, et comment, sous quelles influences elles ont fructifié, on pardonnera sans doute à un soldat, que les hasards de sa carrière ont mis à même d'étudier sur place un élément trop négligé du problème, on lui pardonnera, et nous espérons qu'on lui saura quelque gré d'avoir essayé de le mettre en lumière.

FIN

INDEX ALPHABÉTIQUE

(LES CHIFFRES SONT CEUX DES PAGES)

A

Annamites (race), 30, 38, 63.
Armes (emploi), 33, 164.
Aryens, 3, 62, 145, 172, 177.
Atalande (Atarantes), 143, 160.
Atlantide, 18, 36.

B

Babou, 38, 146.
Berbères, 143, 172 et suiv., 182, 184, 192.
Birmans, 63.
Blancs (race des), 17, 60, 62, 94 et suiv., 70, 108, 110, 114, 140 et suiv., 154, 159 et suiv., 161, 166.
Bouddhisme, 50.
Brahmanisme, 50, 63.

C

Caramantran, 142.
Carnaval, 142.
Celtes, 105.
Chamanisme, 50, 71.
Chat, 84.
Chef, 60.
Cheval, 83, 86 et suiv., 90, 92.
Chien, 84.
Chine (Chinois), 30, 37, 38, 62, 67, 68, 73, 74, 120, 144, 152, 157.
Christ, 56, 70.
Croix, 66 et suiv.
Cultes, 49, 50, 54, 55, 75, 93, 122 et suiv., 158, 160, 166.

D

Daces, 73, 80, 105.
Danaï, 73.
Danois, 73.
Danse, 115 et suiv.
Danube, 81, 105, 106.
Dardani, 73.
Demeure (habitat), 93, 94, 97, 104, 176.
Diables, 34, 60.
Dieux (voir : Divinités).
Divinités, 34 et suiv., 38, 49, 51, 56, 79, 93, 98, 126, 138 et suiv., 181.
Dix, 64, 66.
Dolmen, 59, 96.
Donjon, 97, 98.
Dragon, 52, 70, 73, 74, 123, 140 et suiv., 146, 160, 180.
Druides, 80.
Druses, 80.
Dunes, 96.

E

Eau (cours d'), 81, 94.
Esprits (divinités), 34.
Étymologies, 11 et suiv., 83 et suiv., 99 et suiv., 106 et suiv., 111 et suiv., 113 et suiv., 115 et suiv., 130 et suiv., 144 et suiv., 148 et suiv., 161 et suiv., 172 et suiv.
Europe, 37.

F

Feu (emploi), 28, 33, 38.
Feu (origines du mot), 34, 49, 50 et suiv., 55, 59, 60, 70, 74, 108, 113 et suiv., 118, 121, 124, 140, 160, 171, 186.
Foudre, 34.
Francs (peuple), 18, 108, 192.

INDEX ALPHABÉTIQUE.

G

Gaule, Gaulois, 38, 105, 143, 157 et suiv., 165, 192.
Géants (divinités), 34, 38, 54.
Génies (divinités), 34, 38, 54, 60.
Goths, 74, 150.

H

Héros (divinités), 34, 54.

I

Idoles, 58.

J

Jehovah, 64.

K

Voir : Phonétiques.

L

Langage (voir : Langues).
Langues, 1, 2, 10, 18, 20 et suiv., 27 et suiv., 32 et suiv., 55, 63, 75, 81, 102, 111, 127, 135, 168 et suiv., 152 et suiv., 164, 167 et suiv.
Latins, 18, 164, 192.
Lémurie, 36.
Londres, 99 et suiv.
Lune, 14, 52, 80, 114, 120.
Lutèce, 94, 100.

M

Mandchoux, 180 et suiv., 192.
Mandés, 172 et suiv., 177, 192.
Mânes, 55.

N

Nordmans, 176 et suiv., 184.

O

Occident, 112.

P

Pélasges, 17.
Peuples (formation des), 29, 34.
Peuples (Migration des), 36, 37, 180 et suiv.
Phonétiques :
  ba, be..., etc., 153 et suiv., 166 et suiv.
  da, de..., etc., 75 et suiv., 107 et suiv., 140 et suiv.
  dza, dze..., etc., 130 et suiv.
  ça, ce..., etc., 157 et suiv., 188.
  la, le..., etc., 11 et suiv., 159 et suiv., 166 et suiv.
  ka, ke..., etc., 140 et suiv., 151 et suiv., 188.
  ma, me..., etc., 172 et suiv., 184 et suiv.
  ra, re..., etc., 130 et suiv.
  sa, se..., etc., 72 et suiv., 122, 126 et suiv., 130 et suiv., 140 et suiv., 150 et suiv., 188.
  ta, te..., etc., 13 et suiv., 16 et suiv., 60 et suiv., 130 et suiv., 150 et suiv., 173 et suiv.
  xa, xe..., etc., 110 et suiv., 122 et suiv., 126 et suiv., 130 et suiv., 140 et suiv.
Politique coloniale, 43 et suiv.

R

Races, 2, 3, 23 et suiv., 28, 32 et suiv., 38, 39, 40, 62, 72, 107, 142, 144, 153 et suiv., 159 et suiv., 164 et suiv., 172 et suiv., 182 et suiv., 192.
Rivières, 88, 89, 98, 105, 164.
Russes, 108.

S

Saint-Esprit, 56.
Scythes, 112.
Serpent, 49, 58, 70, 74, 114, 138, 143.
Soleil, 49, 55, 56, 84, 113, 115, 121, 140, 143, 150, 171, 186, 188.
Symboles, 29, 57 et suiv., 180.
Synonymies (voir : Étymologies et Phonétiques).

T

Taoïsme, 50, 57, 58.
Tarasque, 38, 140 et suiv.
Tartares, 38, 143 et suiv.
Tchèque, 62.
Thuringe, 74.
Touraniens, 3.
Trépied, Trinité, 50, 57 et suiv.
Troie, 93.

V

Vache, 87.
Verbe (divinité), 52, 55, 55, 108.
Villes (origines de noms de), 94, 99, 105, 106, 107.

TABLE DES MATIÈRES

Avant-propos 1

CHAPITRE I
RÉPONSE AUX CRITIQUES
FORMULÉES CONTRE L'*ANNAMITE, MÈRE DES LANGUES*
FORMATION DES LANGUES ET DES RACES

Considérations générales. — Réponse aux critiques formulées contre *l'Annamite, mère des langues*. — Formation des langues et des races. — Naissance des jargons primitifs. — Formation du langage articulé. — Formation des races supérieures. — Origine divine du langage. — Mode d'expansion des races supérieures. — De la politique coloniale de la France. — Antiquité du culte du feu. — Des rapports de ce culte avec le culte des morts, le culte des ancêtres et avec la Trinité.   7

CHAPITRE II
RACES CARACTÉRISÉES PAR LA PHONÉTIQUE TA, TE, ETC.

Phonétique *ta, te, to,* etc., et mots dérivés de ces vocables. — Origine des mots *chèque* et *tchèque*. — Du supplice de la croix chez les anciens et chez les peuples d'Extrême-Orient.   60

CHAPITRE III
PHONÉTIQUES SA, SE, ETC; DA, DO, ETC.

Étude détaillée des phonétiques *da, de, do,* etc. — Étymologie des mots : cheval, vache, chat, hippos, Don, Danube, Londres, Ister, etc..   72

CHAPITRE IV
ÉTUDE DE LA PHONÉTIQUE X, XA, XE, ETC.

Étymologie des mots occident, ciel (dans différentes langues), Demeter. - Synonymie des mots feu, lumière, dent, danse, poisson, os; -- des mots serpent, éclair, astre; — des mots kara, sara, tara. — La Tarasque et le Dragon chinois. — Étude de la phonétique *se. re*, chose, être, dans toutes les langues.. 110

CHAPITRE V
RACE DES BA, BER, ETC. — RACE DES GA, GO, ETC.

Étude de ces phonétiques; origine de ces races. Étymologie du mot jargon... 153

CHAPITRE VI
RACE DES LA, LE, ETC.

Étude de la phonétique *la, le, li, lo,* etc. — *La, le,* etc., phonétique des races blanches. -- Les Atlantes. — Traits caractéristiques de cette race; son armement, etc. — Nombreux dérivés des phonétiques *la, le, li,* etc...................... 159

CHAPITRE VII
RACES CARACTÉRISÉES PAR LA PHONÉTIQUE MA, ME, MI, ETC.

Communauté d'origine des Berbères et des Mandé. — Étymologie du mot Normand. — Parenté des Mandé, des Mandchoux et des Normands. — Phonétique *ma, me, mi*, etc. — Nombreuses similitudes de mots grecs et de mots annamites 172

CHAPITRE VIII
RÉFUTATION DES CRITIQUES FORMULÉES CONTRE L'ANNAMITE, MÈRE DES LANGUES

Étude détaillée des phonétiques *ba, bac,* etc.; *ar, as,* etc.; *fa, fra,* etc.. 194

CHAPITRE IX
RÉPONSE AUX AUTRES OBJECTIONS

Étude de la phonétique *ca, co*, etc., désignant les choses creuses, courbes, etc. — NGÔ ou Gô, nom de la Chine antique. — Synonymie des mots signifiant feu et homme, dans différentes langues. — De la phonétique *po, pou, bo,* etc.... 224

CHAPITRE X

**ANALOGIES DE MŒURS, DE COUTUMES, ETC.
DES TOURANIENS ET DES EXTRÊME-OCCIDENTAUX**

Analogies de culte, de cérémonies, de fêtes. — Similitudes d'emblèmes, d'attributs divers. — Analogies de traditions... 246

Conclusions.................................... 259

TABLE DES GRAVURES

Tonkinoises confectionnant des chiques de bétel (par Khanh)........	6
Le Tonkinois Khanh, peint par lui-même. — Le cureur d'oreilles. — Baki, peint par lui-même........	8-9
Recensement des coolies en colonne........	19
Le fumeur d'opium........	21
Le marché de Bac-Ninh. — Passage du fleuve par une troupe tonkinoise........	24-25
Le rêve de l'étudiant annamite........	31
Funérailles tonkinoises (la levée du corps)........	35
Le Dragon chinois du cortège de la mi-carême. 1894. (Dessin de M. B.)........	37
Le Babou, animal de la famille de la Tarasque........	39
Éléphants exercés aux exercices de guerre........	41
Éclosion de fourmis ailées (par Khanh)........	53
Supplice de la strangulation (par Baki)........	67
La torture (ancien supplice de la croix)........	69
La crapaudine........	71
Scène d'hypnotisme (par Baki)........	76-77
La sieste (par Khanh)........	85
La pêche à la ligne. — Bonzes officiant devant l'autel de Bouddha. — La pêche dans la vase........	91
A bord d'un fluvial........	95
Une procession tonkinoise (par Khanh)........	103
Bonzesses........	109
Procession du Dragon chinois, à Hanoï (par Khanh)......	116
Procession du Dragon chinois (suite). Le *Ki-lan*, animal fabuleux tenant de la licorne et de la Tarasque........	117
Procession du Dragon chinois (suite). Le *Long* ou Dragon.	119
Procession du Dragon chinois. Le jeu de la boule........	123
Procession du Dragon chinois........	124

Une école tonkinoise....................................
Scène d'hypnotisme.................................... 136
Tonkinois jouant de l'argent (par Khanh)................
Jonque chinoise. — Poupes de jonques chinoises. — Pirogue des Iles Carolines (Serpent-volant)....................
La Tarasque, d'après une photographie..................
Fille-mère comparaissant devant le tribunal des notables.
Muong ou Tho, prétendant être des autochtones du Tonkin et de la même race que les Man, les Moï et les Laotiens, populations d'origine blanche..........................
Femmes Muong..
Le duel. — Théâtre annamite (par Khanh). — La pêche à la crevette. — Le marchand d'oiseaux................ 168
Femme portée en palanquin............................
Type Muong (par Khanh)................................
Type Muong (par Khanh)................................
Homme et femmes de la race des Mans, du Tonkin (par Khanh)..
Les Mans, montagnards du Tonkin (par Khanh)...........
Un marché indigène (par Khanh)........................
Muong ou Tho (type sémitique).........................
Muong ou Tho (autre type sémitique)...................
Dessin de Baki..
Les Giao-Chi ou autochtones de l'Annam, gens aux doigts de pied écartés (par Baki)..........................
Incendie du village indigène de Ninh-Binh (par Khanh)...
Le village de Ninh-Binh après l'incendie................
Une pagode tonkinoise (par Khanh).....................
Annamites fuyant devant les pirates (par Khanh)........
Tonkinois jouant du monocorde. — Une auberge tonkinoise. — Le marchand de volailles....................
Réguliers chinois de la frontière de Langson (par Khanh).
La pêche à l'épervier..................................
Un repas tonkinois (par Khanh)........................ 232
L'école des musiciens du 2ᵉ Tonkinois..................
Repas en commun après le sacrifice au génie du lieu (par Khanh)..
La fustigation au Tonkin..............................
Cortège d'un mandarin tonkinois......................
Attributs royaux et divins (par Khanh)................
Le repiquage du riz..................................

Coulommiers. — Imp. Paul BRODARD.

CPSIA information can be obtained
at www.ICGtesting.com
Printed in the USA
BVHW022340011222
653288BV00009B/149